Die schönsten Wanderungen mit Hunden

im Großraum München

Michael Reimer & Katrin Baur

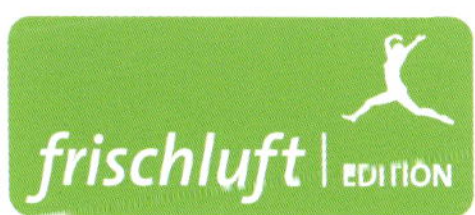

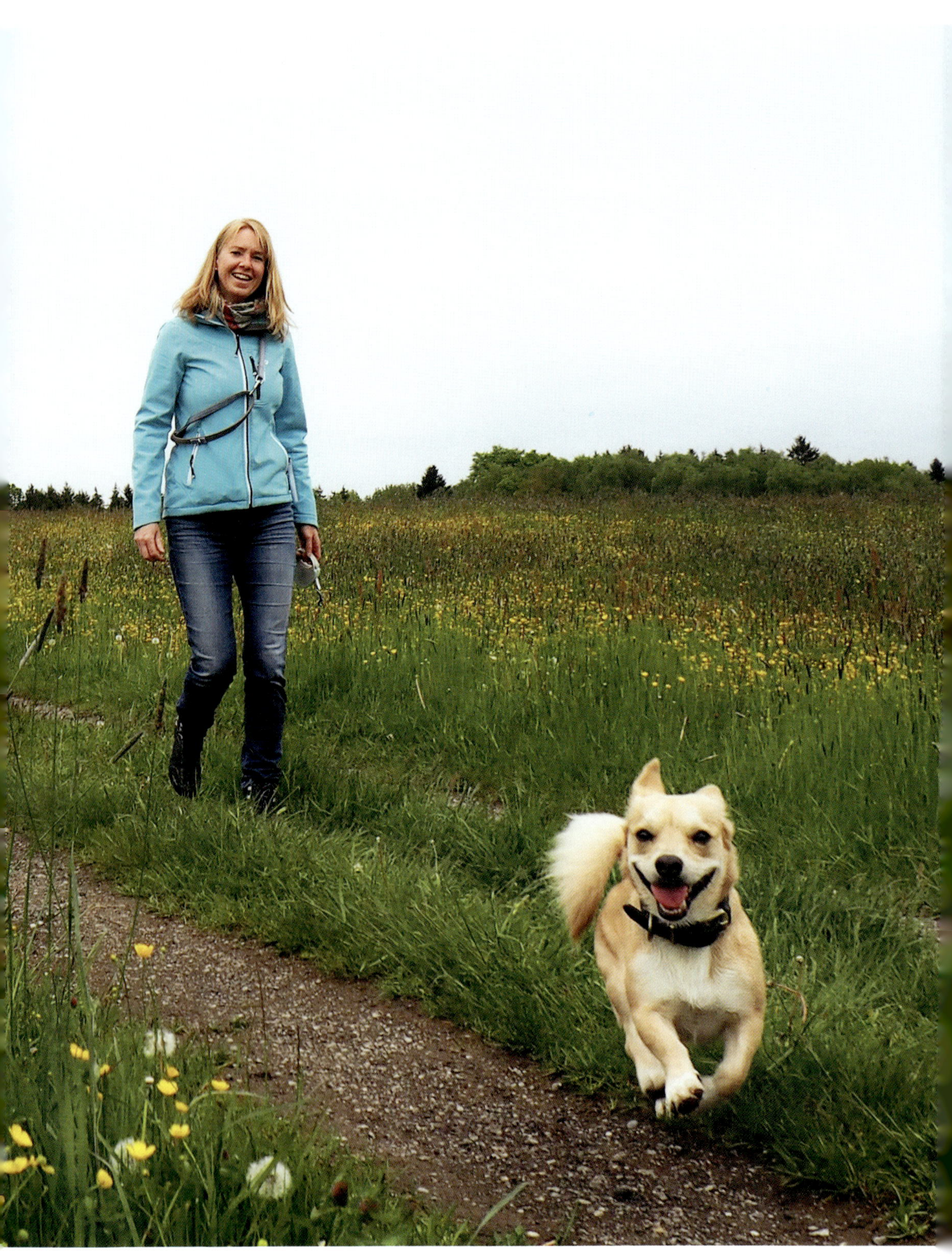

Hunde gehören ja seit jeher zu den unseren Lieblings-Haustieren, doch im Zuge der Corona-Pandemie hat sich die Zuneigung noch vertieft. So hat der Verband für das Deutsche Hundewesen (VDH) im Jahr 2020 hinsichtlich der Anschaffung eines Hundes einen Zuwachs von 20 Prozent im Vergleich zum Vorjahr registriert. Was für ein Trend in Zeiten von Kontakt- und Ausgangsbeschränkungen! Bleibt zu hoffen, dass die Begeisterung der neuen Hundebesitzer*innen für ihre frisch erworbenen Vierbeiner in der Nach-Coronazeit nicht plötzlich zusammenschmilzt wie Schnee in der warmen Frühjahrsonne; und dass die Hunde dann nicht umgetauscht werden wie über Amazon bestellte Ware ...

Tierheim-Besitzer*innen erzählen, dass häufig der Wunsch geäußert wurde, sich einen Hund nur für ein paar Monate für das Homeoffice auszuleihen. Wenn wir Hunde wären, würden wir auf die Barrikaden gehen! Denn wer möchte sich schon als Seelentröster für einsame Herzen hergeben, zum Stubenhocker degenerieren lassen, anstatt die eigenen Sehnsüchte nach viel Auslauf und Bewegung an der frischen Luft ausleben zu können? Viele Menschen unterliegen immer noch dem Trugschluss, dass es ausreicht, seinen Vierbeiner für die Gassi-Einheit alibimäßig um den nächsten Häuserblock zu führen.

Vom Australien Shepherd bis zum Zwergpinscher gibt es viele unterschiedliche Rassen und Charaktere, doch eines ist fast allen Hunden gemein: die Lust zum ausgiebigen Gassi-Gehen! Wer sich auch nur ein kleines bisschen in die Hundeseele hineinversetzen kann, spürt auf Anhieb deren Vorfreude auf den Ausflug in neue Reviere! Die Betonung liegt dabei auf „neu", denn die Erforschung unterschiedlicher Zielgebiete gehört zu den Grundbedürfnissen eines Hundes, wobei vielen die Strecke gar nicht lang genug sein kann.

Grund genug, nach dem Erfolgstitel „Die schönsten Wanderungen mit Hunden in Oberbayern" ein weiteres Buch mit 38 Wanderrouten im Großraum München herauszubringen, die uns und unseren Vierbeinern gleichermaßen Freude bereiten. Wir haben bei der Auswahl der Touren darauf geachtet, dass nach Möglichkeit Erfrischungspotential in Form von Seen, Teichen, Flüssen oder Bächen an der Strecke liegen, dass wir abseits frequentierter Radrouten unterwegs sind und dass wir die Ruhezonen von Wildtieren respektieren. Dabei haben wir Wanderungen in Naturschutzgebieten und an beliebten Badeseen zum Teil bewusst in die kalte Jahreszeit verlegt.

Ihnen und Ihrem Vierbeiner viel Freude bei den Touren
Michael Reimer & Katrin Baur

Tour-Nr.	Ausgangsort	Zielgebiet	Schwierigkeitsgrad	ÖPNV	Baden Mensch & Hund	Baden nur Hund	Empfehlung Winter	Einkehrmöglichkeit	Seite
1	Solln	Forstenrieder Park / Warnberger Feld	🐾			●			12
2	Großhesselohe	Isartal	🐾	●	●			●	16
3	Harlaching	Mugl / Perlacher Forst	🐾	●					20
4	Neuperlach	Truderinger Wald / Ostpark	🐾	●		●		●	24
5	Poschinger Weiher	Isartal	🐾		●			●	28
6	Johanneskirchen	Johanneskirchner Moos / Aschheim	🐾		●				31
7	Oberföhring	Englischer Garten / Isartal	🐾	●		●		●	34
8	Fröttmaning	NSG Fröttmaninger Heide	🐾	●					38
9	Schwabing	Luitpoldpark / Olympiapark	🐾	●		●		●	42
10	Nymphenburg	Nymphenburger Schlossmauer	🐾	●		●			45
11	Allach	NSG Allacher Lohe / Hundesee	🐾	●	●				48
12	Großhadern	Pasinger Stadtpark / Würm b. Gräfelfing	🐾		●				52
13	Eichenau	LSG Aubinger Lohe / Böhmerweiher	🐾	●	●			●	56
14	Neugermering	LSG Moosschwaige	🐾			●			60
15	Alling	Geisenbrunn	🐾	●		●			63
16	Erling	Rothenberger Forst / Seewiesen	🐾🐾	●		●			66
17	Bachern a. Wörthsee	LSG Ammerseeufer und Leitenwälder	🐾🐾		●			●	70
18	Maisinger See	NSG Maisinger See	🐾			●	●	●	74
19	Hapberg bei Bernried	Klosterweiherweg	🐾	●	●		●		78
20	Tradfranz	NSG Osterseen	🐾🐾		●				82
21	Gauting	LSG Würmtal	🐾	●		●		●	86
22	Manthal	Farchach	🐾			●		●	90
23	Baierbrunn	LSG Isartal / Georgenstein	🐾🐾		●				94
24	Wolfratshausen	Isartal / NSG Pupplinger Au	🐾	●		●	●		98
25	Deisenhofen	LSG Gleißental	🐾	●		●	●		101
26	Eurasburg	Loisachtal / Beuerberg	🐾		●			●	104
27	Dietramszell	Zeller Wald / NSG Kirchsee	🐾🐾		●			●	108
28	Mangfalltal	Taubenberg	🐾🐾			●		●	112
29	Maxlmühle	Mangfalltal / Moosbachtal	🐾🐾		●			●	116
30	Naring	LSG Untere Leitzach / Mangfalltal	🐾🐾		●			●	120
31	Unterlaus	NSG Kupferbachtal	🐾			●		●	124
32	Markt Schwaben	Schwabener Moos	🐾	●		●	●	●	128
33	Isen	LSG Isental	🐾🐾			●			132
34	Garchinger See	NSG Mallertshofer See mit Heide	🐾		●			●	136
35	Moosburg	Ampertal / Isartal	🐾		●				140
36	Pulling	LSG Freisinger Moos / Freising	🐾	●		●		●	144
37	Ampermoching	LSG Ampertal	🐾			●			148
38	Altomünster	Altowald	🐾	●		●		●	152

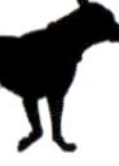

LSG = Landschaftsschutzgebiet · NSG = Naturschutzgebiet

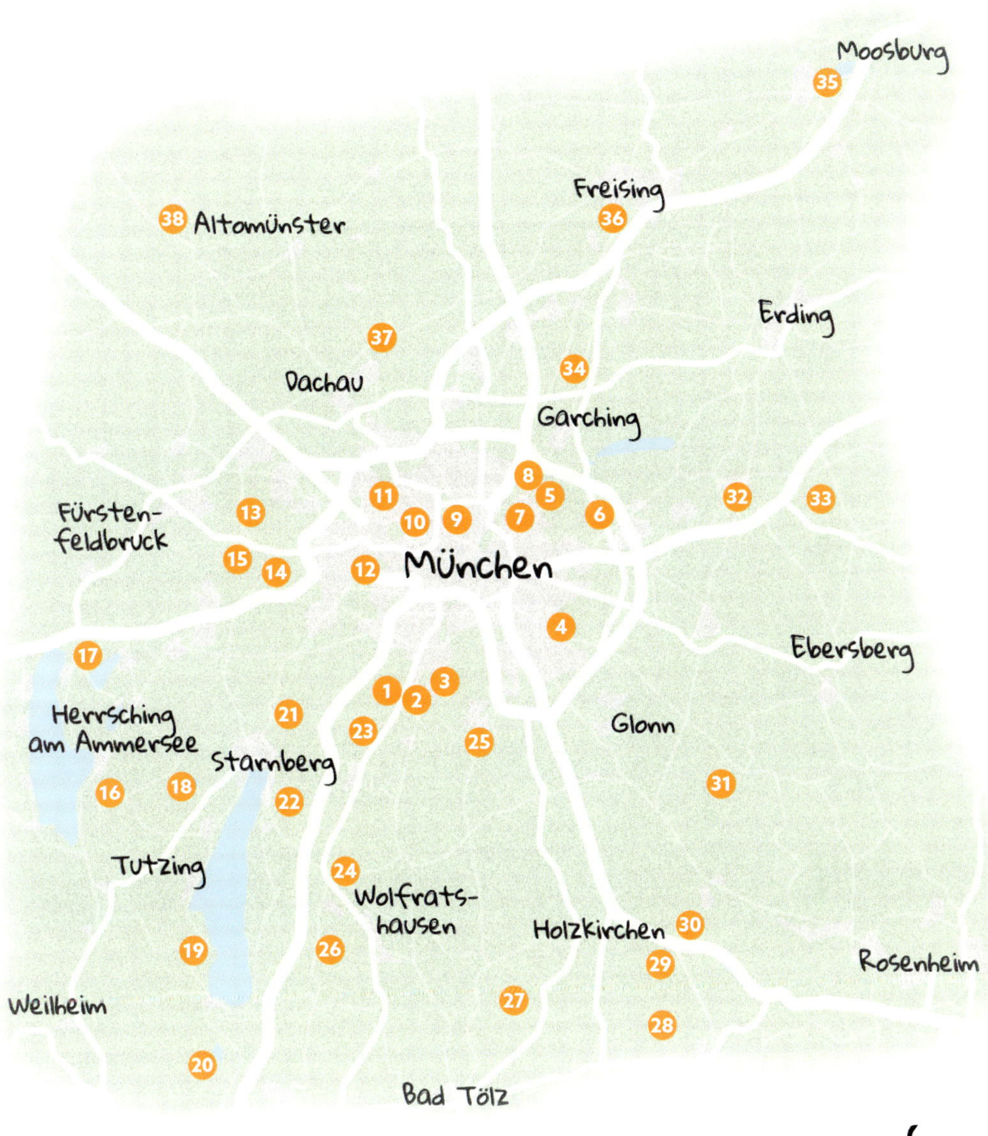
Moosburg
35
Freising
36
38 Altomünster
Erding
37
Dachau
34
Garching
Fürsten-
feldbruck
13
11
10
9
8
5
7
6
32
33
15
14
12
München
4
Ebersberg
17
1
2
3
Herrsching
am Ammersee
21
23
25
Glonn
Starnberg
16
18
22
31
Tutzing
24
Wolfrats-
hausen
Holzkirchen
30
29
Rosenheim
19
26
Weilheim
27
28
20
Bad Tölz

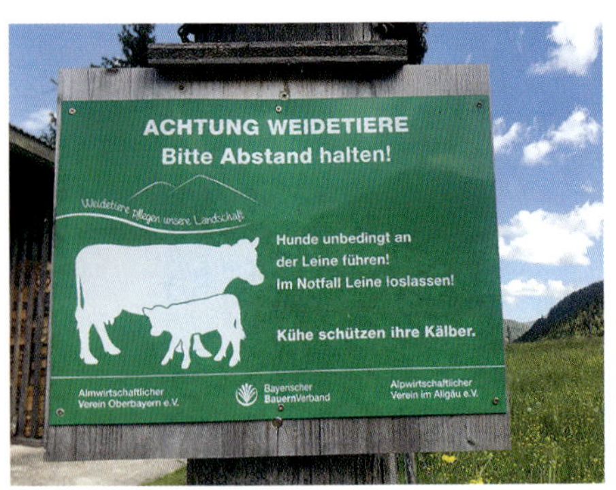
ACHTUNG WEIDETIERE
Bitte Abstand halten!
Weidetiere pflegen unsere Landschaft
Hunde unbedingt an der Leine führen!
Im Notfall Leine loslassen!
Kühe schützen ihre Kälber.
Almwirtschaftlicher Verein Oberbayern e.V.
Bayerischer BauernVerband
Alpwirtschaftlicher Verein im Allgäu e.V.

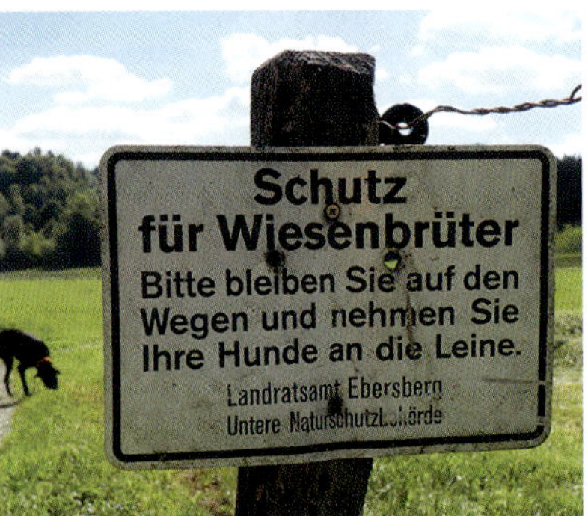
Schutz für Wiesenbrüter
Bitte bleiben Sie auf den Wegen und nehmen Sie Ihre Hunde an die Leine.
Landratsamt Ebersberg

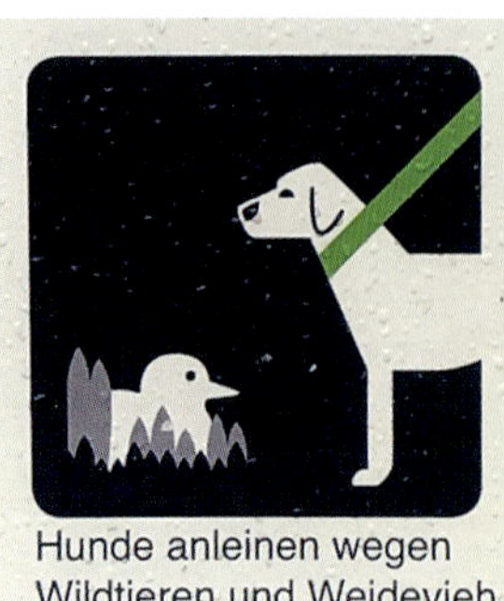
Hunde anleinen wegen Wildtieren und Weidevieh

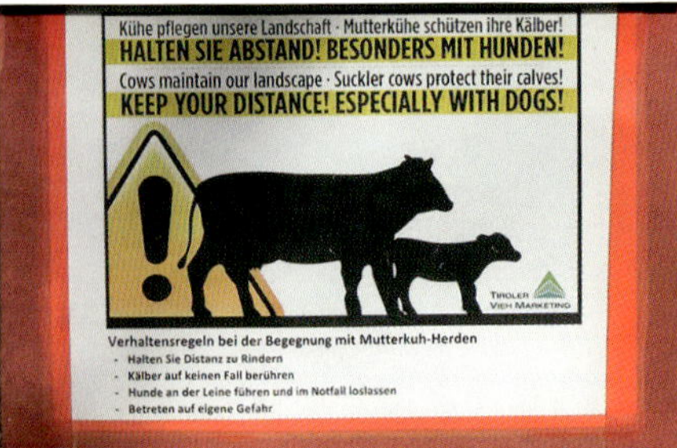
Kühe pflegen unsere Landschaft · Mutterkühe schützen ihre Kälber!
HALTEN SIE ABSTAND! BESONDERS MIT HUNDEN!
Cows maintain our landscape · Suckler cows protect their calves!
KEEP YOUR DISTANCE! ESPECIALLY WITH DOGS!
Tiroler Vieh Marketing
Verhaltensregeln bei der Begegnung mit Mutterkuh-Herden
- Halten Sie Distanz zu Rindern
- Kälber auf keinen Fall berühren
- Hunde an der Leine führen und im Notfall loslassen
- Betreten auf eigene Gefahr

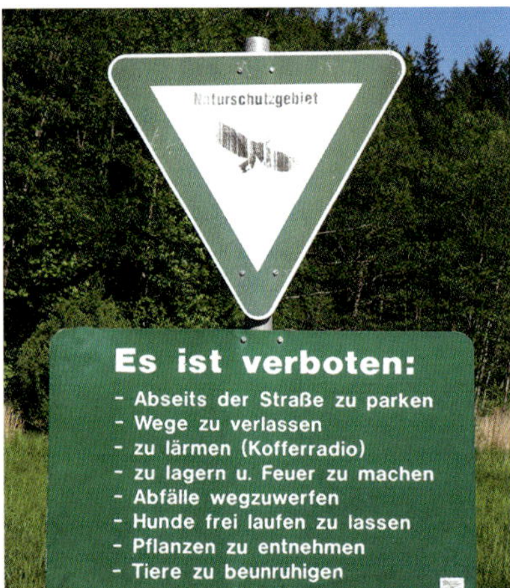
Naturschutzgebiet
Es ist verboten:
- Abseits der Straße zu parken
- Wege zu verlassen
- zu lärmen (Kofferradio)
- zu lagern u. Feuer zu machen
- Abfälle wegzuwerfen
- Hunde frei laufen zu lassen
- Pflanzen zu entnehmen
- Tiere zu beunruhigen

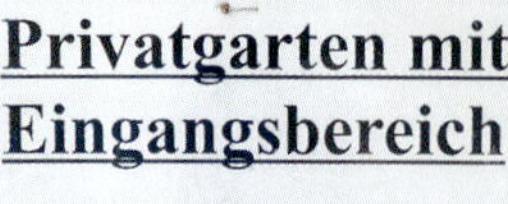
Privatgarten mit Eingangsbereich
Verehrter Hundebesitzer, bitte sorgen Sie dafür, dass mein Privatgrund nicht mehr täglich als Hundeklo benutzt wird!
Ansonsten folgt Videoüberwachung!

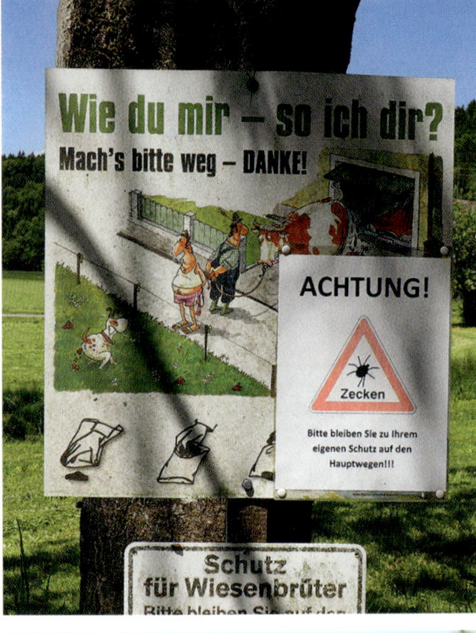
Wie du mir – so ich dir?
Mach's bitte weg – DANKE!
ACHTUNG!
Zecken
Bitte bleiben Sie zu Ihrem eigenen Schutz auf den Hauptwegen!!!
Schutz für Wiesenbrüter

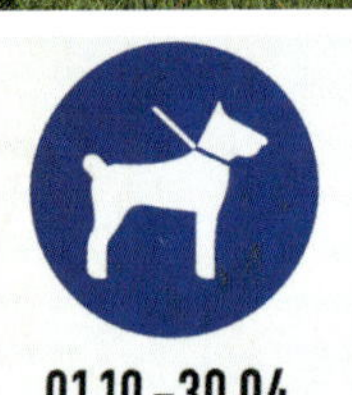
01.10.-30.04.

01.05.-30.09.

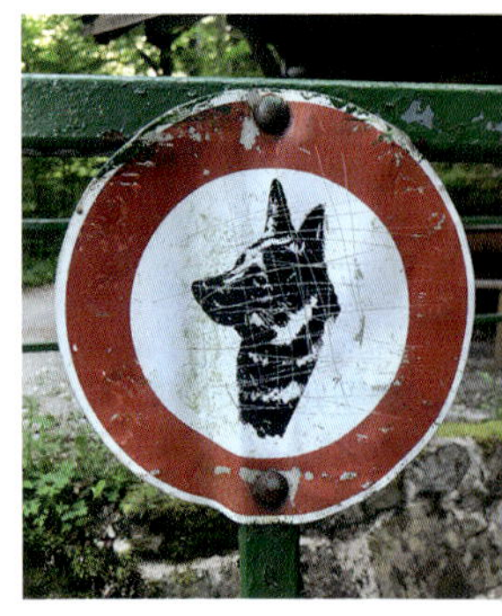

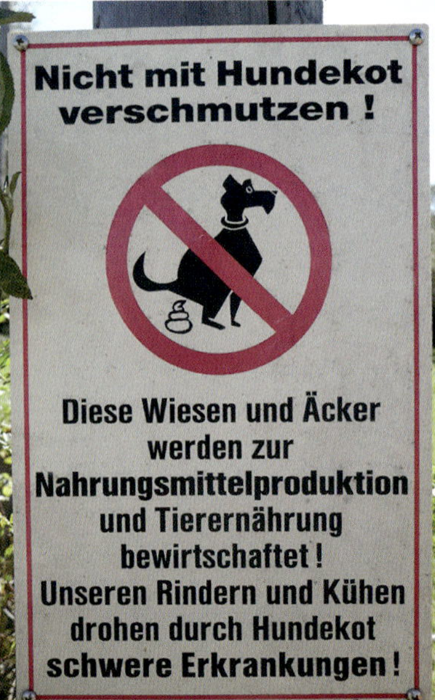
Nicht mit Hundekot verschmutzen !
Diese Wiesen und Äcker werden zur Nahrungsmittelproduktion und Tierernährung bewirtschaftet !
Unseren Rindern und Kühen drohen durch Hundekot schwere Erkrankungen !

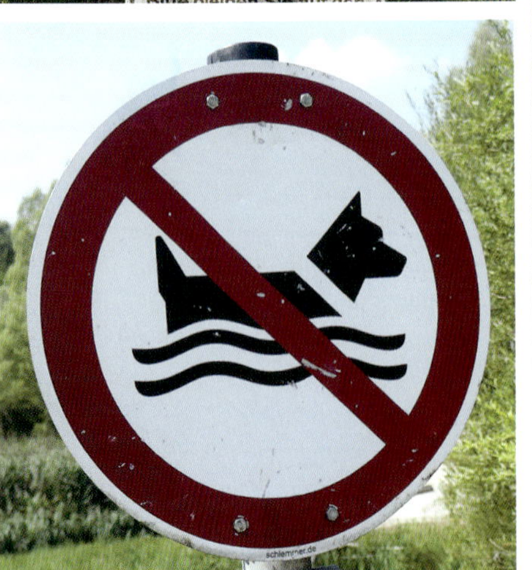

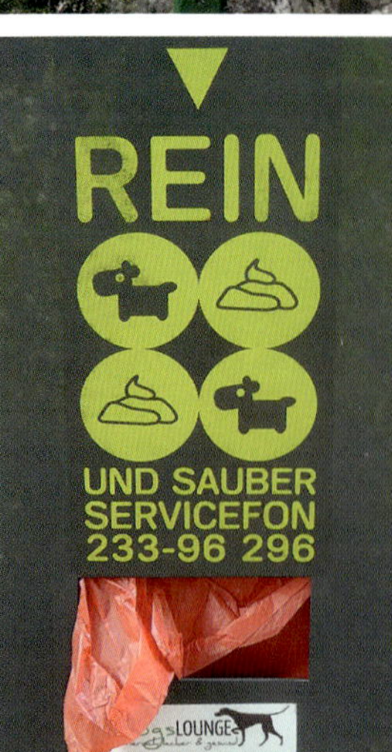
REIN
UND SAUBER
SERVICEFON
233-96 296

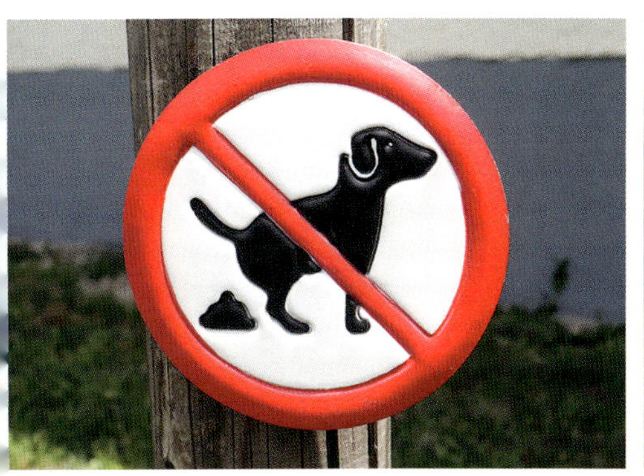

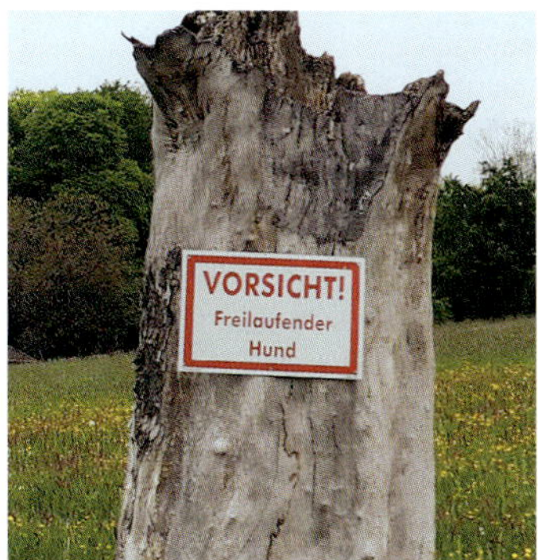
VORSICHT!
Freilaufender
Hund

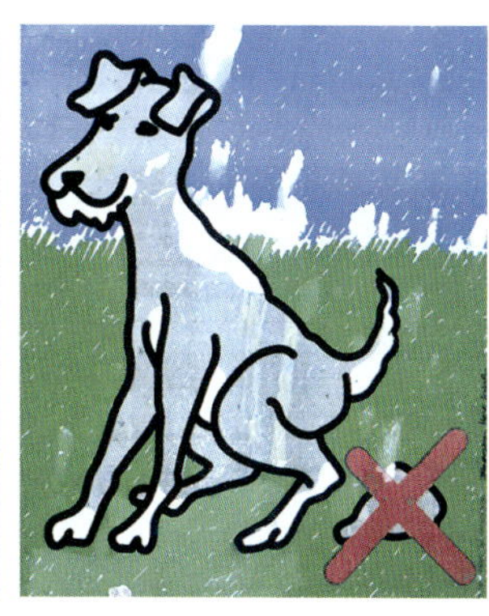

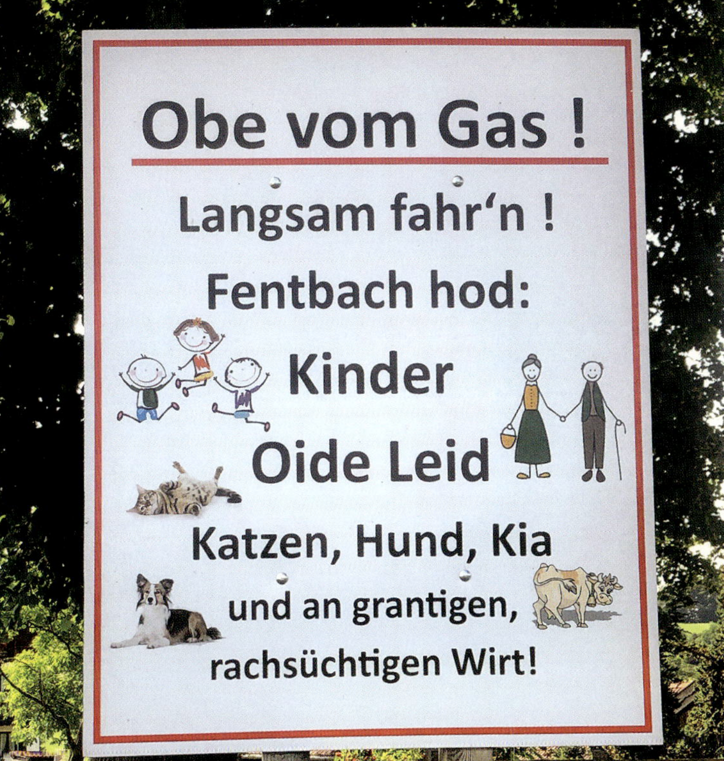
Obe vom Gas !
Langsam fahr'n !
Fentbach hod:
Kinder
Oide Leid
Katzen, Hund, Kia
und an grantigen,
rachsüchtigen Wirt!

Auch Wald und Flur dürfen
kein Hundeklo sein.

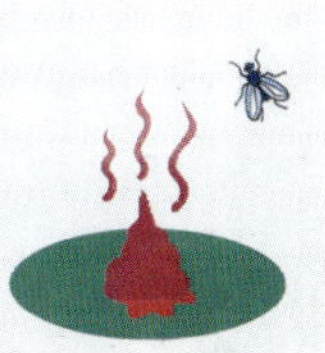

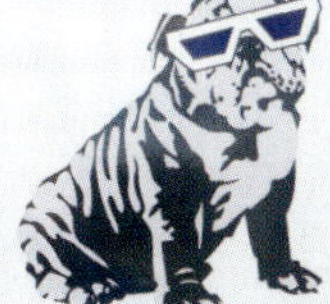

Bei den angrenzenden Wiesen und Feldern handelt es sich um landwirtschaftliche Nutzflächen.
Wenn das Heu mit Kot belastet ist, kann es nicht mehr für Futterzwecke verwendet werden.
Den Landwirten entsteht dadurch ein großer Schaden.
Bitte lassen Sie Ihren Hund nicht frei auf den Wiesen und Feldern laufen.
Nehmen Sie ihn gegebenenfalls an die Leine.
Sollten Sie in den Wald ausweichen, denken Sie bitte daran:
Auch Ihr Hunde ist ein Raubtier und kann wildern !
Vielen Dank im Voraus.
Ihre Stadtverwaltung

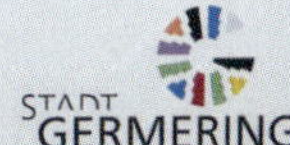
STADT
GERMERING

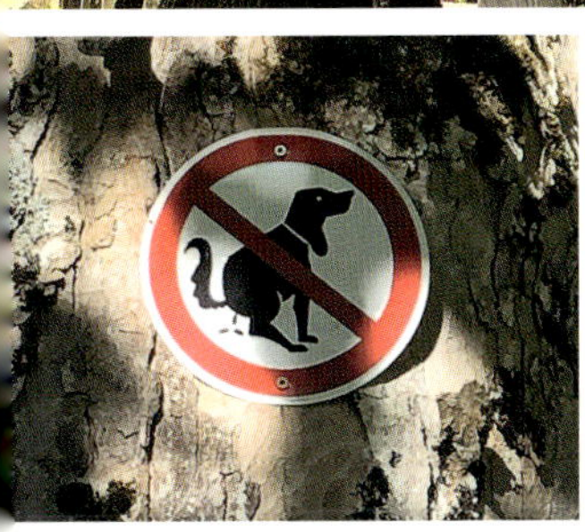

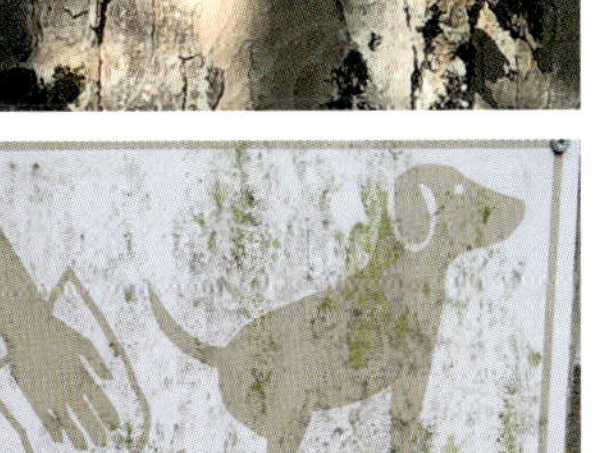
Danke !!!

Landeshauptstadt
München
Baureferat
Gartenbau
Luitpoldpark
Größe: 25 ha
Es gilt die Grünanlagensatzung.
Unter anderem ist untersagt:
- das Mitführen und Freilaufenlassen von Hunden auf den Spielplätzen, auf den mit grünen Pollern gekennzeichneten Spiel- und Liegewiesen sowie in den Zieranlagen
- das Verunreinigen der Grünanlage

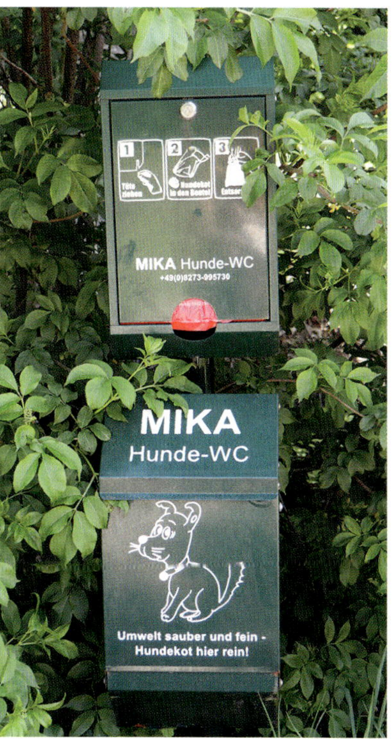
MIKA Hunde-WC
+49(0)8273-995730
MIKA
Hunde-WC
Umwelt sauber und fein -
Hundekot hier rein!

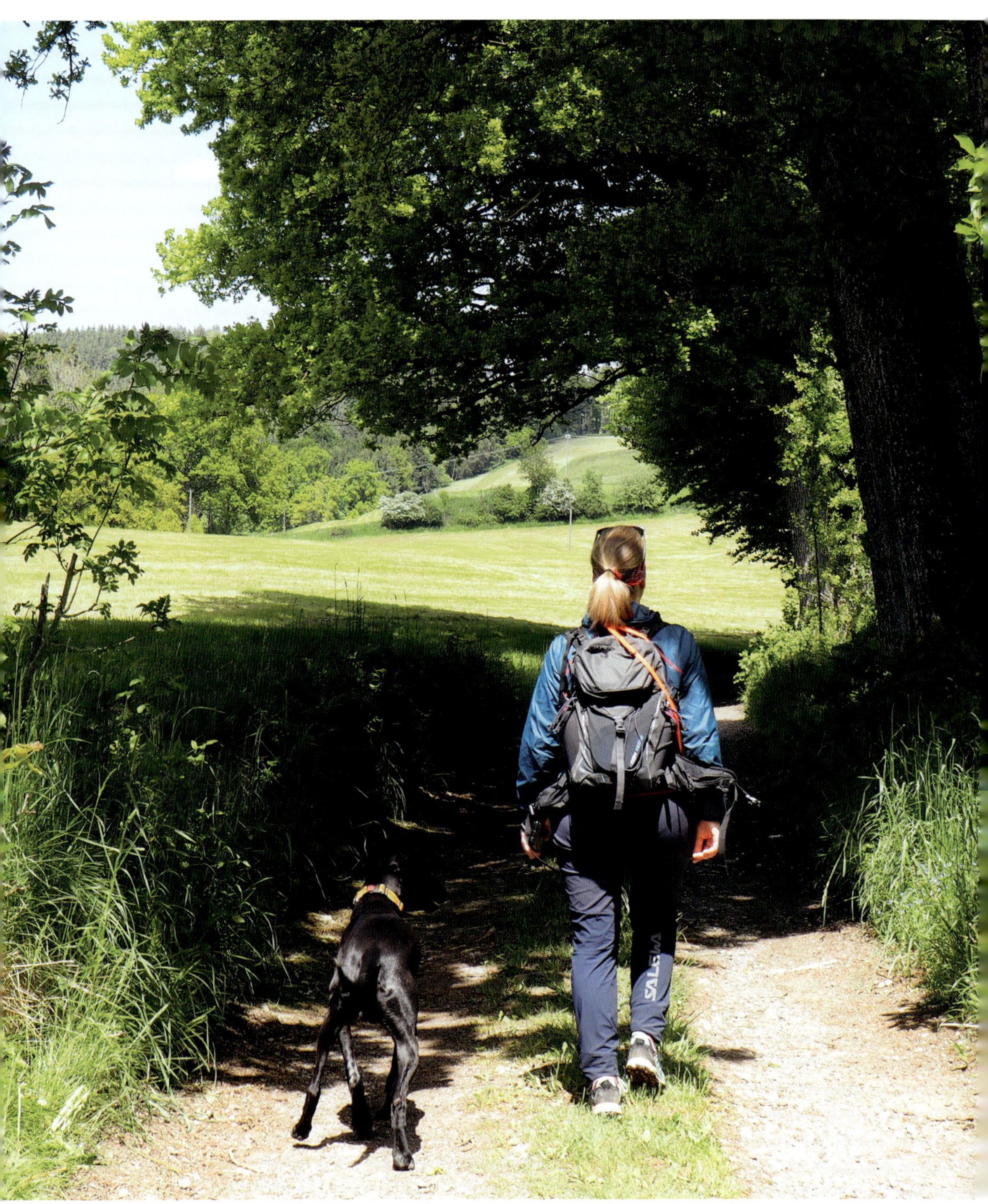

Entspannt auf Tour im Kupferbachtal mit einem wohlerzogenen Scandinavian Hound.

Leinenfreiheit für wohlerzogene Hunde

Das Wandern bereitet am meisten Freude, wenn wir und unsere geliebten Vierbeiner uns möglichst frei im Gelände bewegen können. Obwohl sich die Verordnungen für Hundehalter*innen im Lauf der Zeit generell verschärft haben, besteht im Großraum München grundsätzlich Leinenfreiheit. Insbesondere in Natur- und Landschaftsschutzgebieten (NSG/LSG) müssen wir jedoch Gebote und Vorgaben beachten, und sei es saisonal während der Vogelbrutzeiten. In Münchens Grünanlagen müssen die Hunde innerhalb der „Grünen Poller" an die Leine. Und von Liegewiesen an Badeseen sollten wir uns grundsätzlich ebenso fernhalten wie von Kinderspielplätzen.

Für den Erhalt der toleranten Regelung müssen wir Hundebesitzer*innen Umsicht walten lassen und Verantwortung übernehmen. Also darauf achten, dass unsere Vierbeiner nicht andere Menschen und Tiere belästigen oder ihren inneren Jagdtrieb ausleben. Wo sich kein Kläger findet, wird es keine Klage geben. Manche in diesem Buch vorgestellten Wanderziele entpuppen sich als sensible Bereiche, Verbote oder auch Toleranz gegenüber Hunden sind teilweise temporär. Am Böhmerweiher (Tour 13) etwa wurden 2019 sieben Schilder mit der Aufschrift „Hunde sind an der Leine zu führen" aufgestellt und ein Jahr später nach Protest der Bevölkerung wieder entfernt. Je weniger Beschwerden bei der Gemeinde künftig eingehen, desto hundefreundlicher werden die Bestimmungen vor Ort bleiben. In der Fröttmaninger Heide (Tour 8) wiederum führen Hundeführerscheine zu mehr Freiheit im Gelände (siehe www.tierhyg.vetmed.uni-muenchen.de). Eine zwangsfreie Vertrautheit mit unseren Vierbeinern ist in jedem Fall von Vorteil. Um dieses Ziel zu erreichen, suchen viele Rat und Hilfe bei Hundeschulen und Hundesportvereinen. Hier wird auch der Umgang in Gruppen gefördert.

Kriterien bei der Tourenauswahl und Informationen zur Wanderung

Wie im Vorwort erwähnt, sind die Wanderungen im Großraum München vorwiegend so ausgewählt, dass Mensch und Hund gleichermaßen ihren Spaß daran haben. Ein abwechslungsreicher Routenverlauf abseits frequentierter Radstrecken ist hierfür ebenso wichtig wie Wasser für die Abkühlung am Wegesrand.

Die Routenbeschreibung

Anders als in den Bergen fehlen in den meisten Gebieten Markierungen oder Wegweiser zu den einzelnen Wegzielen entlang der Strecke. Deshalb hat die stichpunktartig im Infokasten zusammengefasste kompakte Tourenbeschreibung einen relativ hohen Stellenwert. Unübersichtliche Stellen sind mit einem Ausrufezeichen (= erhöhte Aufmerksamkeit) versehen. Bei nicht beschriebenen Wegabzweigen im Zweifel auf dem Hauptweg bleiben. Orientierungshilfen sollen die Wegfindung erleichtern.

Erklärungen:
Wegkreuzung = +
Y-Kreuzung = Y
T-Kreuzung = T
Weggabelung/-abzweig = ⊣ ⊢

Anfahrt mit öffentlichen Verkehrsmitteln

Umweltfrage hin oder her – die Anfahrt mit öffentlichen Verkehrsmitteln (ÖPNV) empfehlen wir nur dann, wenn es vom Münchner Zentrum eine direkte und somit sinnvolle Verbindung mit Bus oder Bahn gibt. Wobei bei der Nutzung die hundefreundliche Regelung gilt, dass ein Hund pro Person mit gültigem Fahrschein kostenlos mitfahren darf.

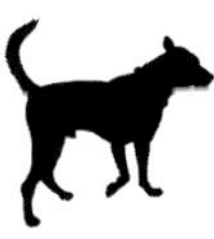

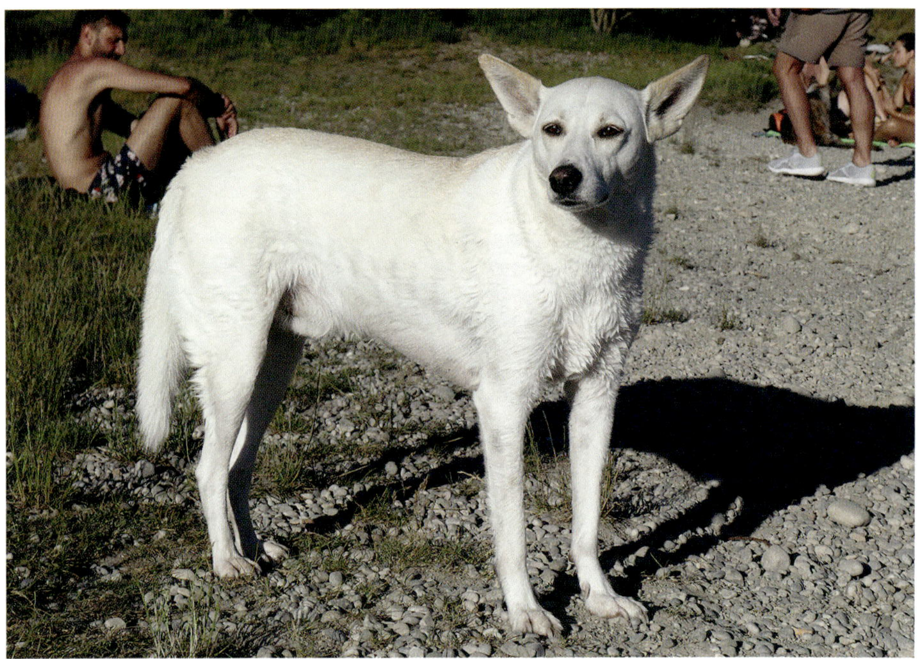

Mustergültiges Verhalten am Mallertshofer See

Pro weiteren Hund muss eine Fahrkarte nach dem Kindertarif gelöst werden. Zu beachten ist, dass alle Hunde kurz angeleint sein müssen und für eine Maulkorb-Vorgabe für Hunde besteht, die andere Fahrgäste gefährden können.

Wasser am Weg

Beim Thema „Wasser am Wegesrand" geht es um Trink- und Badegelegenheiten für den Hund entlang der Strecke. Sämtliche zugängliche Wasserstellen sind in der Karte mit einem Pikto versehen. Dabei kann es sich um einen Badesee, einen Weiher, einen Tümpel, einen Bach oder Wasserlauf in einem Geländegraben handeln. Eine Übersicht über Badeseen für Hunde und auch für Menschen im Tourengebiet gibt es auf Seite U2.

Das berühmt-berüchtigte Hundeklo

„Dog Station" ist der Überbegriff für die Hundekotbeutelspender am Weg, die viele Gemeinden verstärkt aufgestellt haben. Hier kann man sowohl eine Tüte für die anstehende Notdurft des Hundes entnehmen als auch eine vorangegangene entsorgen. Bitte zwischen den Stationen nicht die Beutel mit der Hinterlassenschaft am Wegrand abstellen nach dem Motto: „Ich komme hier eh wieder vorbei und nehme sie dann mit." Mit der Bereitschaft zum pflichtbewussten Umgang erfreuen wir andere Spaziergänger und die Bauern, die um die Sauberkeit ihrer Felder fürchten.

Hunde an die Leine

Wie oft und wie konsequent ein Hund bei der Wanderung an die Leine muss, sollte der / die Hundehalter*in nach eigenem Verantwortungsgefühl selbst entscheiden. Unsere Hinweise beziehen sich ausschließlich auf verkehrs- und naturschutzbedingte Abschnitte. Hunde, die ihrem menschlichen Begleiter auf Schritt und Tritt folgen, müssen beispielsweise im Forst im Gegensatz zu jagdorientierten Vierbeinern nicht angeleint werden (s.o.), während sich für ungehorsame Hunde eine Schleppleine anbietet.

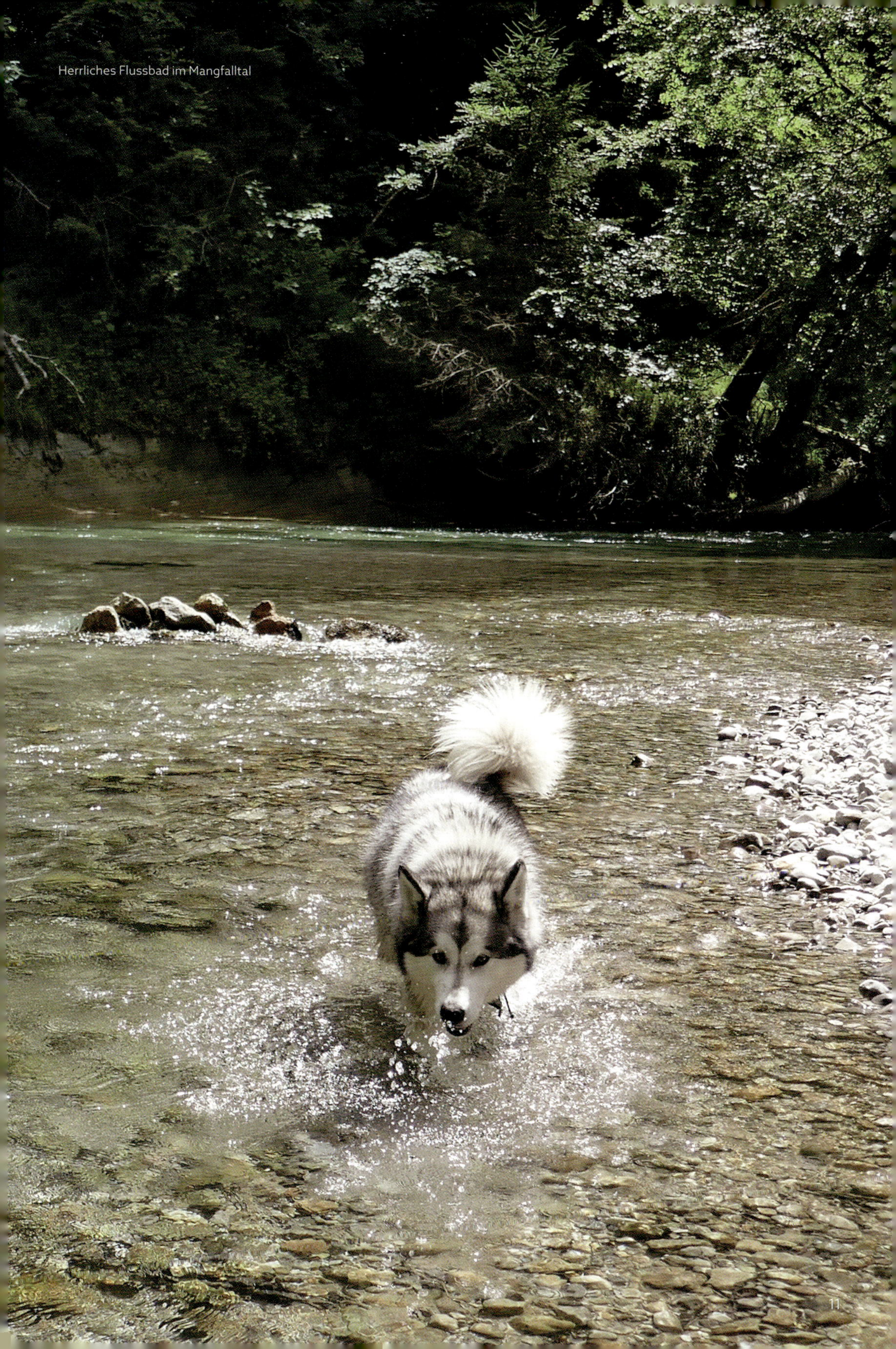
Herrliches Flussbad im Mangfalltal

Hundetreffen mit viel Auslauf

Auf dem Warnberger Feld am Forstenrieder Park

Die Grünanlage an der Herterichstraße und das Warnberger Feld bei Solln sind ein Eldorado für Hunde, sofern sich die Vierbeiner mit den wenigen Pferden der Umgebung arrangieren. Und das tun sehr viele, wie sich spätestens nach Feierabend beim freudigen Hundetreffen auf den weitläufigen Wiesen zeigt. Furchterregender sind ohnehin die Wildschweine im angrenzenden Forstenrieder Park, dessen Besuch sich mit Vierbeinern ohne ausgeprägtem Jagdtrieb jedoch durchaus lohnt.

Das Wäldchen am südwestlichen Rand des Warnberger Feldes liegt noch außerhalb des eingezäunten Forstenrieder Parks. Es bietet Abwechslung zum Warnberger Feld und wohltuende Abkühlung an heißen Sommertagen. Zwei parallele Wege führen von West nach Ost durch das Gehölz und zum nahen, parallel verlaufenden Waldrand zurück.

Abstecher in den Forstenrieder Park

Nur 200 Meter weiter südlich geht es durch ein Gatter in das Erholungsgebiet Forstenrieder Park. Der Forstbetrieb München reklamiert für sich eine naturnahe, nachhaltige und multifunktionale Forstwirtschaft und fordert den Hundehalter auf, seinen Vierbeiner an die Leine zu nehmen. Letzteres ist vor allem für Hunde mit Jagdtrieb sehr angemessen, da der Wildschweingeruch zuweilen schon für uns Menschen offenkundig wird. Etwa 100 Wildschweine leben heute im Park, und damit es nicht mehr werden, werden pro Jahr bis zu 200 Tiere geschossen. Die Allesfresser – auch Rehkitze werden nicht verschmäht – sind so schlau, dass sie unterscheiden können, ob ein Förster zur Maisfütterung oder ein Jäger zum Abschuss kommt. Eine Konfrontation mit Hunden ist vorprogrammiert, sofern die Nähe gerade zum Frischling nicht eingehalten wird. Mit wohlerzogenen Hunden bereitet der Parkabstecher jedoch viel Freude: Im Sommer etwa sind direkt am Wegesrand Kolonien des seltenen Roten Fingerhuts zu bewundern.

Freier Auslauf auf dem Warnberger Feld

Die meisten Hundebesitzer wagen sich jedoch nicht in den Forst und beschränken sich auf einen Rundweg auf dem Warnberger Feld, der für sich etwa sechs Kilometer Strecke ausmacht. Die Orientierung ist durch den angrenzenden Forstenrieder Park und das Sollner Siedlungsgebiet denkbar einfach. Spätestens nach Feierabend drehen hier meist einheimische Spaziergänger ihre Runden, die einen eher introvertiert, die anderen offen und kontaktfreudig. Laufen sich etwa zwei identisch aussehende Rhodesian Ridgebacks auf offener Strecke schwanzwedelnd über den Weg, ist ein Plausch auch unter den Halterinnen unausweichlich. „Meine Siri hat ihren eigenen Kopf – nie würde ich sie in das Wildschweingehege lassen", erzählt die eine. „Es war früher schon aufreibend genug, als sie als kleine Diebin anderen Hunden den Ball entführt hat!" Womöglich wollte sie auch aus Mangel an Gefordert-Werden mit ihrer eigenen Art von Spieltrieb auf sich aufmerksam machen.

Ein neunköpfiges Hunderudel führen die beiden Freundinnen Irmi und Steffi bei ihrer

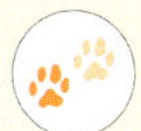 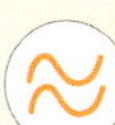 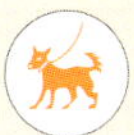

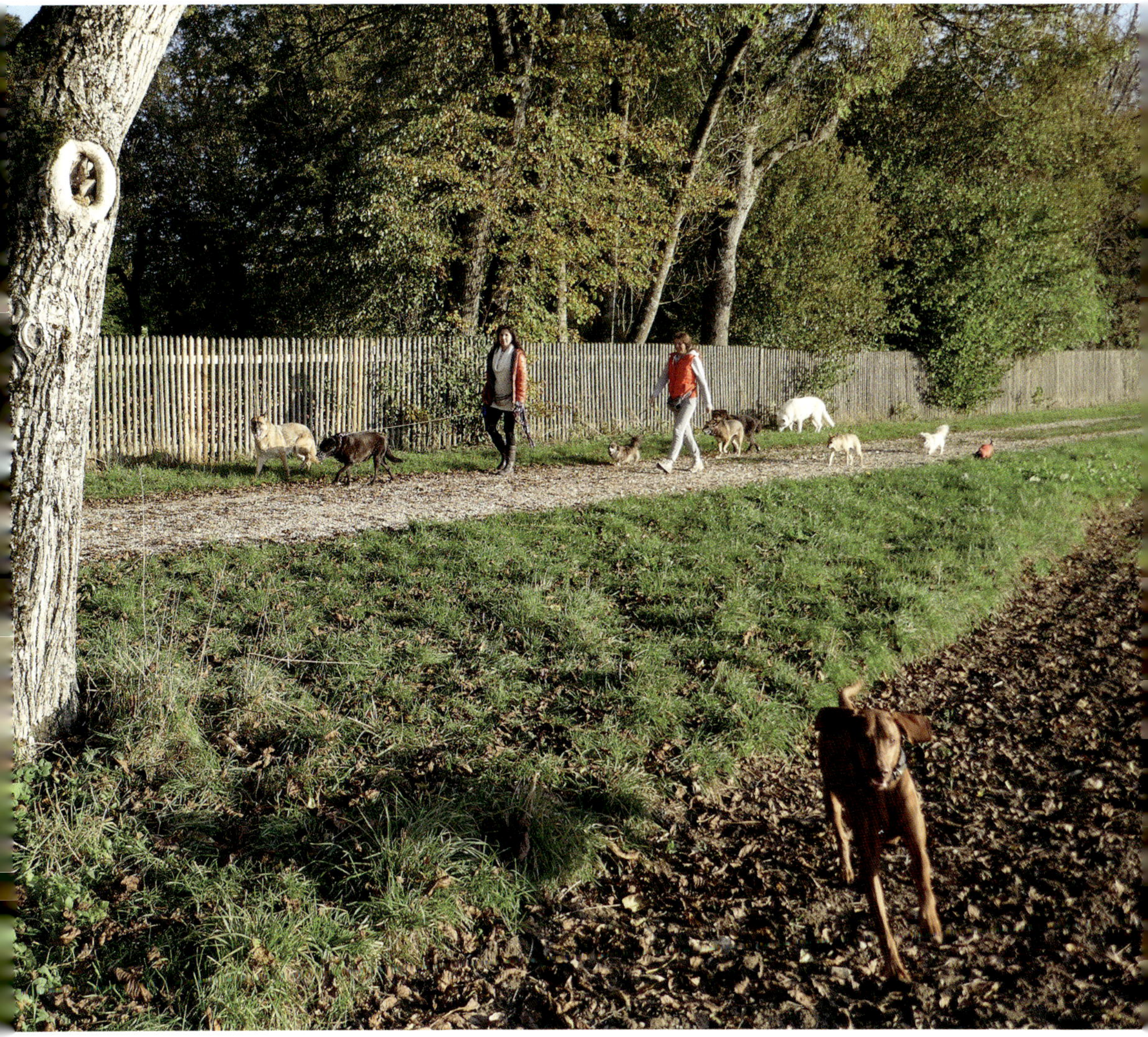

Das Warnberger Feld ist ein beliebter Hundetreff nach Feierabend.

Montagsrunde spazieren, darunter einen Deutschen Schäferhund, einen Weißen Schweizer Schäferhund, einen Schäfer-Mischling, einen Dackel-Mischling, einen Lagotto Romagnolo, einen Pekinesen und einen Rehpinscher. Allerdings in wechselnder Aufstellung, je nachdem, welche Hunde gerade zur Betreuung nebst Auslauf zur Verfügung stehen. Mit viel Freude zieht das bunte Rudel über die Felder und genießt die späte Nachmittagssonne. Gar nicht so leicht, so ein Gespann unter Kontrolle zu behalten: Nicht immer laufen die Vierbeiner einheitlich in eine Richtung, da es entlang der Strecke immer wieder Ablenkungen gibt. Wenn sich einer als zu forsch erweist, wird er an die Leine genommen. Und aufgeregt sind viele Hunde angesichts der teilweise ungewohnten Rudelbildung allemal.

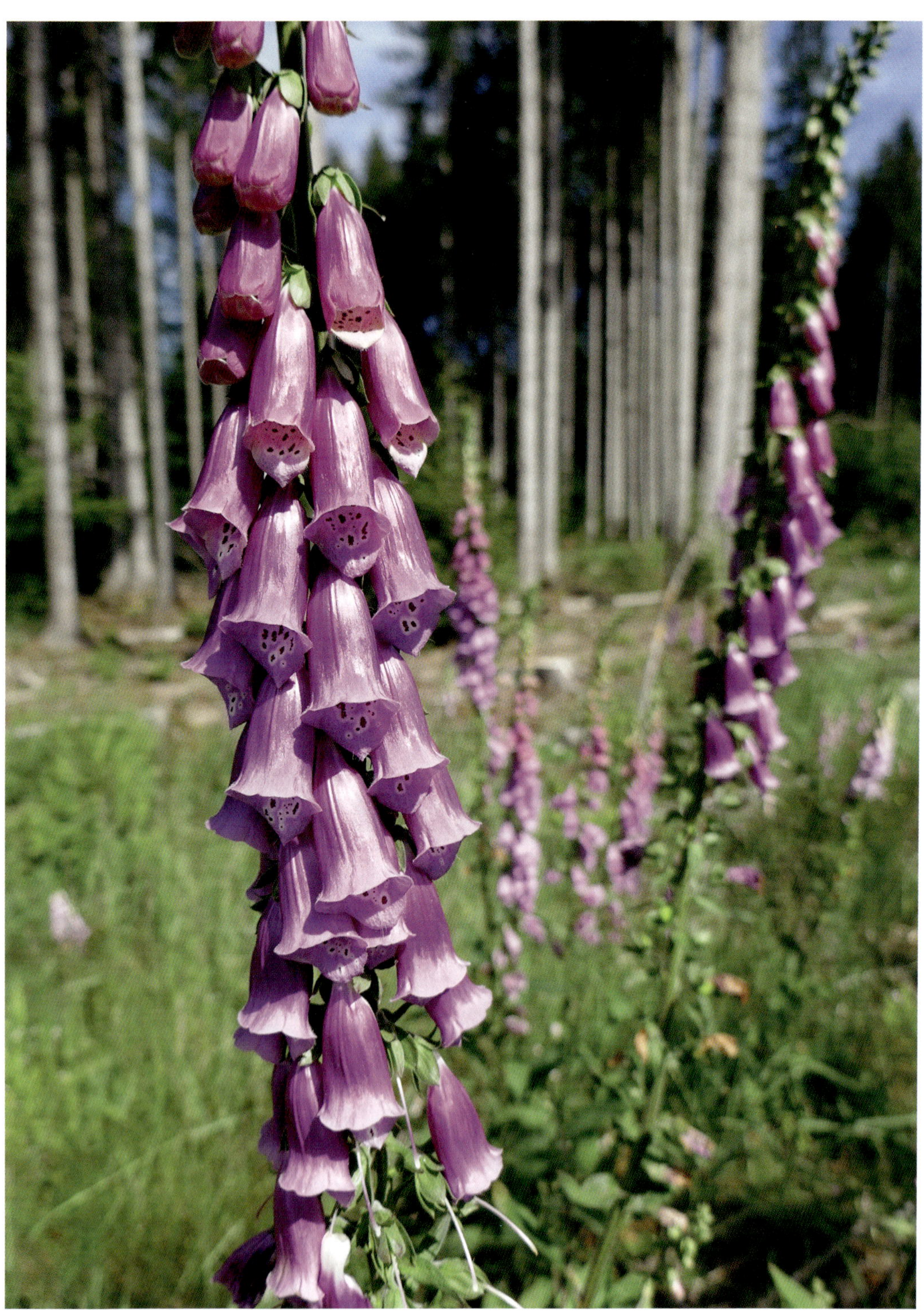

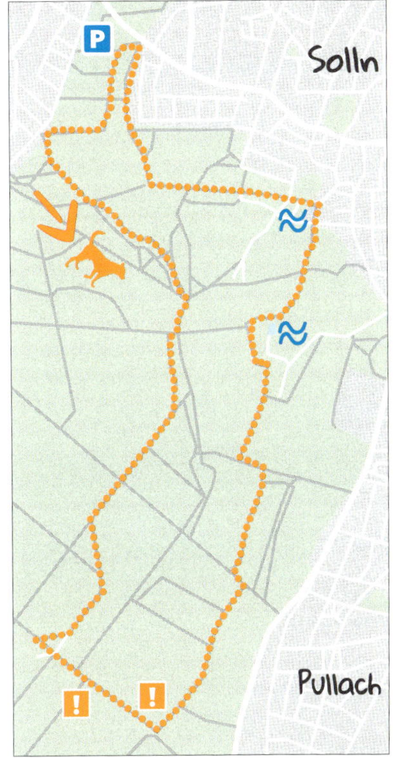

Start Parkplatz an der Grünanlage (Herterichstraße), N 48.080589°, E 11.499631°

Charakter Bequeme, eben verlaufende Wege auf dem sonnigen Warnberger Feld und im schattigen Forstenrieder Park

Orientierung Guter Geländeüberblick auf dem Warnberger Feld, im Forstenrieder Park Richtungswechsel beachten

Wasser am Wegesrand Warnberger und Sollner Weiher

Hunde an die Leine Im Forstenrieder Park und im Siedlungsgebiet von Solln (Pferdekoppeln)

Parkplatz Grünwiese (Sportanlage) › Warnberger Feld › Forstenrieder Park › Sollner Weiher › Parkplatz Grünwiese

An der W-Seite des Parkplatzes zwischen Grünanlage und Sportplatz nach S (Herterich Stuben) › an der T-Kreuzung (Dirtbike-Anlage) rechts › an der T-Kreuzung (Siedlungsrand) links › im Wald links halten und auf 1 km Länge (Stichwege führen zum Warnberger Feld) nach SO › am Waldrand rechts entlang zum Wegkreuz am Forstenrieder Park (Infotafel) › im Park gleich links abbiegen, an der folgenden Kreuzung (Link-Geräumt) geradeaus durch die Schneise und nach 200 m halblinks in den Wald (Schild Reitweg) › am Forstweg links und an den beiden Abzweigungen geradeaus (! zuletzt den Hauptweg verlassend) › ! über den Übersteig Richtung Pullach (Schild) › an der Kreuzung links (Ww. München) › an der T-Kreuzung links und am folgenden Abzweig rechts › am Waldrand den Fußballplatz überqueren und durch das Zaungittertor auf das Warnberger Feld › das Gut Warnberg links umgehen › an der T-Kreuzung rechts und am Warnberger Weiher links in den Pfad (2. Abzweig) › Melchiorstraße geradeaus überqueren › an der Muttenthaler Straße (Sollner Weiher) links › die Pferdekoppeln passieren und nach W auf das Warnberger Feld › an der Wegkreuzung rechts und über die Grünanlage zum Parkplatz zurück

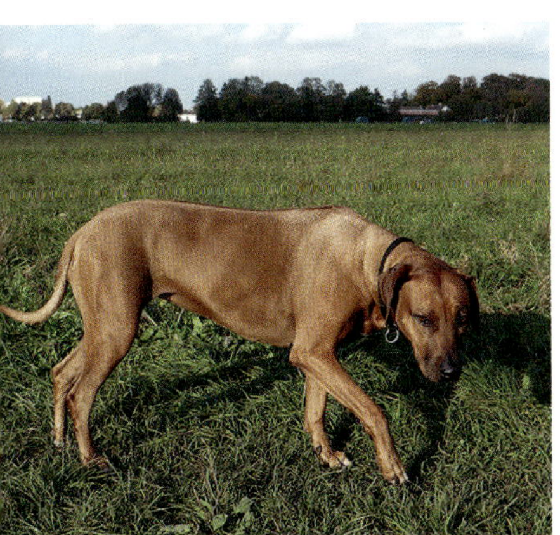

Auch dieser Rhodesian Ridgeback geht regelmäßig mit seinem Frauchen auf dem Warnberger Feld spazieren.

Der Rote Fingerhut blüht im Juni im Forstenrieder Park.

Polly liebt das Spiel im Wasser

Im Isartal zwischen Großhesselohe und Pullach

Im zarten Alter von gerade einem Jahr ist der Spieltrieb bei vielen Hunden besonders stark ausgeprägt. Polly ist vor allem im Wasser beim beliebten Stöckchenspiel kaum zu bremsen. Unermüdlich springt und schwimmt sie den Wurfgeschossen hinterher, doch nicht immer ist die Suche im kühlen Nass von Erfolg gekrönt. Im Isartal lässt sich das Fitnesstraining an diversen Kiesbänken und Tümpeln beliebig oft wiederholen.

Schöner Wanderweg am Flussbett der Hochwasser führenden Isar

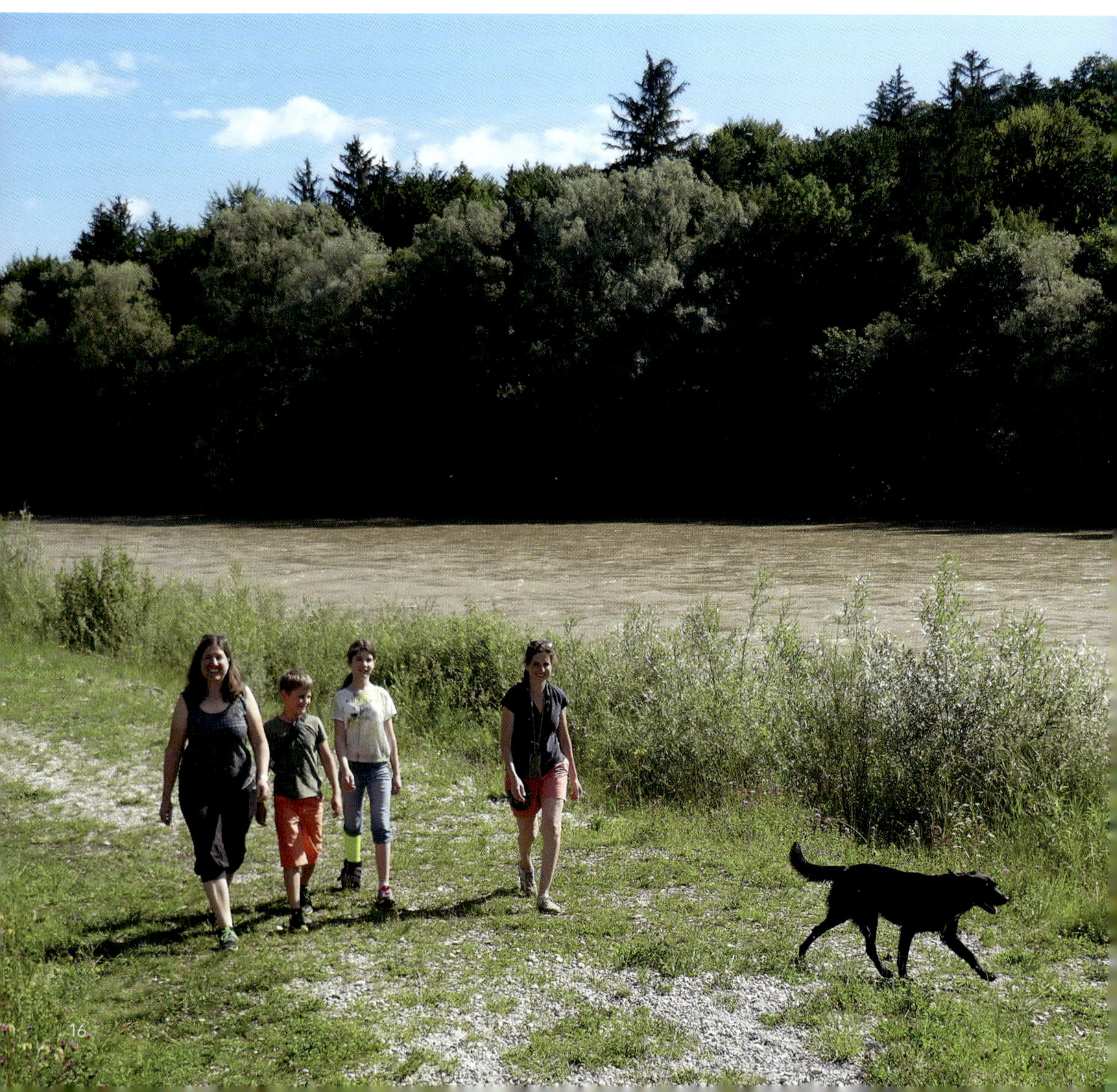

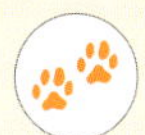   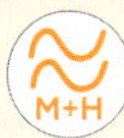 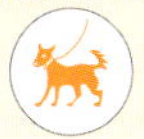

Der zehnjährige Julian ist beim Stöckchenwerfen – gerne täuscht er den Wurf vor der Aktion erst ein paar Mal an – immer an vorderster Front. Also wenn es noch eines Beweises bedurft hätte, dass Kinder in Begleitung eines Hundes beim Familienspaziergang besonders viel Spaß haben ... „Eigentlich sind ja der Huskie, Schäferhund und Dobermann meine Lieblingshunderassen", erzählt er. Dennoch hat er Polly, eine Labrador-Border-Collie-Mischung, längst in sein Herz geschlossen. Julian und seine Schwester Laura (12) beschreiben ihren Hund als aktiv, agil, sportlich, wild, verspielt und lernwillig. Ach ja, lustig und süß sei er außerdem, keine Frage. Insgesamt ein perfekter Familienhund, der gerne mit Laura Fußball spielt und mit dem Frisbee der Kinder schlafen geht.

Nach dem Abstieg vom Isarfräulein an die Isar stehen wir unmittelbar unter der Großhesseloher Brücke. Hier könnten wir die Kanalbrücke überqueren und einen Abstecher zum Isarplateau mit seinen einladenden Kiesbänken machen; nach den Unwettern der Vortage ist der Fluss jedoch über die Ufer getreten, und angesichts der reißenden Strömung wäre das Stöckchenspiel an diesem Ort somit nicht anzuraten.

Zwischen Isar und Kanal der Sonne entgegen

Somit nehmen wir gleich Kurs auf die südlich der Wehranlage über den Kanal führende Brücke. Bis zum Wendepunkt am Pullacher Wehr spazieren wir zwischen Kanal und Isar nach Süden. Schöner als der aussichtsreichere breite Dammweg ist der parallel verlaufende Wiesenpfad; auch sind hier keine Radfahrer unterwegs. Einzelne Stichpfade führen an das nahe Isarufer, und bei geringerer Strömung können wir uns gefahrlos am Isarwasser erfrischen. Im Sommer blühen auf dem Grünstreifen weithin sichtbar Tausende von Wiesenblumen, darunter die Schwarze Königskerze, der Gewöhnliche Natternkopf, das Echte Labkraut und als pittoreskes Landschaftsgemälde der Große Wiesenknopf. Nach einer Geländebiegung wandern wir unmittelbar auf die Dorfsilhouette von Pullach zu.

Rückweg durch das grüne Isardickicht

Am Pullacher Wehr überqueren wir den Isarkanal und folgen dem breiten Kiesweg nach Norden. Den ersten Abzweig (Treppenaufstieg nach Pullach) ignorieren wir noch, aber die zweite Gelegenheit sollten wir nicht verpassen: Als Wegweiser dient das „Radfahren-verboten-Schild", sofern es nicht wieder abmontiert wurde. Der Pfad windet sich in kurzen Aufs und Abs sowie in zahlreichen Kurven durch die dichte Isarbotanik. Bevor er in eine Art Seitental mündet, gibt es mehrere Ausstiegsmöglichkeiten auf den parallel am Kanal verlaufenden Rad- und Fußweg. An einer Stelle wird ein Bachlauf auf einer Betonröhre überquert. Wir passieren stattliche Buchen-Solitäre, in Feuchtbiotopen sprießt die Brunnenkresse und an Totholzstämmen wächst das Judasohr, eine schmackhafte Baumpilzart.

Verirren können wir uns im Isardschungel nicht, zu übersichtlich ist der Abschnitt zwischen Isarkanal und dem Hauptfluss; und außerdem haben wir ja Polly dabei, die mit ihren Hütehund-Genen schon darauf achten würde, dass niemand verloren geht.

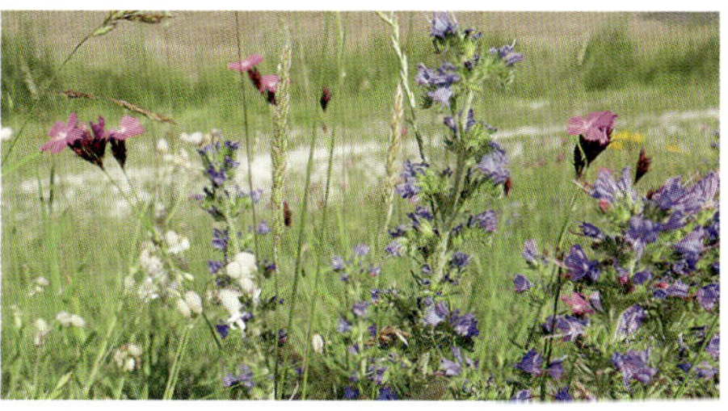

Blumensträußchen aus Natternkopf, Lichtnelke und Taubenkropf-Leimkraut am Wegesrand

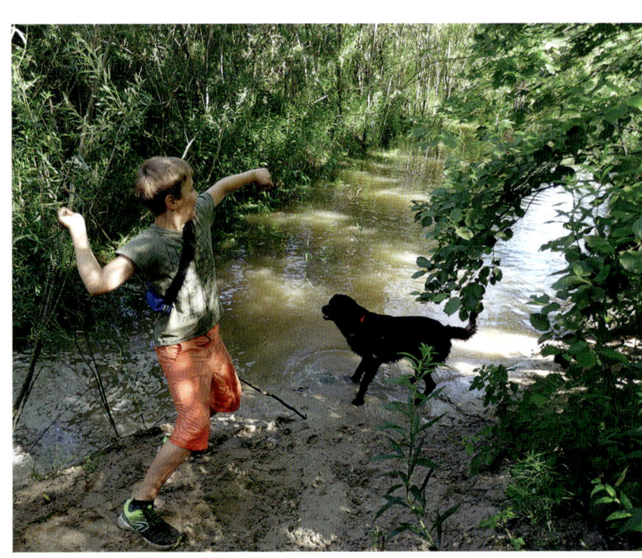

Polly in Erwartung des Stöckchenwurfes, und hat sie ihr Spielobjekt gefunden, so gibt sie es so schnell nicht her.

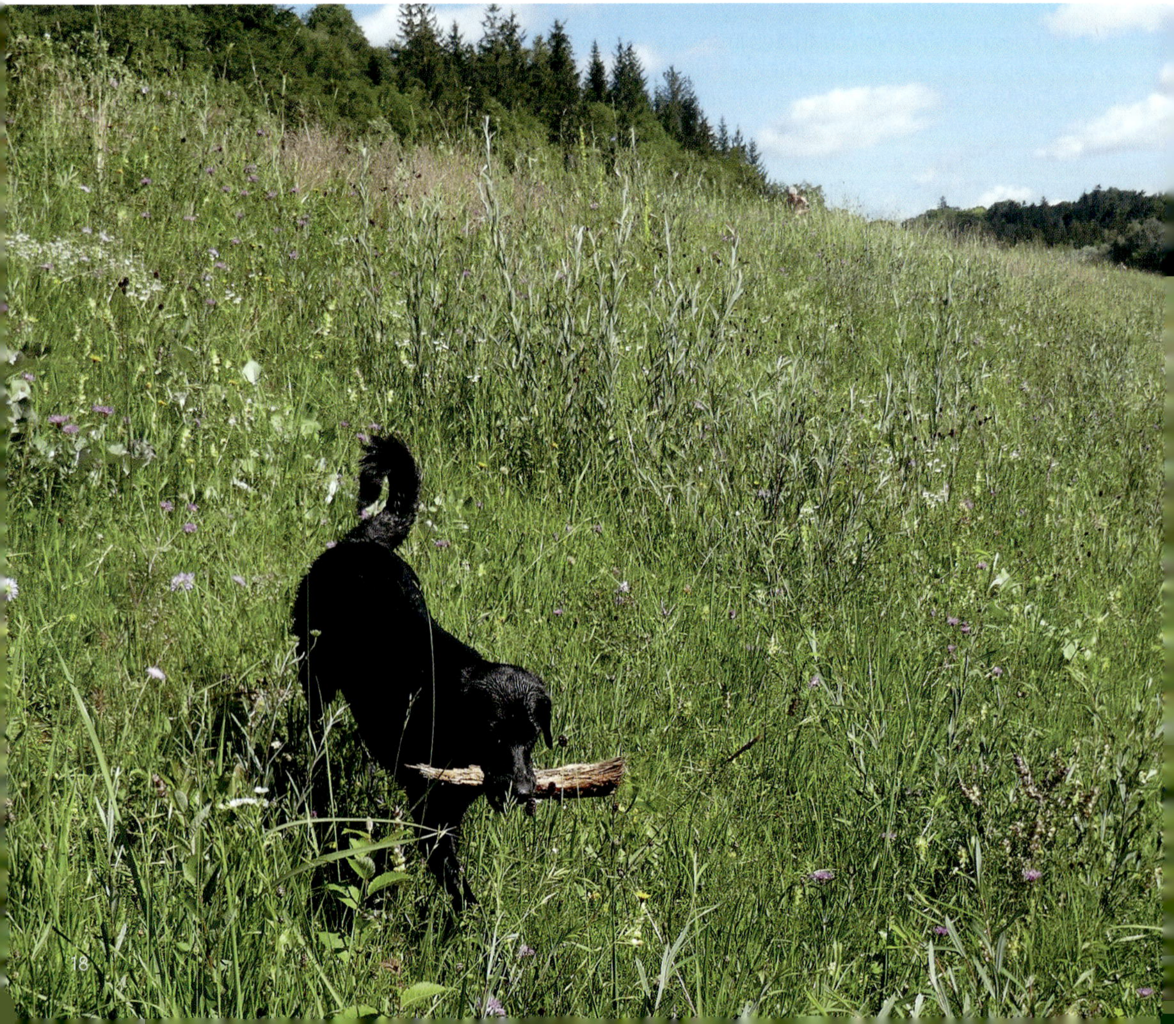

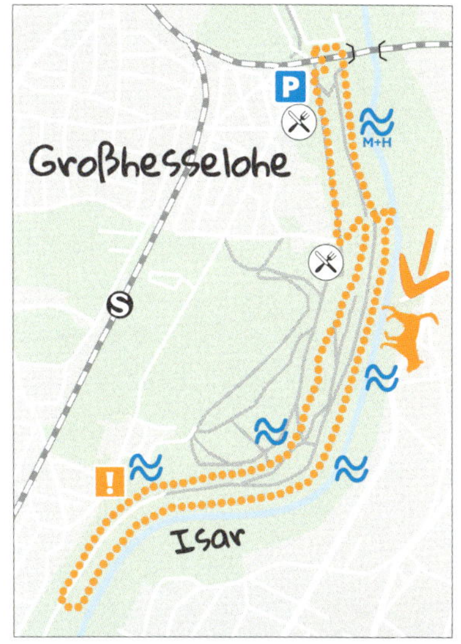

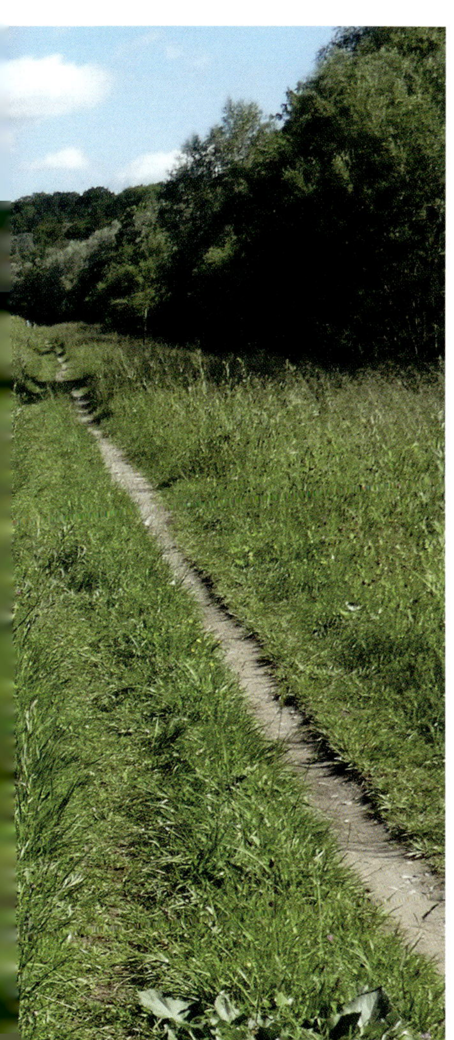

ÖVM S7 Großhesselohe (800 m bis Isarfräulein)

Start Parkplatz am Isarfräulein, N 48.073744°, E 11.536975°

Charakter Auf dem Hinweg solide Wege und Trampelpfade, auf dem Rückweg mitunter feuchtes Isardschungel-Feeling!

Orientierung Durch die klare Landschaftsstruktur (Flusslauf von Isar und Kanal; Isar-Hochufer) ist ein „Verirren" unmöglich.

Wasser am Wegesrand Isar sowie Tümpel und Bachläufe in den Isarauen

Hunde an die Leine Radweg zwischen Großhesseloher Brücke und Kanalbrücke

Einkehr

- Kioskcafé Isarfräulein, Tel. 0177/2895056, Öffnungszeiten siehe www.isarfraeulein.de
- Waldwirtschaft Großhesselohe, Tel. 089/74994030, täglich geöffnet, www.waldwirtschaft.de

Isarfräulein › Großhesseloher Brücke › Pullacher Stauwehr › Isarauen › Isarfräulein

Den Weg am Isarfräulein vorbei abwärts, links durch die Bahnunterführung und Abstieg (anfangs Treppensteig) zur Isar (hier möglicher Abstecher über Kanalbrücke zum Isarplateau) › Rad- und Fußweg 700 m nach S, dann links über die Brücke (Schild „Privatsteg „Betreten auf eigene Gefahr") › wahlweise auf dem Damm- oder tiefergelegenen Wiesenweg zwischen Isar und Kanal nach SW › auf dem Pullacher Wehr den Isarkanal überqueren und rechts halten › ! nach 300 m den 2. abzweigenden Pfad links in das Isardickicht (Schild „Radfahren verboten!") › ! ca. 2 km auf verwunschenem Pfad zwischen Hauptweg am Kanal und Isarhang nach N (an einer Stelle leitet ein Betonrohr über einen Bach) › der Pfad mündet an einem Anwesen (Honigverkauf) in jenen Teerweg, dem wir links aufwärts zur Waldwirtschaft folgen › an der T-Kreuzung rechts, im Bogen entlang der Hangkante nach N (Pfad) und an den Tennisplätzen vorbei zum Ausgangspunkt

In Kaspers Lieblingsrevier

Zum Aussichtshügel Mugl im Perlacher Forst

Nach schlechter Erfahrung mit dem Borkenkäfer und diversen Stürmen wandelt sich der Perlacher Forst durch entsprechende Neupflanzungen peu à peu in einen Mischwald aus Fichten, Tannen, Kiefern, Eichen, Bergahornen und Buchen. Neben zahlreichen Forstwegen, die als „Geräumt" bezeichnet werden und deren schachbrettartige Anordnung aus der Vogelperspektive sichtbar wird, durchziehen endlos viele andere Wege und Pfade in allen Himmelsrichtungen den Park. Eine willkommene Abwechslung zum Gehölz bieten die ausgedehnten Wiesen und der Aussichtshügel Mugl.

Auch Kasper liebt den Perlacher Forst. Hier findet er an heißen Tagen ausreichend Schatten und kann auf den Waldpfaden seine geliebten Geschicklichkeitsübungen vollführen: Mit Vorliebe sprintet er wie von der Tarantel gestochen los und macht sich einen Spaß daraus, auftauchende Hindernisse wie Bäume, Astgabeln oder Wurzeln kontaktfrei zu überwinden. Der dreijährige Bearded Collie wuchs bereits als Welpe bei Melanie und ihrem Freund in der Münchner Innenstadt auf. Jeden Tag darf er an der Isar, im Englischen Garten oder eben im Perlacher Forst Gassi gehen.

Abstecher zur Aussichtskanzel Mugl

Es gibt zahlreiche Einstiegsmöglichkeiten in den Perlacher Forst. Wir wählen die Straße Am Perlacher Forst an der Westseite des Parks als Startpunkt, weil es dort auf einigen Hundert Metern Länge zahlreiche Parkplätze gibt. Wer mit der Straßenbahn anreist, kann von der Station Menterschwaige direkt in unsere Route einsteigen. Zwecks der landschaftlichen Abwechslung visieren wir die Bahntrasse Richtung Holzkirchen an, da dort ein schöner Wiesenpfad zwischen Waldrand und Gleisen mit Bergblick nach Südosten führt. Anschließend wandern wir abseits der frequentierten Radrouten auf dem grasbewachsenen „Jägersteig-Geräumt" in den Forst. Die Forstverwaltung verfolgt als neue Strategie zur Erhaltung der Artenvielfalt, möglichst viel Totholz von den Laubbäumen und der Kiefer in der Natur verrotten zu lassen; Bakterien, Pilze, Insekten und höhlenbrütende Vögel finden somit wertvolle Biotope zum Überleben.

Unser Ziel, die Mugl, ist die einzige Erhebung im ansonsten flachen Perlacher Forst. Bevor der Hügel 1990 im Zuge des Autobahnbaus durch die Ablagerung von Bauschutt errichtet wurde, haben sich hier die Hirsche vis-à-vis eines Wittelsbacher Jagdschlosses zur Brunft getroffen. Am höchsten Punkt genießen wir von den Berchtesgadener und Chiemgauer Alpen im Osten bis zu den Allgäuer Alpen im Westen freien Blick auf die Alpenkette, Panoramatafeln helfen bei der Gipfelbestimmung.

Spieltrieb auf der „Hundewiese"

Etwa einen halben Kilometer weiter westlich ist Kaspers Lieblingswiese erreicht. Andere Hunde sind hier so gut wie immer anzutreffen. Gut so, denn Kasper liebt Fangspiele und das Herumtoben mit anderen Hunden, nur bei „Raufspielen" vergeht ihm der Spaß. Da wird schon mal geknurrt, was er sonst nur als Spielaufforderung macht. Am liebsten hat er Wurfspiele, beispielsweise mit dem Ball oder

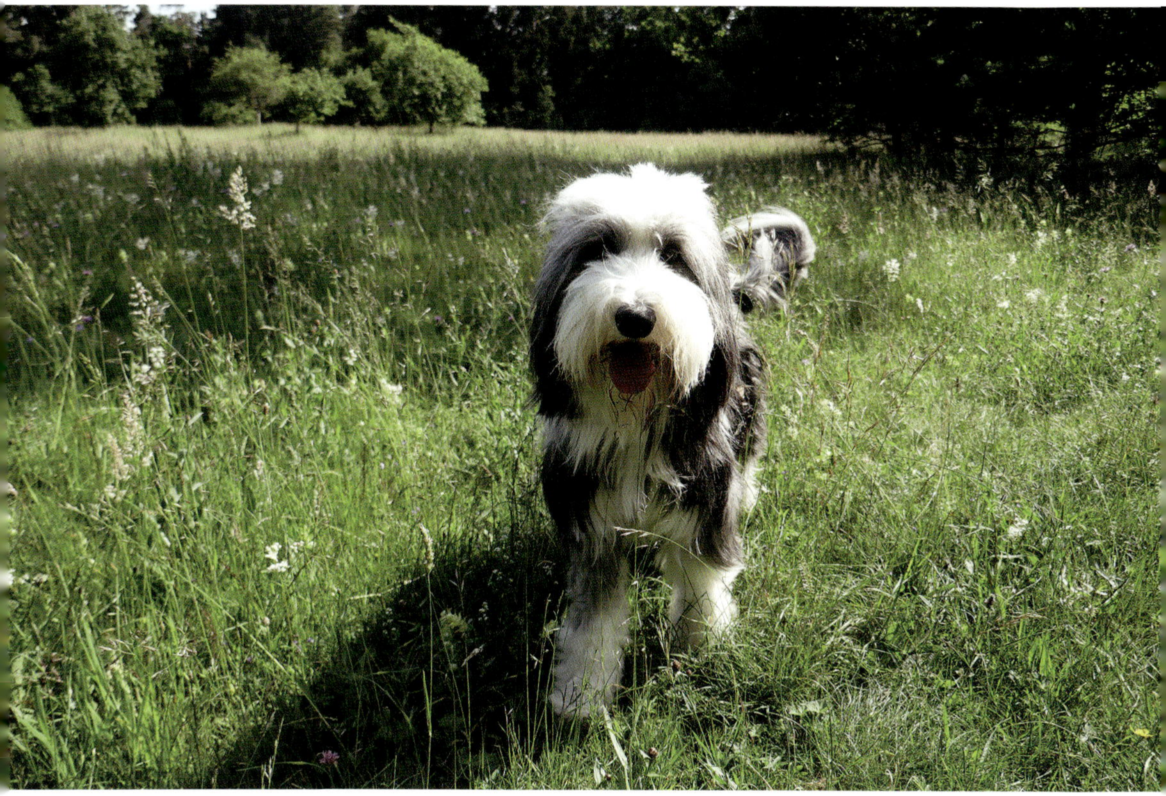

Kasper blüht auf seiner Spielwiese so richtig auf.

Frisbee, da er es liebt, richtig schnell zu rennen – eine Tugend, die man ihm zunächst gar nicht zutraut. Auch „Ballverstecken" findet er klasse, da gibt es in der Regel Leckerli fürs Wiederbringen. Außerdem hat er einen ausgeprägten Hütetrieb: Wenn Melanie mit ihrem Freund unterwegs ist, müssen die beiden auch zusammenbleiben; wenn einer von beiden zurückbleibt oder einen anderen Weg geht, rennt er zwischen ihnen hin und her, damit ja niemand verloren geht.

Am nördlichen Rand des Wiesengeländes stoßen wir auf einen Pavillon mit Informationstafeln zum Forst; wir erfahren Hintergründe zur langen Geschichte und staunen über die Abbildungen einheimischer Schmetterlinge und mitteleuropäischer Pflanzen. Der Rückweg von hier ist nur noch Formsache.

Bearded Collie

In seiner Heimat, dem schottischen Hochland, herrscht ein raues Klima vor, weshalb ihn ein dickes Fell (Bearded steht für „bärtig") vor Wind und Wetter schützt. Als klassischer Hütehund kann er eigenständig Herden führen bzw. verirrte Tiere aufspüren und zurückführen. In unseren Breitengraden kommen heute vornehmlich sein Familien- und Gesellschaftssinn zum Tragen. Er ist recht temperamentvoll und liebt die Herausforderung beispielsweise mit Spielen. Gleichzeitig gilt er als sensibler und schreckhafter Hund, weshalb ihn laute Geräusche wie ein Donnerschlag beim Gewitter aufschrecken und abrupt mit eingezogenem Schwanz das Weite suchen lassen.

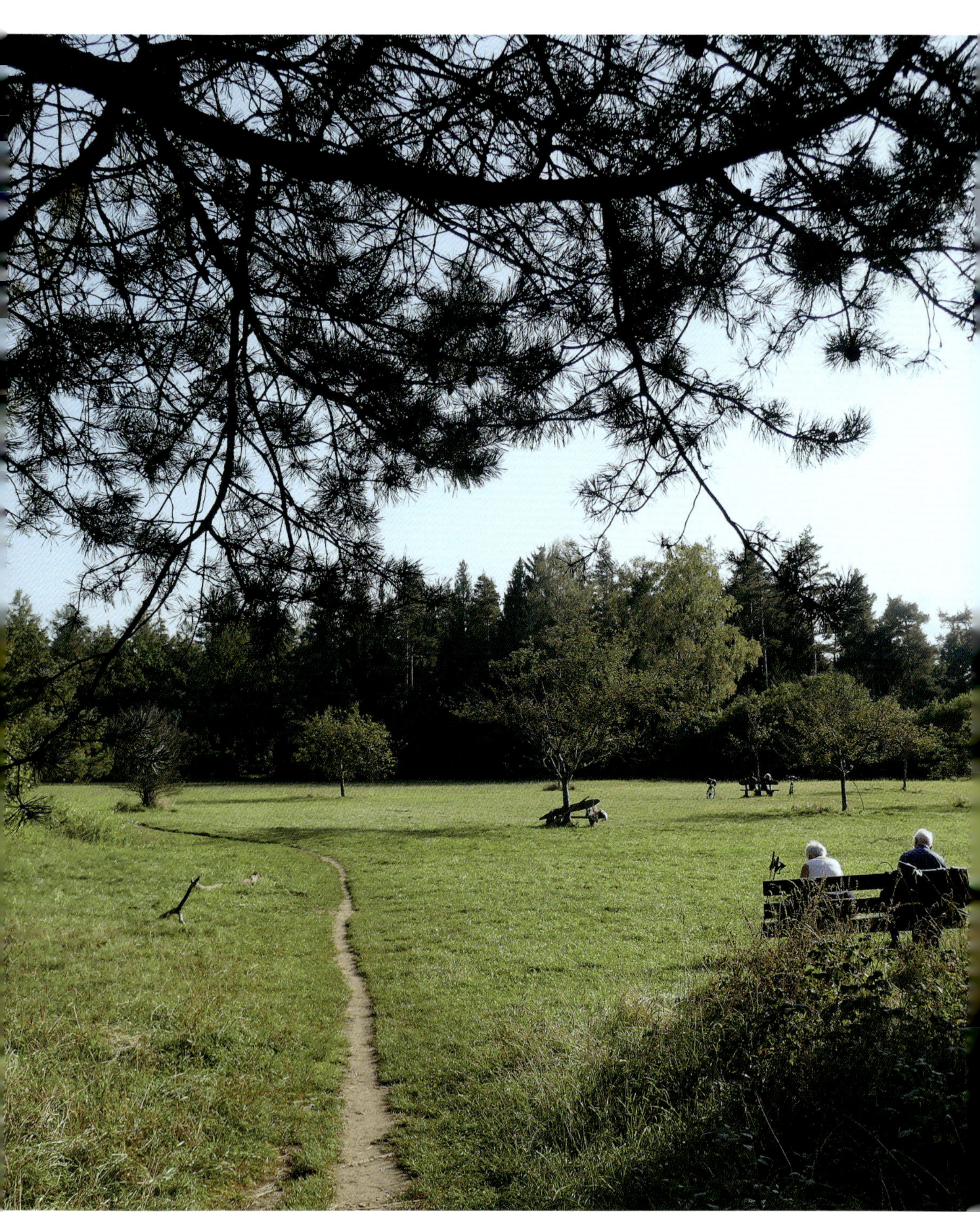

Blick auf die große Waldlichtung im Perlacher Forst, auf der sich unsere Vierbeiner so richtig austoben können.

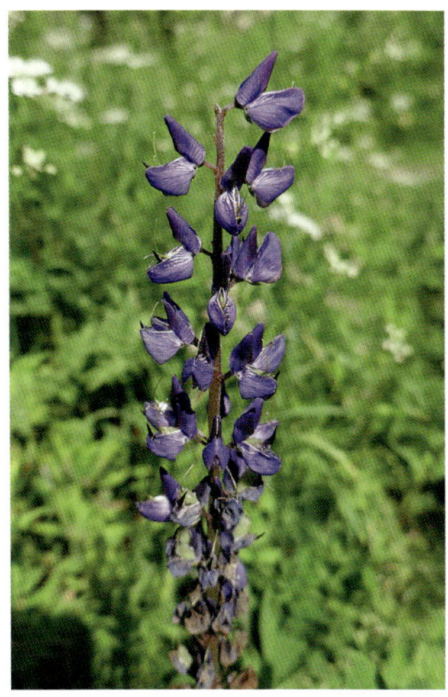

Auch am Mugl blüht es kräftig – im Bild eine Lupine.

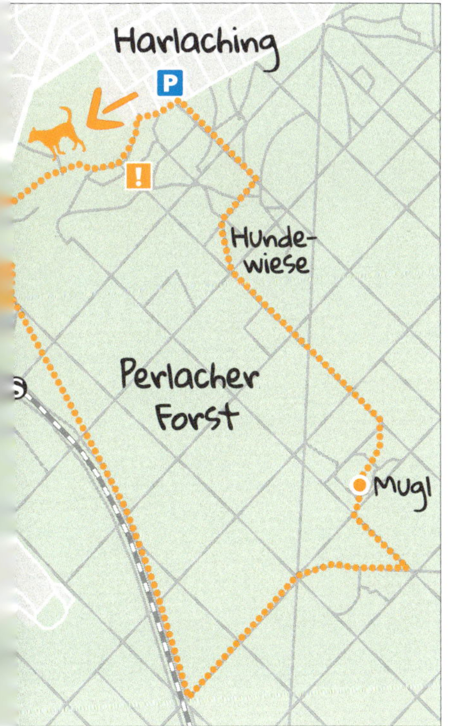

ÖVM Straßenbahn Linie 15/25 Menterschwaige

Start Straße Am Perlacher Forst (ca. auf Höhe der Jollystraße), Harlaching, N 48.085793°, E 11.564497°

Charakter Von der Mugl-Erklimmung abgesehen durchwegs flache Wanderung überwiegend durch Wald; an der Bahnlinie, an der Mugl und auf der „Hundewiese" gibt es aber Möglichkeiten zum Sonne tanken.

Orientierung „Idiotensicher" ist nur der Abschnitt entlang der Bahnlinie, im schachbrettartig angelegten Forst muss man sich an die Wegbeschreibungen halten.

Hunde an die Leine An der Straße Am Perlacher Forst

Parkplatz Perlacher Forst › Perlacher Mugl › „Hundewiese" › Parkplatz Perlacher Forst

Die Straße Am Perlacher Forst nach SW › kurz vor Einmündung in die Theodolindenstraße halblinks Weg in den Wald folgen (Schild: LSG) › ! an den folgenden drei Weggabelungen rechts halten und den anschließend rechts wegführenden Pfad ignorieren › den Teerweg überqueren und geradewegs zur Trambahnstation Menterschwaige (Waldrand) › am südlichen Ende der Station halblinks in den Wald › an der Forststraße wenige Meter nach links und hinter dem Bauwagen des Naturkindergartens halbrechts in den klar erkennbaren Pfad › mit Erreichen der Bahntrasse bei Strecken-Km 12,4 dem Feldweg parallel bis zum Strecken-Km 13,8 nach SO folgen › links auf dem grasbewachsenen Forstweg (später Schild „Jägersteig-Geräumt") in den Wald › an der großen Kreuzung kurz links in den Radweg und an der auffälligen Kiefer rechts in den Waldweg (Schild „Hartmann Stern") › an der Kreuzung scharf links › nach 400 m öffnet sich der Blick auf den Perlacher Mugl: hier rechts in den Wiesenpfad und den Mugl auf dem sichtbaren Pfad in wenigen Minuten erklimmen › Abstieg nordwärts auf etwas breiterem Weg › an der Y-Kreuzung rechts halten und zum Nachbarhügel ansteigen › links Abstieg durch Wald und Einmündung in den Forstweg › an der folgenden T-Kreuzung links › nach 500 m halbrechts die freie Wiese diagonal überqueren › am Ende der Wiese (Schachfelder) rechts zur zweiten Wiese › hinter der Wiese links 500 m zur Straße Am Perlacher Forst

Kiesgrubensteine als Trüffelersatz

Vom Truderinger Wald bei Waldperlach in den Ostpark

Kaum dem Auto entflohen, sucht sich Mimi einen Stein und trägt ihn genussvoll im Maul spazieren. Als ob ein gewöhnlicher Stein den Trüffel ersetzen könnte, den sie in ihrer Piemonter Heimat mit entsprechender Ausbildung erschnüffeln würde. Die siebenjährige Mimi ist ein reinrassiger Lagotto Romagnolo und liebt alles, was mit anspruchsvollem Such- und Apportierverhalten zu tun hat. Und freut sich als sportliche Hündin auf den bevorstehenden Auslauf im Waldperlacher Kiesgrubenbiotop.

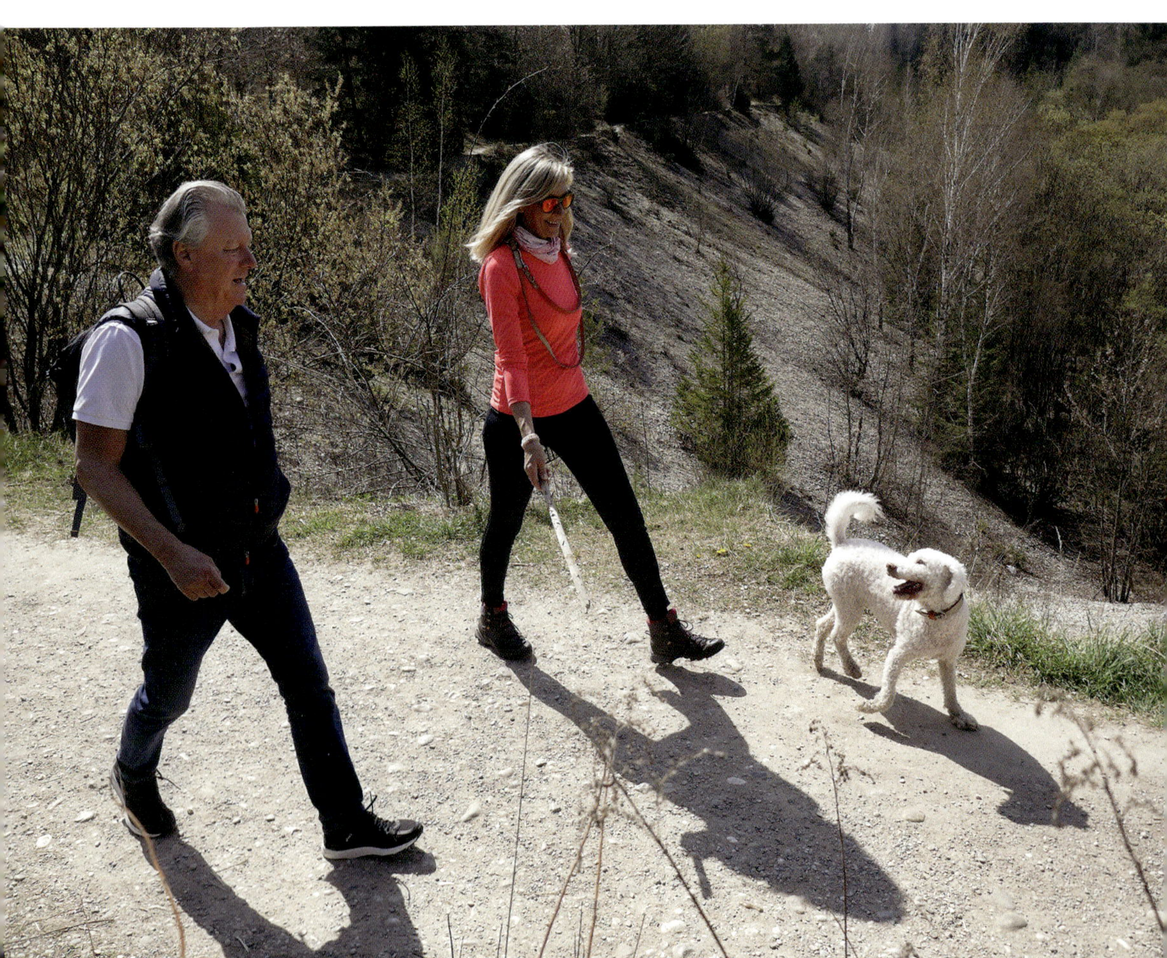

Der Rückweg verläuft am oberen Rand der ehemaligen Kiesgrube …

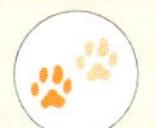    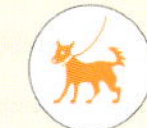

„Hätte Mimi eine Trüffelausbildung, wäre sie zwischen 30 und 40.000 Euro wert", merkt Astrid mit einem vielsagenden Grinsen an. Um den Bewegungsdrang ihres Vierbeiners gerecht zu werden, führt sie ihn im Wechsel mit ihrer Tochter regelmäßig aus.

Durch die Kieshalden in den „Zauberwald"

Unser Wanderparkplatz liegt am Rand des Landschaftsschutzgebietes Truderinger Forst, den wir jedoch ab Putzbrunner Straße gerechnet erst am dritten Hinweisschild betreten. Das ehemalige Kieswerk wurde zur Erhaltung des Truderinger Waldes als Biotop bereits vor rund 40 Jahren geschlossen. Seine Blütezeit hatte es nach dem zweiten Weltkrieg, als im Zuge der Aufbauarbeiten der zerstörten Stadt München die Nachfrage nach Baumaterial massiv gestiegen war. Beim metallenen Industriedenkmal auf der Freifläche handelt es sich um eine Nassrohrmühle aus den 1930er Jahren, mit deren Hilfe grobes Steinmaterial zerkleinert werden konnte. Und einen dieser Steine hat sich Mimi gleich geschnappt.

Von der Lichtung wandern wir in das angrenzende Kiesgrubentälchen hinab und erfreuen uns vis-à-vis der Geröllberge an der kurzweiligen Wegführung. Unglaublich, wie die Natur sich diese Steinwüste Schritt für Schritt zurückerobert hat. Der Landesbund für Vogelschutz (LBV) betreibt regelmäßig Biotoppflege, um eine Verbuschung des Areals zu vermeiden und somit zur weiteren Regeneration der Natur beizutragen. Auf diese Weise bleiben Magerwiesen und Feuchtbiotope erhalten, wodurch sich über 300 Pflanzen- und Tierarten, beispielsweise Alpen-Zwergbuchs, Regensburger Geißklee und Weißes Fingerkraut oder Erdkröte, Eidechse und Goldammer wieder ansiedeln konnten. Nach einem halben Kilometer stoßen wir auf den Grundwasserteich, der sich im Frühjahr voller Algen präsentiert und im

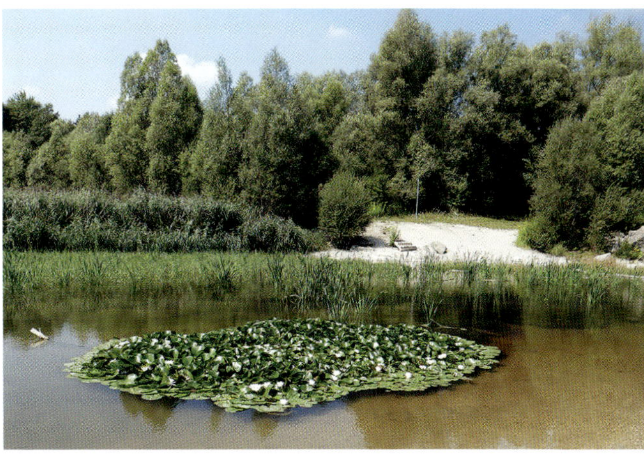

... mit Blick auf den Grundwassersee, in dem Mimi leider nicht baden darf.

Sommer den Naturfreund mit blühenden Seerosenkolonien erfreut. Mimi darf hier nicht ins Wasser springen, aber angeleint zu trinken, ist natürlich schon erlaubt.

Weiter östlich tauchen wir dann richtig in den Truderinger Forst ein, der im Volksmund auch „Märchenwald" genannt wird. Vielleicht liegt diese Bezeichnung an den dicken Moosteppichen, die den Waldboden großzügig überziehen. Auch die Wurzelpfade tragen zu der mystischen Stimmung bei. Unser Fotoshooting mit Mimi – Fichtenzapfen in die Höhe werfen, Auffangen des Wurfobjekts im Sprung – geht an dieser Stelle trotz mehrfacher Versuche zwar schief, aber der Freude an der Wanderung tut dies keinen Abbruch. „Mimi will das Spielobjekt immer finden. Ansonsten ist sie unglücklich", kommentiert Astrid das Verhalten ihrer menschenbezogenen Hündin. Andere Hunde hingegen interessieren die nur mäßig sozialisierte und vorsichtige Mimi weniger.

Abstecher in den hundefreundlichen Ostpark

Der Truderinger Forst hat ein dichtes Netz an Wegen und Trampelpfaden zu bieten, sodass

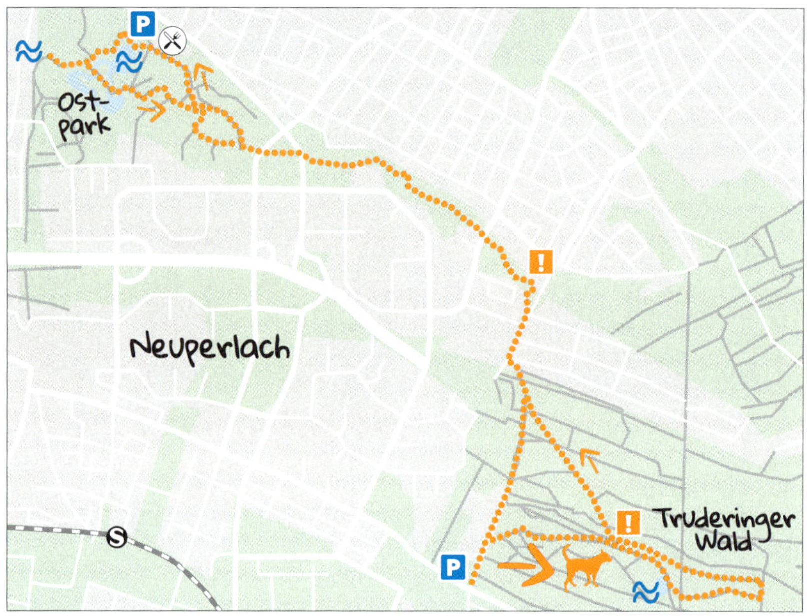

er für sich schon eine ausgedehnte Hundewanderung ermöglichen würde. Aber da wir im rund drei Kilometer entfernten Ostpark auf eine der weitläufigsten und schönsten Hundewiesen Münchens stoßen und der Weg dorthin überwiegend angenehm durch grüne Parkanlagen verläuft, hängen wir diese lohnende Zugabe noch an.

Im Ostpark geben wir uns mit einer halben Runde zufrieden, indem wir die Aussichtsplattform am nördlichen Rand des Parks besteigen und im Bogen über zwei Seebrücken zentral durch die Anlage zurückwandern. Im Haupteingangsbereich des Parks können wir im Michaeligarten einkehren. Die Wiesen rund um den angrenzenden See sind zwar mit grünen Pollern versehen – was einem Betretungsverbot mit Hund gleichkommt –, ringsherum gibt es aber reichlich Auslauf für unseren Vierbeiner. Im Hachinger Bach ist auch ein Erfrischungsbad möglich: Hierfür müssen wir unseren Wanderradius nur um wenige hundert Meter Richtung Westen erweitern.

Lagotto Romagnolo

Der Lagotto Romagnolo ist eine italienische Hunderasse, die zur Trüffelsuche eingesetzt wird. Doch auch ohne eine entsprechende Ausbildung ist seine Vorliebe für das Suchen und Apportieren von Gegenständen stark ausgeprägt, wobei er sich auf seinen überdurchschnittlich gut ausgeprägten Geruchssinn verlassen kann. Vor dem Austrocknen der Sümpfe war der Lagotto Romagnolo den Fischern als Wasserhund zum Aufspüren von Blässhühnern ein wichtiger Jagdbegleiter, kein Wunder also, dass beim Aufspüren eines Rehs oder Feldhasen auch heute noch der Jagdtrieb mit ihm durchgehen kann. Bedingt durch sein lockiges Fell, das von Weiß über Braun bis Schwarz verschiedene Farbtöne umfasst, wird er häufig auch mit einem Pudel verwechselt. Doch sein kuscheliges Äußeres sollte niemanden dazu verleiten, den familientauglichen Vierbeiner als „Schoßhündchen" abzutun.

ÖVM U5/U7/U8 Michaelibad (Einstieg am Wendepunkt der Tour)

Start Parkplatz am Truderinger Forst (Kieswerk Mächler, Putzbrunner Straße 193, Waldperlach), N 48.091565°, E 11.662314°

Charakter Fundamentaler Stimmungswechsel zwischen herrlichen Wald- und Kieswegen im Truderinger Forst und den westlich angrenzenden Parkanlagen. Im Forst viel Schatten, sonst eher sonnige Tour!

Orientierung Das Gros der Strecke im Truderinger Forst verläuft am oder in Nähe des Kieswerks. Überwiegend enge Parkanlagen bei der Verbindung zum Ostpark, in dem die Orientierung leichtfällt.

Wasser am Wegesrand Grundwasserteich im Alten Kieswerk, Hachinger Bach und See im Ostpark

Hunde an die Leine Am Grundwasserteich, im Perlacher Wohngebiet, bei der Überquerung der Heinrich-Wieland-Straße

Einkehr Michaeligarten, Ostpark, Tel. 089/4355240, www.michaeligarten.de

Kieswerk Mächler › Truderinger Wald › Feldbergpark › Ostpark und zurück

Vom Parkplatz kurz nach N und am Schild „Putzbrunner Straße 195 Quetschwerk Fritz Roth" rechts abbiegen › an der Freifläche (Industriedenkmal) links halten, an geeigneter Stelle in das Kiesgrubentälchen absteigen und zum Grundwasserteich › an dessen Ostufer entlang nach S › nach kurzem Anstieg aus dem Talkessel heraus den Forstweg geradewegs überqueren und auf dem Wurzelweg nach O › an der T-Kreuzung 300 m nach N und an der Kreuzung abermals links › an der Kreuzung links und leicht versetzt mit Blick auf den Grundwasserteich rechts (Schild LSG) › oberhalb des Kiesgrubentälchens nach W › ! nach 300 halbrechts in den abzweigenden Steig abzweigen, der diagonal durch den Forst verläuft › am Hauptweg rechts aus dem LSG hinaus › im Siedlungsgebiet Alexisweg und Friedrich-Creuzer-Straße nach N › ! nach 300 m links 1,5 km weit durch Grünanlagen und den Feldbergpark von O nach W › Heinrich-Wieland-Straße überqueren › nach Überqueren der nahen Thomas-Dehler-Straße (Fußgängerbrücke) Einmündung in den Ostpark › an der ersten Weggabelung rechts zur Aussichtsplattform hinauf und der „Höhenroute" folgend zum N-Eingang des Parks › den nördlichen Seeausläufer gegen den Uhrzeigersinn halb umrunden und über zwei Brücken wieder zum östlichen Parkausgang › ab der Brücke Thomas-Dehler-Straße Route wie beim Hinweg › im LSG Truderinger Wald nicht in den Diagonalweg abzweigen, sondern auf dem Hauptweg 1 km weit nach S zum Parkplatz

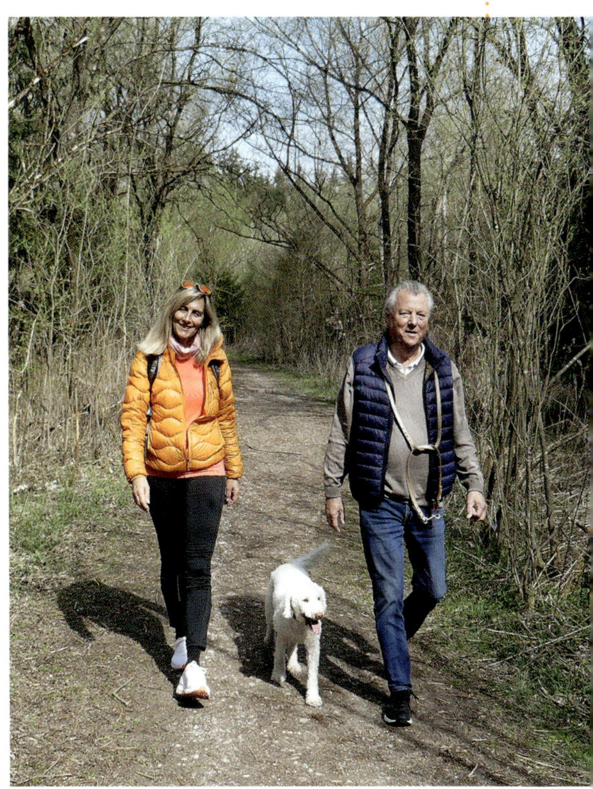

Wegabschnitt im Truderinger Forst

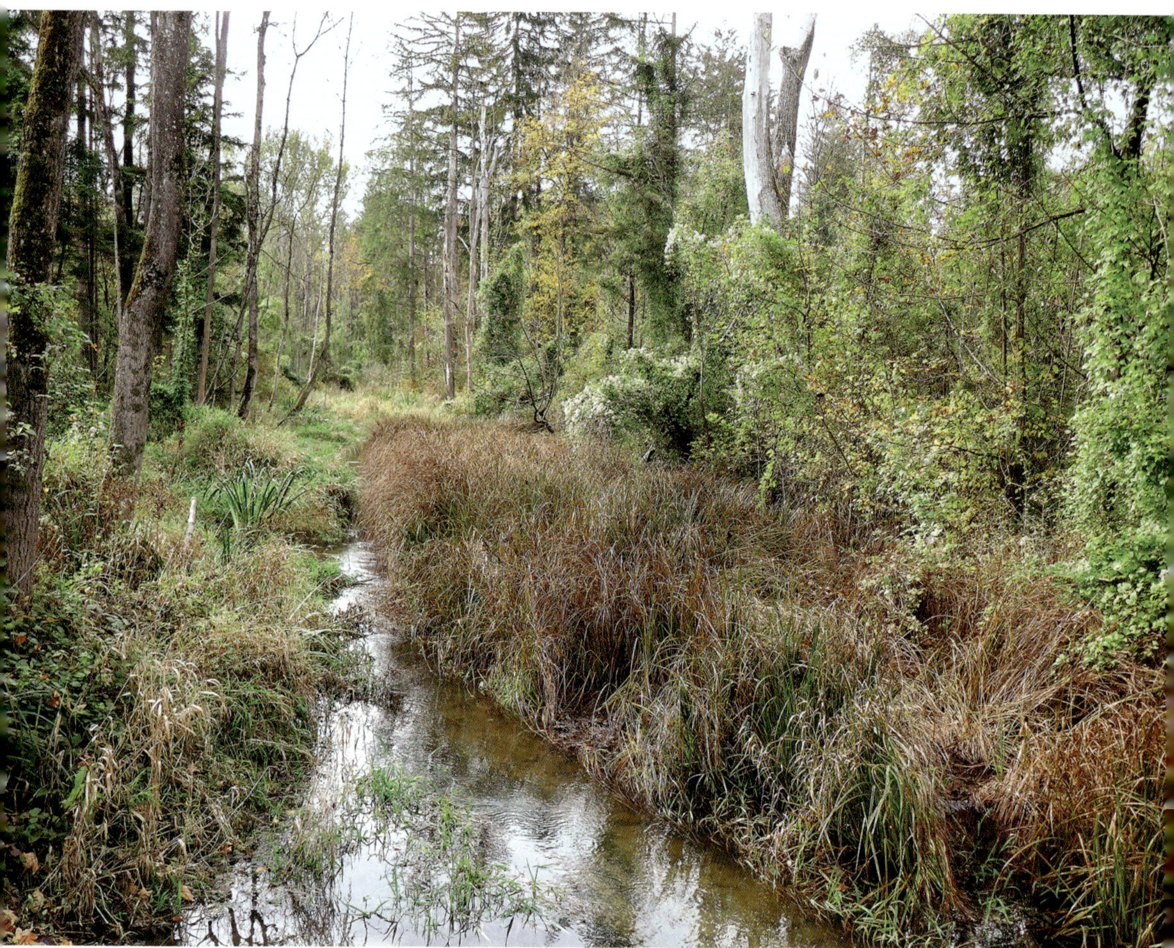

Der Griesbach ist nur von der Brücke aus zugänglich.

Oase der Ruhe mit vielen Gewässern

Vom Poschinger Weiher in das Isartal

Ein See, ein Kanal, ein Fluss und zwei kleine Bäche: Wasserreicher könnte die Wanderung im Isartal zwischen Ismaning und Garching kaum verlaufen! Während der Unterföhringer See, im Volksmund als Poschinger Weiher bekannt, nur von Oktober bis einschließlich April für Hunde zugänglich ist, können sich die Vierbeiner in der Isar und in den Bachzuläufen ganzjährig erfrischen. Je weiter wir auf den wenig begangenen Pfaden nach Norden vordringen, desto urwüchsiger wird das von Feuchtbiotopen durchzogene Gelände.

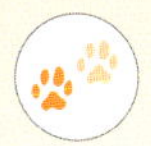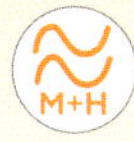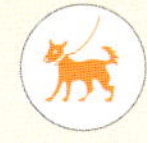

Während der Bademonate ist das Seeufer des Poschinger Weihers mit Hunden zu meiden: Es ist jedoch gut möglich, den Rundweg mit Abstand zum Wasser zu starten. Am Damm entlang des Mittleren Isarkanals liegt der See bereits unter uns. An sieben Monaten im Jahr dürfen die Hunde dort in das Wasser springen, das mangels Enten im Gegensatz zu vielen vergleichbaren Münchner Badeseen über eine gute Wasserqualität verfügt.

Von der Isarbrücke aus nordwärts

Zwischen der Isarbrücke nördlich des Poschinger Weihers und dem Rundweg im Isartal überbrücken wir die Strecke auf dem Radweg Richtung Freising. „Achtung Radfahrer: Bitte Rücksicht nehmen. Fußgänger haben Vorrang," lesen wir auf einem Schild. Hunde somit auch, was im Umkehrschluss jedoch nicht bedeutet, dass die Vierbeiner die „Pedalritter" willkürlich aufschrecken dürfen. Wer jedoch die Kontrolle über seinen Hund hat, kann ihn hier auch leinenfrei Gassi führen. Unterwegs besteht die Möglichkeit, auf einem Stichweg in das bekieste Isarbett abzusteigen, damit sich unsere Vierbeiner im Fluss erfrischen können.

Nach Unterquerung der Autobahnbrücke ändert sich der Charakter der Wanderung erheblich: Die Wege werden deutlich schmaler und unscheinbarer. Der durch den Wald verlaufende Pfad etwa ist zwar von der Streckenführung eindeutig, erfordert jedoch durch die vereinnahmende Botanik und zuweilen querliegende Baumstämme eine gewisse Trittsicherheit; unsere Vierbeiner wiederum bewegen sich hier spielerisch durch das Gelände. Wir wandern aus dem Wald heraus und stoßen auf eine auffällige Stromtrassen-Schneise. Der nach Regen etwas schmierige Wiesenpfad würde sich gut zum Barfußwandern eignen. Wir folgen der Trasse etwa zwei Kilometer weit nach Norden, bis wir an der Brücke des unvermittelt auftauchenden Unteren Schwabinger Altbachs links in den Forstweg abbiegen.

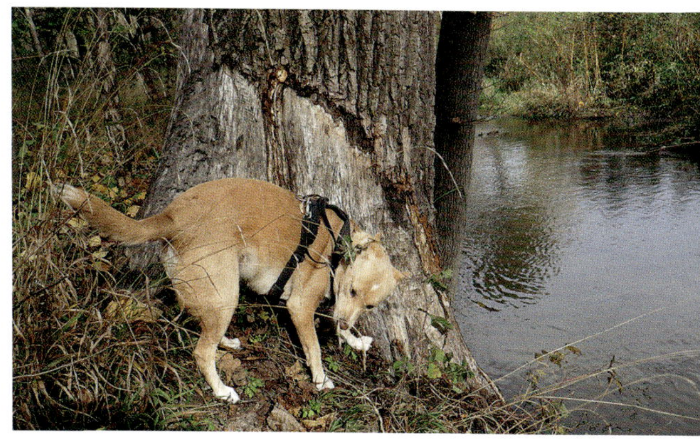

Die aus Indien stammende Shinti zeichnet sich durch ihren überaus friedvollen Charakter aus.

Eintauchen in die Isarauen

Nach wenigen Minuten erreichen wir eine zweite Brücke, durch die der Griesbach, ein Abfluss des Schwabinger Bachs, hindurchfließt. Hier zeigt die das Isartal prägende Auenlandschaft ihren Dschungelcharakter: Von hohen Gräsern und dichtem Buschwerk umgeben, fließt das Bachwasser geräuschlos dahin. In diesem einsamen Winkel fühlt sich auch Shanti sehr wohl. Der altindische Name steht für innere Ruhe und Frieden, den man am Altschwabinger Bach absolut finden kann. Vor drei Jahren war die damalige Straßenhündin ihrem heutigen Herrchen Ramathan in der Nähe eines indischen Klosters zugelaufen. „In Indien mit einem Hund spazieren zu gehen wirkt in etwa so, als würde bei uns jemand ein Reh ausführen", weist Ramathan auf den niedrigen Stellenwert eines Vierbeiners in der dortigen Bevölkerung hin. Nach überstandenen Blutproben und Antikörpertests durfte Shanti schließlich nach Deutschland einreisen. Ob ein Labrador im Mischlingshund steckt? Ramathan zuckt mit den Schultern, rückverfolgen lässt sich dies ohnehin nicht mehr. Wichtiger ist ihm der liebevolle und anhängliche Charakter seiner Hündin, die auch fremde Menschen mit Freude begrüßt. Er betont, dass er Shanti nur vegetarisch ernährt. Ob dies der Grund ist für ihr glattes Fell?

5 **Gehzeit** 3 Std. • **Strecke** 11 km • **Höhenmeter** 60

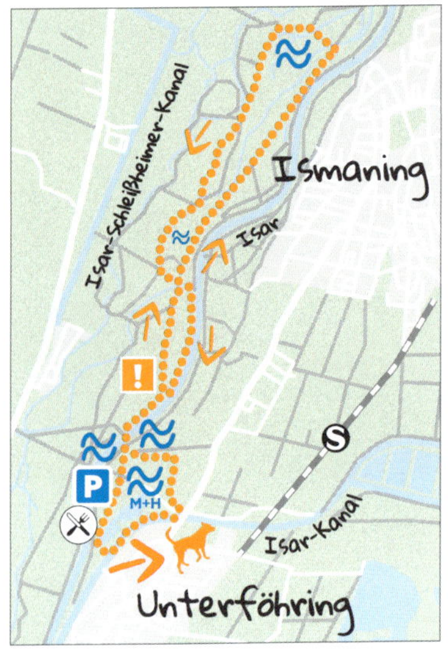

Start Parkplatz am Poschinger Weiher (Unterföhringer See), N 48.203203°, E 11.643863°

Charakter Solide begehbare, breite Kieswege wechseln mit engen Wald- und Wiesenpfaden, teilweise durch das Unterholz verlaufend, ab. Im Gegensatz zum lebendigen Poschinger Weiher wird es nördlich der Autobahnbrücke recht einsam.

Orientierung Poschinger Weiher bei der Umrundung, Radweg zur Überbrückung im Isartal, Stromleitung und Bachläufe in der nördlichen Wanderschleife

Wasser am Wegesrand Poschinger Weiher, Isar, Griesbach, Unterer Schwabinger Altbach, Garchinger Mühlbach

Hunde an die Leine Am Poschinger Weiher von Mai bis September

Einkehr Seewirtschaft Isarauen am Poschinger Weiher

Poschinger Weiher › Hypoberg › Isartal › Schwabinger Bach › Poschinger Weiher

Vom Parkplatz den Poschinger Weiher gegen den Uhrzeigersinn umrunden › kurzer steiler Aufstieg und links am Isarkanal nach NO › an der Münchner Straße wenige Schritte nach links und links in die Straße Am Poschinger Weiher › nach 100 m am Sportverein halbrechts in den Wanderweg › kurz vor Erreichen des Hypobergs rechts zur Isarbrücke absteigen › die Brücke überqueren und rechts in den Radweg Richtung Freising › nach Unterqueren der Autobahnbrücke links in den abzweigenden Weg › ! nach 100 m rechts in den Waldpfad, der an manchen Stellen etwas verwachsen ist › Einmündung in einen breiteren Weg und weiter nach N › am Querweg leicht versetzt geradeaus und in der Waldschneise entlang der Stromtrasse gut 2 km nach N › an der T-Kreuzung links die Schwabinger Bachbrücke überqueren › nach Überqueren des Griesbachs an der T-Kreuzung links › der Forstweg wendet sich nach S › an der T-Kreuzung links (Rad-Ww. Isarradweg) › am Isarufer rechts nach S › Isarbrücke des Hinwegs überqueren › an der Weggabelung halbrechts den mittelbreiten Weg Richtung Hypoberg aufsteigen und an der folgenden Gabelung rechts zum Poschinger Weiher

Bahntrasse, Baggerseen und Bachgräben

Rundweg zwischen Johanneskirchen und Aschheim

Der Münchner Nordosten genießt wandermäßig einen zwiespältigen Ruf, zu stark ist er in der Wahrnehmung vieler durch Verkehrsadern, Zersiedelung und Industrie negativ vorbelastet. Schade eigentlich. Denn auch hier gibt es ruhige Naturoasen, die als geschützter Landschaftsbestandteil mit der Wiederherstellung von Biotopbereichen ausgewiesen sind. Das Johanneskirchner Moos ist mit seiner stillgelegten Bahntrasse, drei kristallklaren Baggerseen und einem renaturierten Entwässerungsgraben nicht nur für unsere Hunde ein echtes Eldorado. Zumal das allenfalls leise Rauschen des Autobahnrings vom Zwitschern der Vögel übertönt wird.

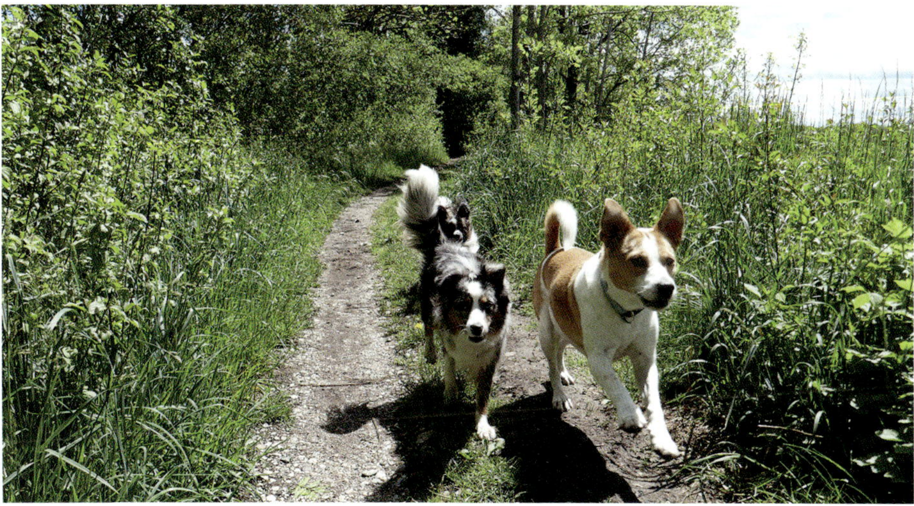

Baki, Kiwi und Manolo auf der der stillgelegten Bahntrasse, die im Volksmund auch „Feldkirchner Tangente" genannt wird.

Vom Parkplatz sind es nur wenige Meter aufwärts zum angrenzenden Damm, auf dem das Naziregime im zweiten Weltkrieg als Ergänzung zu den bombardierten innerstädtischen Bahnlinien eine Güterverkehrsverbindung zwischen Feldkirchen und dem Münchner Nordring – im Volksmund als „Feldkirchner Tangente" bekannt – errichtet hat. Das Gleis wurde 1949 wieder entfernt, der Schotter ist geblieben.

Hundelaufsteg auf der Feldkirchner Tangente

Während sich der Pfad auf der ehemaligen Bahntrasse anfangs noch um Bäume und Buschwerk herumschlängelt, öffnet sich das Gelände im weiteren Verlauf. Durch die leicht erhöhte Lage genießen wir einen schönen Weitblick über das Johanneskirchner Moos

 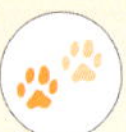 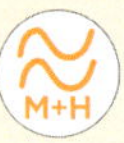 

bis hin zu den Alpen. Wir überqueren den Hüllgraben, an dessen Ufer wir später zurückkehren werden, auf einer Brücke. Es ist eines der Lieblings-Gassi-Areale des Hunde-Trios Baki (ein Papillon), Kiwi (ein Mini-Australian-Shepherd) und Manolo; Letzterer ist ein Mischling. „Manolo hat aber deutlich mehr Terrier- als Beagle-Eigenschaften vererbt bekommen", erzählt die Hundebesitzerin schmunzelnd, „denn von Jagdtrieb ist überhaupt nichts zu spüren." Jeder, der mal mit einem Beagle spazieren gegangen ist, weiß, wovon sie spricht. Kurz darauf verteidigt Lily, ein ungarischer Dackelmix, ihr Frauchen mit einem lauten Knurren. Während des von gutem Zureden begleiteten Fotoshootings hat sich die zwölfjährige Hündin dann aber rasch wieder beruhigt.

Baggerseen und Hüllgraben im Landschaftsschutzbereich

Richtung Aschheim liegen drei Baggerseen an der Strecke, die allesamt hinter Hecken und Baumgruppen verborgen und von der Hauptroute aus nicht einsehbar sind. Stichwege führen an seine malerischen Ufer, die Erholungsuchende manchmal für sich haben. Angesichts des klaren Wassers wachsen an warmen Sommertagen die Badegelüste von Menschen und Tieren. Bei Anwesenheit von Anglern nehmen wir an den „Vereinsgewässern" selbstverständlich Rücksicht.

Der Abfanggraben ist ein künstlicher Wasserlauf und wegen der steilen Uferböschung zum Baden für unsere Vierbeiner nicht geeignet. Der Landesbund für Vogelschutz pflegt das seit 1989 als geschützter Landschaftsbestandteil ausgewiesene Areal und freut sich über die Wiederansiedlung von Himmelblauen Bläuling, Schlingnatter und Eisvogel sowie von seltenen Pflanzenarten. Am kleinen Staudamm stürzt ein Wasserfall in den Speichersee. Hier fühlt sich die Wasseramsel wohl. Und westlich davon sind im Hüllgraben dann endlich wieder kleine Spritztouren in den Bach möglich. Der Hüllgraben wird vom Wasser des Hachinger Bachs gespeist, der nördlich vom Michaelibad (siehe Tour 4) durch ein unterirdisches Rohr abgeleitet wird und im Johanneskirchner Moos wieder auftaucht.

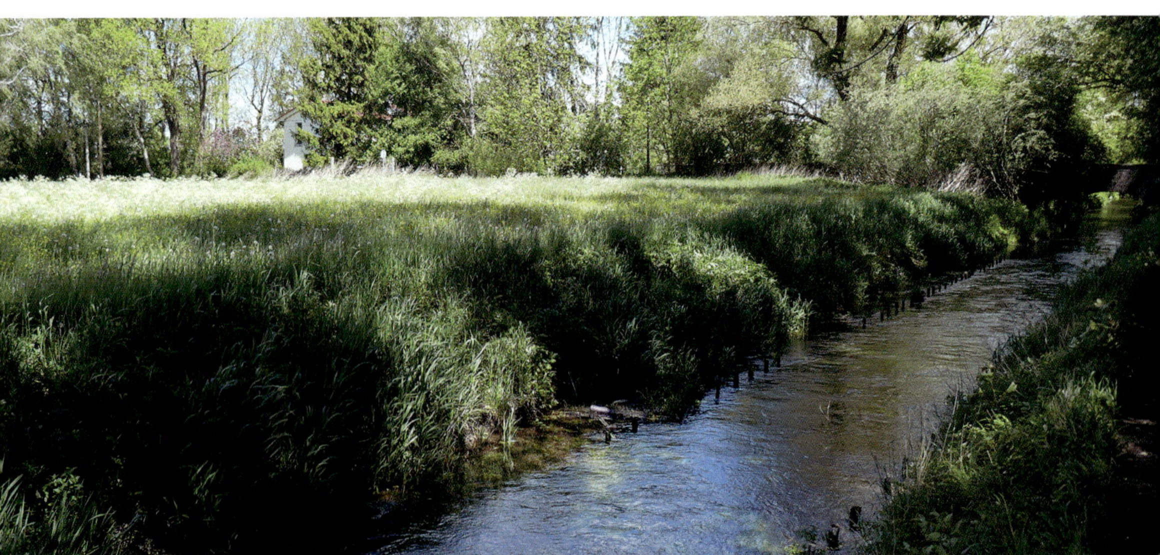

Am Hüllgraben entlang führt unsere Route zur stillgelegten Bahntrasse zurück.

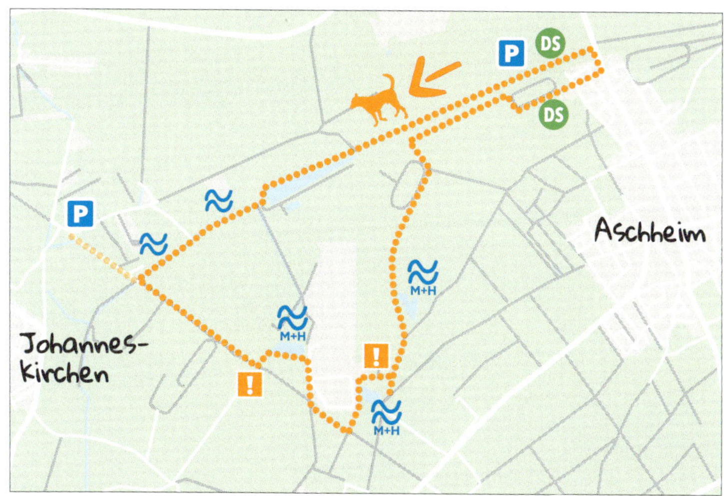

Start Kleiner Parkplatz am Lebermoosweg 33, östlicher Ortsrand von Johanneskirchen, N 48.170674°, E 11.665685°

Charakter Durchwegs eben verlaufende Runde im Johanneskirchner Moos wechselweise auf Pfaden, Wirtschafts- und Teerwegen (Aschheim). Relativ wenig Schatten, dafür reichlich Erfrischungspotential in drei Baggerseen und im Hüllgraben!

Orientierung Die ehemalige Bahntrasse und der Kanalverlauf (Hüllgraben) dienen als Wegweiser, im Osten grenzt Aschheim die Runde ab.

Wasser am Wegesrand Bachlauf im Hüllgraben, drei Baggerseen

Dog Station Ortsrand in Aschheim, Fasanenallee

Hunde an die Leine Gartenstraße, Ismaninger Straße und Fasanenallee in Aschheim

Johanneskirchen › 3 Baggerseen › Aschheim › Hüllgraben › Johanneskirchen

Vom Parkplatz den Pfad zur ehemaligen Bahntrasse hinauf › nach 1 km von der Trasse links zum parallel verlaufenden Kiesweg absteigen › ! an der Wegkreuzung Dornacher Weg / Lebermoosweg kurz geradeaus, dann links entlang eines Grabens in den Wiesenpfad und an der Baumreihe geradewegs zum 1. Baggersee › dem Uferpfad folgen, den See verlassen und an der Kreuzung rechts in den Feldweg › nach 300 m links in den Schotterweg (tiefer Kies!) abzweigen › an der T-Kreuzung links › ! am Eingang des Kieswerks kurz rechts halten und hinter dem Sperrbalken zum 2. Baggersee › den See im Uhrzeigersinn zur Hälfte umrunden (Pfad) › an der Kreuzung links, ebenso an den folgenden beiden Y-Kreuzungen (am Schild „Vereinsgewässer" Abstecher zum 3. Baggersee möglich) › an den folgenden beiden T-Kreuzungen erst links (Pferdekoppel), dann rechts am Bachgraben entlang › in Aschheim Einmündung in die Gartenstraße › an der Ismaninger Straße links (Rad- und Fußweg) › die Kanalbrücke überqueren und links in die Fasanenallee › das Golfgelände passieren und an der Brücke (Im Moosgrund) geradeaus › alternativ zum breiten Weg können wir den parallel verlaufenden Pfad mit Blick auf den Abfanggraben nutzen › ab der Stausee-Schleuse 1 km entlang des Hüllgrabens nach SW › an der Kreuzung rechts auf dem Lebermoosweg oder der ehemaligen Bahntrasse zum Parkplatz zurück

Fiebi im Glück

Rundtour im Nördlichen Englischen Garten

Als Oberföhringer Kindl kennt Martina den nördlichen Englischen Garten wie ihre Westentasche. Mit insgesamt drei verschiedenen Hunden hat sie den Abschnitt zwischen Oberföhringer Wehr und Hirschau bereits erkundet und variiert ihren täglichen Spaziergang je nach Lust und Laune. Das dicht verzweigte Wegenetz in diesem weitläufigen Parkgelände ist ein Eldorado für Hunde, auch dank der entspannten Atmosphäre zwischen den Hundehaltern und ihren Vierbeinern. Auch Fiebi, fünfjähriger Australian Shepherd, hat ihre reinste Freude an Wasser, Wald und Wiesen.

An Bächen und Quellen herrscht bei der gesamten Rundtour kein Mangel, sodass die Route auch an heißen Tagen für ausreichend Abkühlung sorgt. Nur wenige Meter vom Parkplatz entfernt stoßen wir auf den Oberstjägermeisterbach, ein Abfluss des bekannten Eisbachs im Südlichen Englischen Garten. Die flachen Ufer und die geringe Wassertiefe verleiten Fiebi an mehreren Stellen zu einer Trink- oder Badepause.

„Hundewiese" als zentraler Treffpunkt

Obwohl das Parkgelände auf den ersten Blick etwas unübersichtlich wirkt, findet man sich mit ein wenig Aufmerksamkeit gut zurecht. Wir haben die Route bewusst so gewählt, dass sie nur an zentralen Kreuzungen auf breite Hauptwege stößt. Hier sind zwar auch Fahrradfahrer unterwegs, doch helfen Radschilder und Übersichtskarten im Zweifel bei der Orientierung.

Ein wichtiger Orientierungspunkt ist die Thompsonwiese, die von den Einheimischen auch liebevoll „Hundewiese" genannt wird. Wenn sich Hunde untereinander verabreden könnten, dieser Ort würde sich perfekt eignen. Die Hundehalter sind in der Regel entspannt, ein leinenfreies Beschnuppern und Miteinander-Spielen ist hier ebenso vorprogrammiert wie der eine oder andere Plausch. „Ist deine Hündin läufig?" fragt beispielsweise die Besitzerin eines lustgetriebenen Rüden aufgrund dessen unübersehbarer Avancen für Fiebi. „Nein, meine Hündin ist halt einfach nur hübsch", antwortet Martina mit einer Mischung aus Amüsement und Überzeugung.

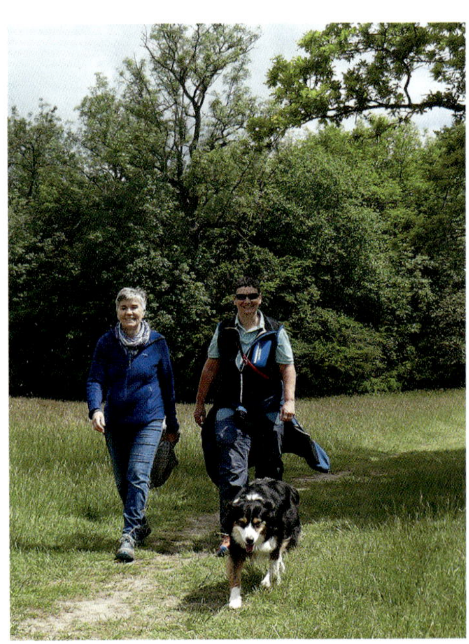

Elfi und Martina mit Fiebi unterwegs zur großen Hundewiese im Englischen Garten.

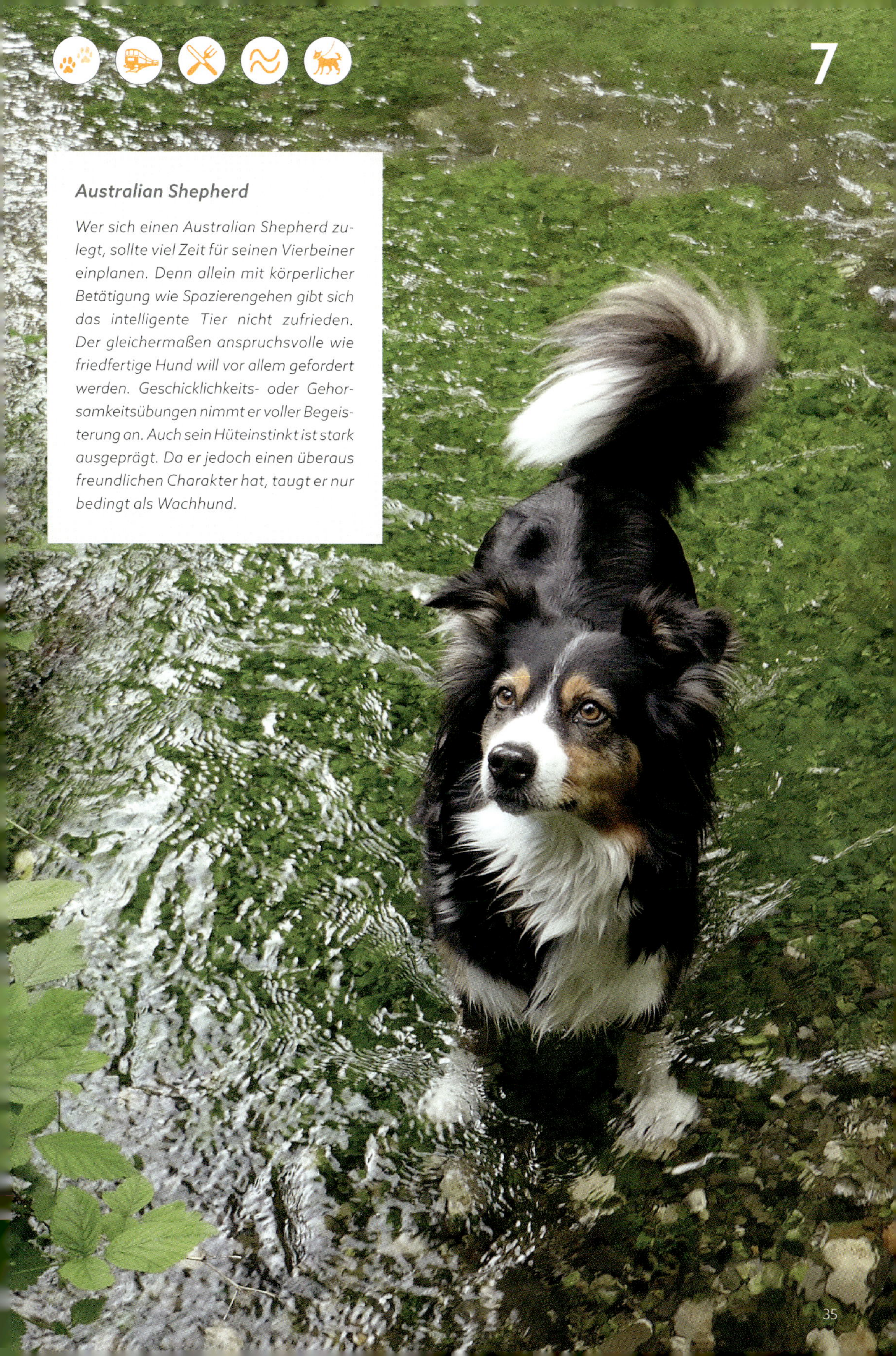

7

Australian Shepherd

Wer sich einen Australian Shepherd zulegt, sollte viel Zeit für seinen Vierbeiner einplanen. Denn allein mit körperlicher Betätigung wie Spazierengehen gibt sich das intelligente Tier nicht zufrieden. Der gleichermaßen anspruchsvolle wie friedfertige Hund will vor allem gefordert werden. Geschicklichkeits- oder Gehorsamkeitsübungen nimmt er voller Begeisterung an. Auch sein Hüteinstinkt ist stark ausgeprägt. Da er jedoch einen überaus freundlichen Charakter hat, taugt er nur bedingt als Wachhund.

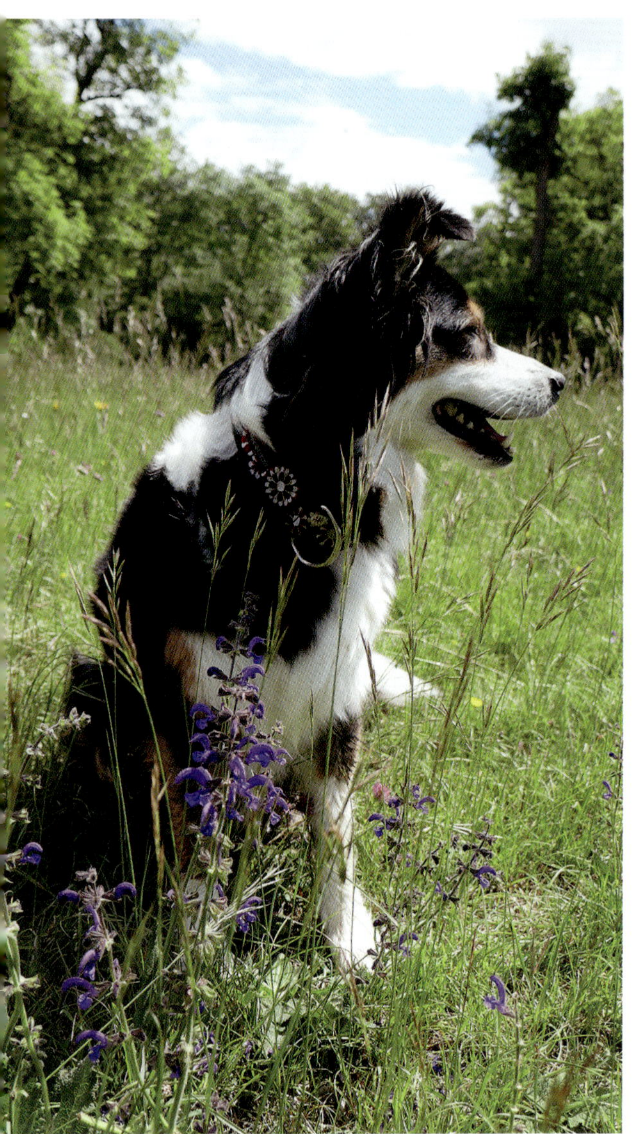

Dankbares Hundefotoobjekt: Fiebi in der Blumenwiese

Auch einige Mitglieder des Bayerischen Dachshundklubs der Sektion München spazieren an diesem Tag mit ihren Dackeln über die Wiese. Man tauscht freundliche Worte aus und sucht dann wieder das Weite.

Weiter südlich stoßen wir wieder auf den Oberstjägermeisterbach. An diesem Flussabschnitt treffen sich im Sommer auch Nacktbader. Hierzu hat Martina eine witzige Anekdote auf Lager: „Meine Freundin Sandra hatte gerade ihre Sachen abgelegt, als Fiebi ihr Oberteil zwischen die Zähne nahm und damit abhaute. Sandra lief ihr nackert hinterher, was bei den anderen Badegästen für reichlich Erheiterung sorgte!" Seinerzeit war die verspielte Fiebi gerade mal ein Jahr alt.

Rückweg über Reitwiese und Isarwehr

Wendepunkt der Wanderung ist die Bachbrücke vis-à-vis des Minihofbräuhauses. Der kleine Biergarten hat an 365 Tagen im Jahr geöffnet und gilt als ausgesprochen hundefreundlich. Nach dem Abstecher passieren wir die Vogelinsel und biegen halbrechts in die Reitwiese mit Sprunghindernissen ein. Hier hat im Zweifel der Reitbetrieb Vorrang, und da Pferde als klassische Fluchttiere bei Gefahr nervös reagieren, sind die Hunde unter Kontrolle zu halten. Außerdem dürfen unsere Vierbeiner keine Löcher graben, um das Unfallrisiko für Reiter und Pferd nicht zu erhöhen. Am Rand der Wiese markiert ein eingezäunter Bereich eine vom Sturm gefällte Sommerlinde; ein Baumdenkmal, dessen Totholz beispielsweise Käfern und Pilzen wertvollen Lebensraum bietet.

Das Oberföhringer Wehr wurde in den 1920er Jahren nicht als Kraftwerk, sondern als Flussweiche für den Mittleren Isarkanal erbaut, der 64 Kilometer flussabwärts bei Landshut wieder in den Hauptfluss mündet. Im Zuge der Renaturierung des Isartals installierte man eine 180 Meter lange Aufstiegsanlage für heimische Fische wie den Huchen, auch „Donaulachs" genannt. Hintergrund: Fische unternehmen wie auch Insekten und Kleinkrebse längere Wanderungen zu Laich- und Futterplätzen und können das Hindernis Isarwehr nun mittels einer Lockströmung problemfrei überwinden.

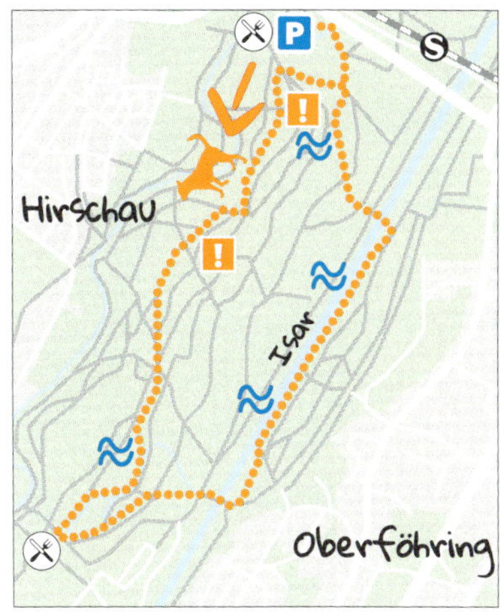

Auch flussabwärts sind die Maßnahmen der Isarrenaturierung anhand größerer Steinblöcke gut auszumachen. Der malerische Pfad in Richtung St.-Emmeram-Brücke führt naturbelassen durch das grüne Uferdickicht, unterwegs sprudeln mehrere frische Quellen aus der Erde hervor. „Für Isarquellen muss ich nicht ins Karwendel fahren", merkt Martina schmunzelnd an. Auch hier findet sich ein abgesägter Baumstumpf, den Fiebi ritualmäßig mit Aussicht auf Belohnung lässigen Sprungs erklimmt. Und kurz vor Erreichen der Brücke macht sie gerne einen Abstecher zum Froschweiher, obwohl sie das Gequake der Kröten absolut kalt lässt.

Jenseits der St.-Emmeram-Brücke geht es am Münchener Bezirksbienenzuchtverein Schledererheim, der samstags zuweilen Honig verkauft, und dem Entenfallweiher zurück zum Ausgangsort.

ÖVM U6 Studentenstadt oder Freimann

Start Parkplatz am Aumeister, N 48.185645°, E 11.621172°

Charakter Gut begehbare Wege in weitläufiger Parklandschaft; der Pfad entlang der Isar ist nach Regen häufig schmierig.

Orientierung Die Route ist nicht beschildert; Übersichtstafeln an Wegkreuzungen erleichtern die Orientierung.

Wasser am Wegesrand Oberstjägermeisterbach, Isar, Bodenquellen, Entenfallweiher

Hunde an die Leine Reiterwiese, sofern Pferde anzutreffen sind.

Einkehr
- Mini Hofbräuhaus, an 365 Tagen im Jahr geöffnet, www.minihofbraeuhaus.de
- Aumeister, Tel. 089/18931420, www.aumeister.de

Aumeister › Thompsonwiese (Hundewiese) › Isarwehr › St.-Emmeram-Brücke › Aumeister

Am östlichen Rand des Aumeister-Parkplatzes zwei kleine Bachbrücken überqueren und am Oberstjägermeisterbach nach Süden › an der Kreuzung rechts über den Bach › ! nach etwa 100 m den breiten Weg nach links auf einem Pfad verlassen › der Wiesenpfad überquert kurz hintereinander zwei Querwege › am 3. Querweg links › an der breiten Wegkreuzung geradeaus und rechts dem abzweigenden Trampelpfad folgen › ! auf der sog. Hundewiese an der Y-Kreuzung links › am Ende der Wiese geradeaus zurück zum Oberstjägermeisterbach › die Brücke nicht überqueren, sondern dem Bachlauf nach Süden folgen (teilweise Wiesenpfad) › die folgende Bachbrücke überqueren (Schild: Mini Hofbräuhaus, Abstecher möglich) und links in den breiten Weg › wenig später halbrechts in den Wiesenpfad über die Reitwiese und geradewegs dem Isarwehr entgegen › Das Isarwehr überqueren und direkt an der Isar flussabwärts auf schönen Pfaden nach Norden › die St.-Emmeram-Brücke überqueren und rechts halten (Schild Aumeister) › geradewegs zum Entenfallweiher und an dessen Ufer zur Wegkreuzung an der Bachbrücke › Einmündung in die Route des Hinwegs und in wenigen Minuten am Oberstjägermeisterbach zum Parkplatz zurück

Leine los mit Führerschein

Über den Fröttmaninger Berg in die Fröttmaninger Heide

Magerrasen, offene Kiesflächen, lichte Kiefernwälder und Tümpel kennzeichnen das Landschaftsbild im Naturschutzgebiet Südliche Fröttmaninger Heide. Hier entfällt die allgemein gültige Anleinpflicht, wenn Hund und Halter mit dem Hundeführerschein registriert sind und auch ohne Leine eine ausreichende Kontrolle gewährleistet ist. Freien Auslauf genießen unsere Vierbeiner auch ohne Registrierungsmarke am Fröttmaninger Berg.

Zum Auftakt wartet mit der Erklimmung des Fröttmaninger Berges gleich ein Anstieg auf uns. Hierfür folgen wir vom Parkplatz einfach den aufwärts führenden Wegen. Vor den letzten Serpentinen taucht der „Gipfel" in Form eines eindrucksvollen Windrades auf. Der Ausblick auf die Stadt München und das Umland ist von oben beeindruckend.

Viele Wege führen durch die Fröttmaninger Heide

Nach dem Abstieg gelangen wir an der Allianz Arena vorbei zur U-Bahnstation Fröttmaning, die wir bei Anreise mit öffentlichen Verkehrsmitteln als Ausgangs- und Zielort empfehlen. Am westlichen Ausgang liegt das Heidehaus, das am Dienstag-, Donnerstag- und Sonntagnachmittag für wenige Stunden geöffnet hat. Die Infoflyer zur Südlichen Fröttmaninger Heide liegen im Außenbereich bereit und bieten neben interessanten Hintergründen zum Naturschutzgebiet auch Übersichtskarten inklusive Wegenetz im Zielgebiet. Es gibt verschiedene farbig gekennzeichnete Zonen, in der auch für Hunde unterschiedliche Regelungen gelten.

Die Fröttmaninger Heide ist ein botanisches Kleinod im Norden von München: Über 350 verschiedene Pflanzenarten haben sich hier angesiedelt. Wichtig für den Erhalt des wertvollen Ökosystems ist die Aufrechterhaltung der extensiven Weidewirtschaft, wozu größere Schafherden und sommerliche Mähvorgänge zur Eindämmung der Verbuschung beitragen. Der Spaziergänger wundert sich über die Abgeschiedenheit des Naherholungsgebietes direkt von den Toren Münchens und die Blütenvielfalt vor Ort. Bereits der kleine Aussichtshügel neben dem Heidehaus ist im Frühsommer mit großen Kolonien von Königskerzen und Natternköpfen übersät.

Das Wegnetz in der gesamten Heide umfasst rund 20 Kilometer; wir beschränken uns auf eine kleine Runde im südlichen Bereich. Noch bis 2001 wurde die Heide zu militärischen Übungszwecken genutzt und war somit Sperrgebiet. In der westlich des Heidehauses angrenzenden Umweltbildungszone erfährt der Spaziergänger mittels aufgestellter Infotafeln Hintergründiges zur Artenvielfalt im Schatten der Panzer, beispielsweise über die Vielfalt an bunten Schmetterlingen und Heuschrecken. Wir passieren einen lichten Kiefernwald, in dem sich ebenfalls reichlich Leben angesiedelt hat. Dann öffnet sich eine weitläufige Fluss-Schotterheide-Landschaft, die in Süddeutschland ihresgleichen sucht.

Ambitioniertes Ziel: der Hundeführerschein

In der Fröttmaninger Heide sind Hunde grundsätzlich an der kurzen Leine zu führen. Es sei

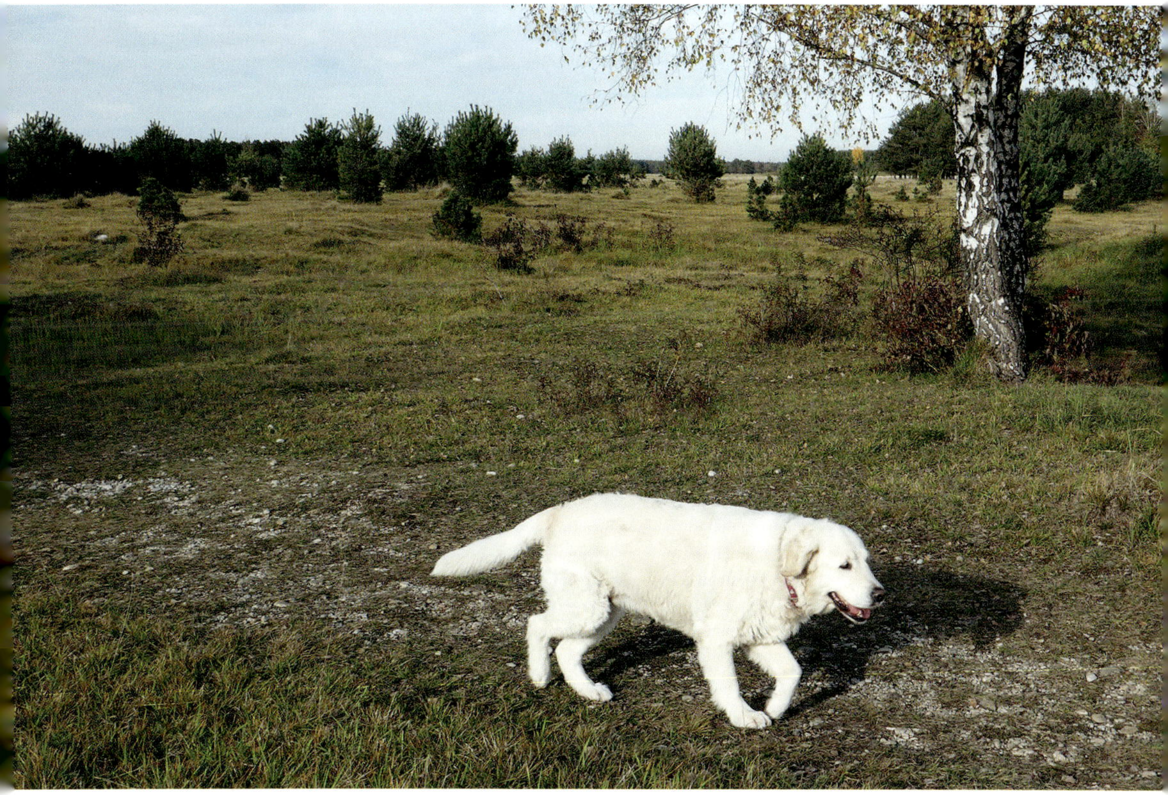

Golden Retriever sind in der Regel folgsam und deshalb für eine Wanderung im Naturschutzgebiet prädestiniert.

denn, Hundehalter und Hund haben den Hundeführerschein erworben, der Hund trägt die Registrierungsmarke und es ist eine ausreichende Kontrolle über den Hund vorhanden. Hierfür muss beispielsweise gewährleistet sein, dass unser Vierbeiner der weidenden Schafherde nicht näher als 50 Meter auf die Pelle rückt. Doch wie verschafft man sich die Erlaubnis für das leinenfreie Privileg? Man stellt einen schriftlichen Antrag an die Untere Naturschutzbehörde der Stadt München, bringt einen Nachweis über die bestandene Führerscheinprüfung, legt ein hochformatiges Hundebild bei und bezahlt einmalig eine Gebühr von 13 Euro für die Marke zum Hundefreilauf.

Ganz schön viel Aufwand für ein leinenfreies Gassi-Gehen, denkt sich so mancher Spaziergänger. Oberstes Gebot ist in jedem Fall die Folgsamkeit des Hundes. „Meine Cora ist wie eine Klette", schwärmt ein Franke von seinem cremefarbenen Golden Retriever. Tatsächlich ist die gut erzogene Hündin nur schwer zu fotografieren, da sie sich meistens an die Hinterläufe ihres Herrchens heftet. Um Wildtiere und andere Hunde macht das menschenbezogene Tier einen großen Bogen, an der Erkundung des Geländes scheint kein Interesse zu bestehen. Als ihr Herrchen an Rückenproblemen litt, war ihr Kuschelbedürfnis auf der Couch besonders groß. „Als ob sie ein Gespür dafür gehabt hätte, dass mir Wärme in dieser Situation besonders guttut", schwärmt der Spaziergänger von seiner sensiblen „Prinzessin". Er dankt es ihr mit zwei bis drei Stunden Spazierengehen pro Tag, häufig leinenfrei in der Fröttmaninger Heide.

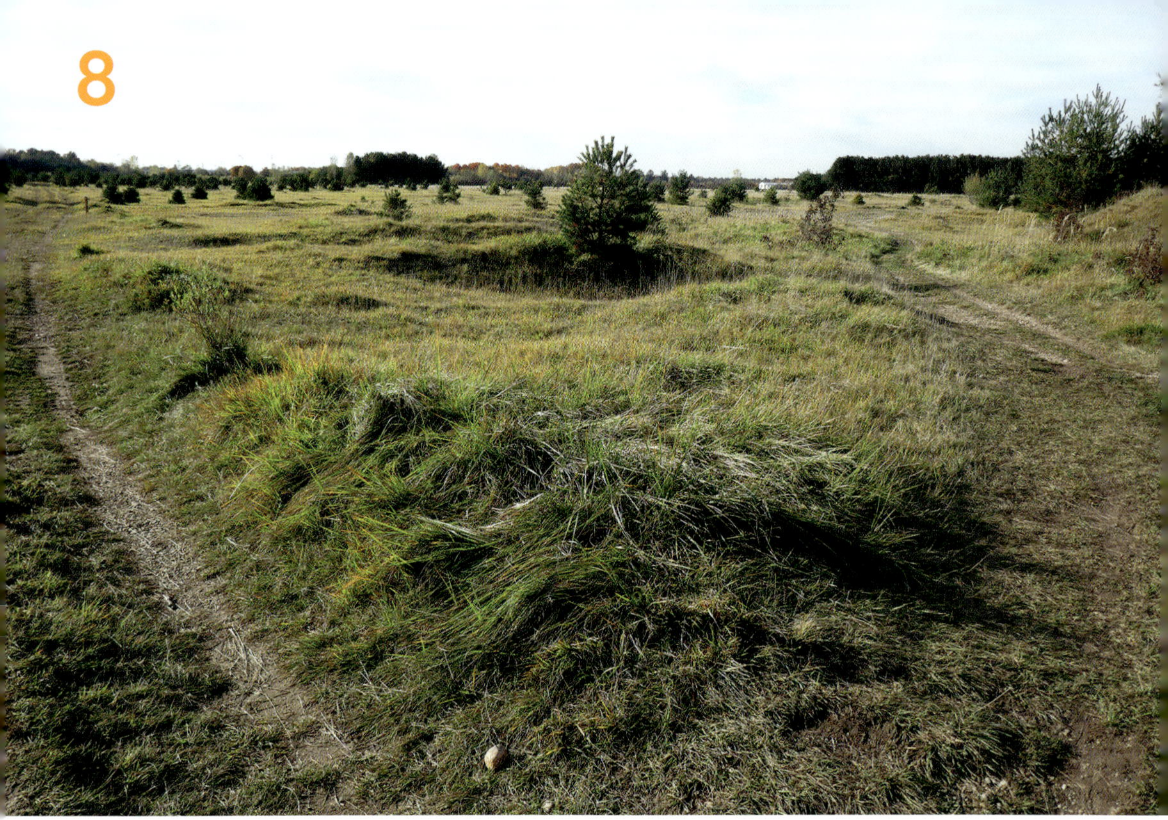

8

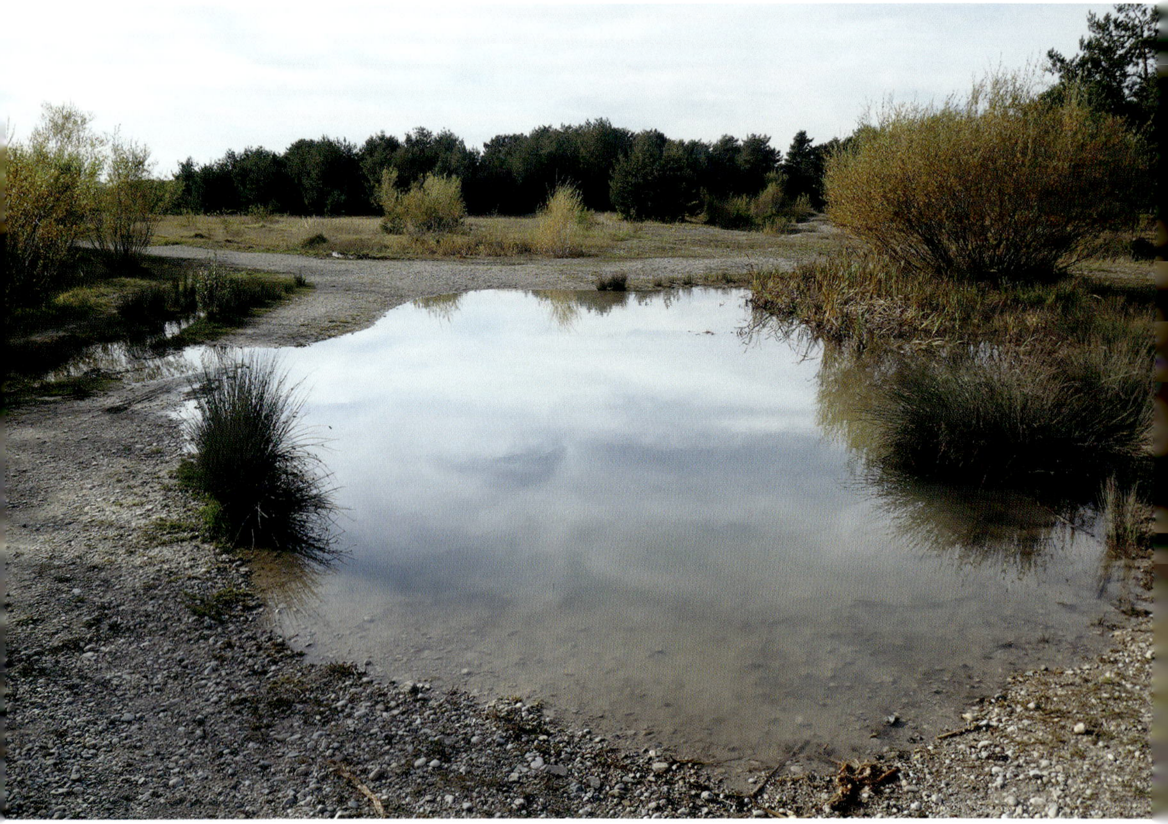

Gehzeit 3 Std. • **Strecke** 10 km • **Höhenmeter** 80

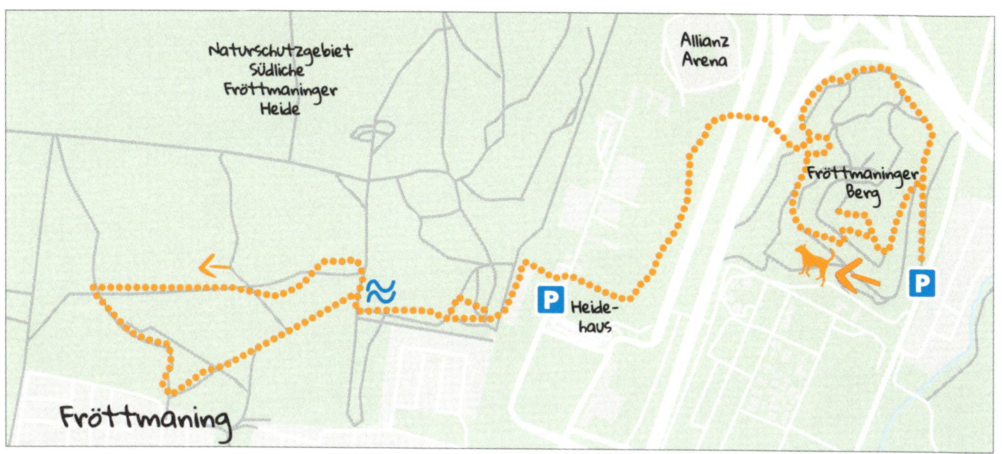

ÖVM U6 nach Fröttmaning (Einstieg zwischen Heide und Berg)

Start Parkplatz an der Freisinger Landstraße, N 48.21215°, E 11.63394°

Charakter Ein Netz an bequemen Feld- und Waldwegen durchzieht die Fröttmaninger Heide. Die Besteigung des Fröttmaninger Berges erfolgt auf Pflaster- und Teerwegen.

Orientierung Der Fröttmaninger Berg ist die einzige Geländeerhebung der Umgebung, mit dem Gipfelwindrad weithin sichtbar und dient mit der Allianz Arena auch von der Fröttmaninger Heide aus als wichtiger Orientierungspunkt.

Wasser am Wegesrand Tümpel in der Fröttmaninger Heide (temporär)

Hunde an die Leine In der Fröttmaninger Heide (ohne Hundeführerschein)

Freisinger Landstraße › Fröttmaninger Berg › Allianz Arena › Heidehaus › Fröttmaninger Heide und zurück

Am Schild „Campieren verboten" das Parkareal verlassen und dem gepflasterten Weg aufwärts folgen › an den Weggabelungen stets der aufwärts führenden Variante folgen, zuletzt mit freiem Blick zum höchsten Punkt (Windrad) › Abstieg bis zur unterhalb liegenden Weggabelung und rechts in den gepflasterten Weg › an der T-Kreuzung rechts und von der Süd- auf die Westseite des Berges queren › am Fuß des Berges rechts zum Südeingang der Allianz Arena und weiter zur U-Bahnstation › vom Westausgang der Station direkt zum Heidehaus hinab › durch die westwärts angrenzende Umweltbildungszone geradewegs in die Fröttmaninger Heide und am Waldrand links im Bogen zum Heidehaus zurück › Rückweg zur Freisinger Landstraße auf der Route des Hinwegs, wobei der Fröttmaninger Berg nördlich umgangen wird.

Die Fröttmaninger Heide ist sehr weitläufig, bei Bedarf kann man die Wanderung ohne Orientierungsprobleme noch Richtung Norden ausweiten.

Zwei Parks mit Bergblick

Aussichtshügel und Hundewiesen im Luitpold- und Olympiapark

Die nur 700 Meter auseinander liegenden Luitpoldpark und Olympiapark sind für eine Hundewanderung wie geschaffen, da sie trotz der üblichen Parkgebote ausreichend Freiraum für ein leinenfreies Gassigehen bieten. Hinzu kommt eine Badegelegenheit – wenngleich nur für die Vierbeiner – im Olympiasee. Wir Menschen genießen zum Ausgleich von den beiden Aussichtshügeln das herausragende Stadtpanorama; bei klarem Wetter reicht die Sicht gar bis zu den Alpen.

Im Luitpoldpark gibt es ebenso wie im Olympiapark eine sogenannte Grünanlagensatzung, wonach das Mitführen und Freilaufenlassen von Hunden auf Liegeflächen und Spielplätzen untersagt ist. Letztere sind mit grünen Pollern versehen, die auf ein Betretungsverbot hinweisen. Abseits davon gibt es jedoch ausreichend Flächen, auf denen ein Herumtollen und -toben möglich ist: Hunde unterschiedlichster Rassen und Größen treffen ungezwungen aufeinander und beschnuppern sich.

Rascher Übergang vom Luitpoldpark in den Olympiapark

Bereits nach wenigen Minuten erreichen wir die Hundewiese im Nordteil des Luitpoldparks. „Hier habe ich Melli sozialisiert", blickt Steffi auf die Erziehungsphase ihres geliebten Vierbeiners zurück, mit dem sie täglich eine Runde im Luitpold- und Olympiapark dreht. Die Sozialisierung war nicht allzu schwer, da Meli Hund und Mensch gleichermaßen liebt. Sie ist eine seltene Mischung aus Französischer Bulldogge und Pekinese. Trotz des leicht melancholischen Gesichtsausdrucks ist die kleine, aber muskulöse Hündin recht fröhlich und verspielt. Steffi wirft bei Gelegenheit Stöckchen in das Gras und fördert somit den Apportiertrieb ihres Vierbeiners. Nach der Aktion bleibt ausreichend Zeit zum Kuscheln, denn Meli ist sehr anhänglich. Und süß wie Honig: Meli lässt sich vom französischen „miele" ableiten.

Den Luitpoldhügel heben wir uns für das Finale auf und wechseln vom Gasthaus Bamberger Haus auf Nebenstraßen – nur beim Überqueren von Schleißheimer und Lerchenauer Straße ist Vorsicht vor Autos geboten – in den benachbarten Olympiapark über. Wir betreten den Park oberhalb der Schrebergärten quasi durch die Hintertür und genießen bereits vom Wiesenplateau des Olympiabergs schöne Blicke auf die Stadt. Hier stehen zur Freude von Hunden und Haltern keine grünen Poller. Auf dem 56 Meter hohen Gipfel ist dann erstmal Staunen angesagt: Olympiastadion und Olympiaturm – dazu der gewundene Olympiasee – sind auch 30 Jahre nach der Olympiade immer noch begehrte Fotoobjekte! Einen besseren Aussichtspunkt hat die Stadt, von Türmen abgesehen, nicht zu bieten.

Rückweg über Olympia Alm und Luitpoldhügel

Es folgt die partielle Umrundung des Olympiasees – das Schwimmverbot gilt nur für uns Menschen –, der das Regenwasser sammelt

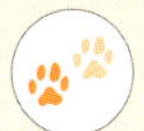 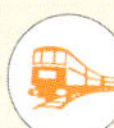   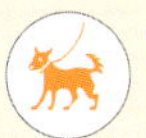

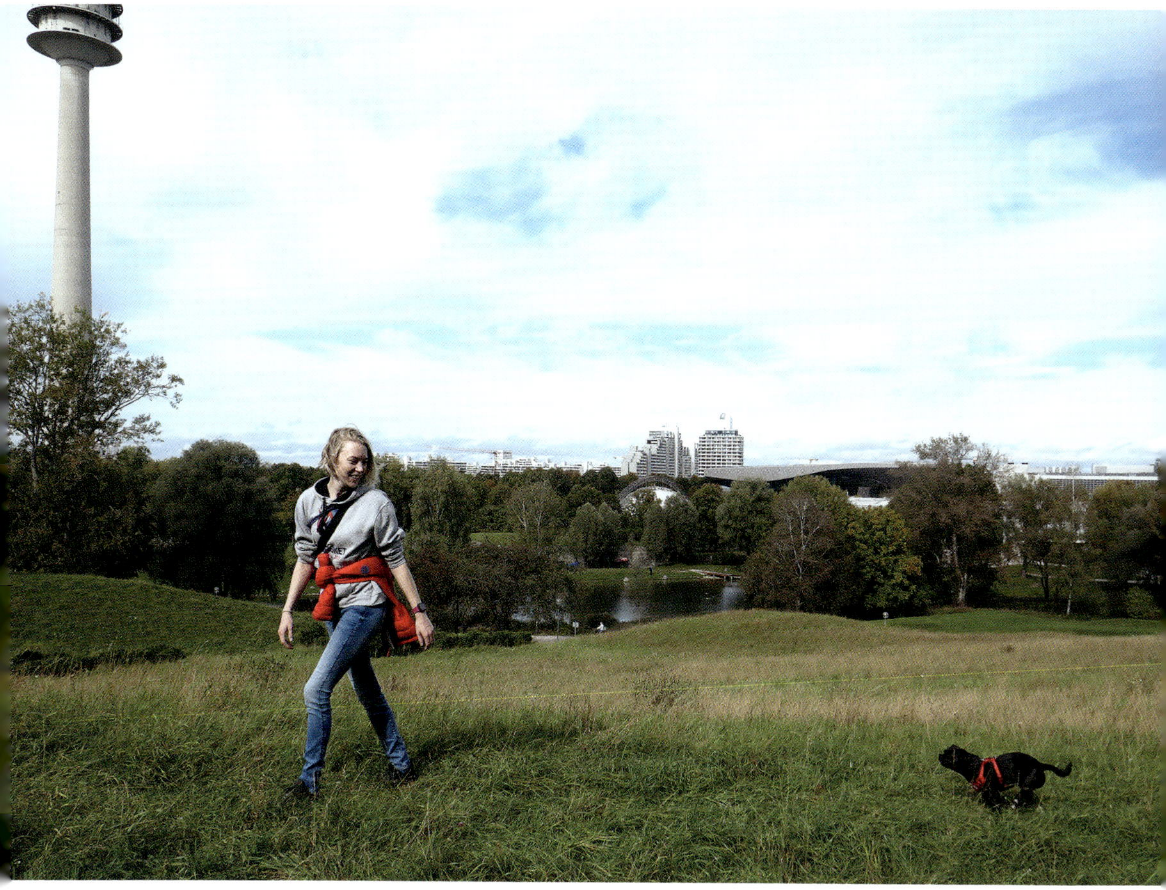

Beim Erklimmen des Olympiabergs rückt der Olympiaturm fotogen in das Blickfeld.

und Zugvögel anzieht. Dann steigen wir nochmals in Richtung Olympiaberg auf. Ziel ist die Olympia Alm, eine von drei Einkehrmöglichkeiten entlang der Strecke. Sie hat den Vorzug eines abermals schönen Ausblicks über das Olympiagelände. Nur im Terrassenbereich müssen die Hunde an die Leine, rundherum öffnet sich freies Wiesengelände mit Auslauf. Die entspannt wirkenden Graugänse haben sich längst an das Parkleben mit Hunden gewöhnt und suchen nur das Weite, wenn sich ein Vierbeiner aus Spieltrieb an sie heranpirschen sollte.

Im Luitpoldpark wartet die Besteigung eines weiteren Schuttbergs auf uns. „Betet und gedenket all der unter den Bergen von Trümmern Verstorbenen", erinnert das Kreuz am Nordgipfel an die dunkle Vergangenheit. Vom Südgipfel reicht der Blick abermals bis zu den Alpen. Wir visieren den 37 Meter hohen Berg vom Bamberger Haus im Bogen an und passieren dabei den von Eichen und Linden umgebenen Obelisken im Südteil des Parks. Kontakte mit anderen Hunden sollten sich bis dahin ausreichend ergeben haben. Und sollte ein Vierbeiner immer noch nicht genug Sozialkontakte gefunden haben, kann man ja vom Scheidplatz nochmals zur direkt angrenzenden Hundewiese zurückkehren.

9 **Gehzeit** 2 ½ Std. • **Strecke** 8 km • **Höhenmeter** 120

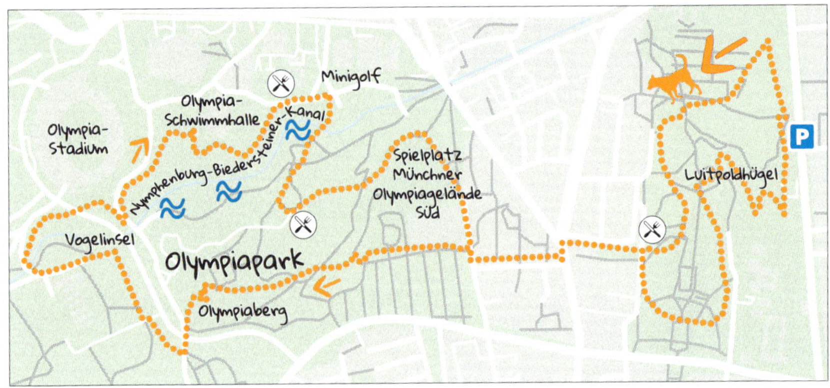

ÖVM U 2 / 3 / 8 und Straßenbahn Linie 12 Scheidplatz

Start Parkplatz Belgradstraße, N 48.173616°, E 11.572681°

Charakter Beide Parks beinhalten eine Hügelbesteigung, die auf geteerten bzw. gepflasterten Wegen erfolgt, mit tollem Panoramablick. Unterwegs haben die Hunde auf Wiesen viel Freilauf.

Orientierung Die Aussichtshügel geben die Richtung vor, im klar strukturierten Olympiapark bietet zusätzlich der See einen klaren Bezugspunkt.

Wasser am Wegesrand Olympiasee im Olympiapark

Hunde an die Leine Im Bereich der Schleißheimer und Lerchenauer Straße

Einkehr

- Das Bamberger Haus, Luitpoldpark, Tel. 089 / 322 12 82 10, Biergarten nur bei schönem Wetter, www.bambergerhaus.de
- Restaurant Olympiasee, Tel. 089 / 350 94 85 50, www.restaurant-olympiasee.de
- Olympia Alm, Martin-Luther-King-Weg 8, www.olympiaalm.de

Scheidplatz › Luitpoldpark › Olympiapark › Luitpoldpark › Scheidplatz

Von der Parkbucht Weg nach W in den Luitpoldpark › die vor dem Aussichtshügel gelegene Wiese passieren und im Bogen zum Bamberger Haus › Bamberger Straße nach W › Schleißheimer und Lerchenauer Straße überqueren, Hornstraße nach W › an der Winzerer Straße wenige Meter rechts und links in den Fußweg (Schrebergärten) › nach 300 m rechts auf gepflastertem Weg in Serpentinen den Hang hinauf › an der T-Kreuzung links zum nahen Olympiaberg › Abstieg erst nach O, dann rechts im Bogen entlang der Südseite des Hügels (Serpentinen) › links die Brücke überqueren und rechts auf dem Spiridon-Louis-Ring hinab › am Sommer-Tollwood kurz links und Fußweg nach rechts › Willi-Gebhardt-Ufer 300 m nach S, rechts über die Brücke und rechts in den Fußweg › Spiridon-Louis-Ring überqueren, kurzer Anstieg zum Olympiastadion und rechts zum Ufer des Olympiasees hinab › 600 m am Seeufer entlang › am Willi-Daume-Platz rechts in den Roopsingh-Bais-Weg › an der Kreuzung geradeaus auf gepflastertem Weg zur Olympiaalm empor › Martin-Luther-King-Weg nach N und im Bogen abwärts › nach Einmündung in die Winzerer Straße über Horn- und Bamberger Straße zum Luitpoldpark › am Parkeingang rechts im Bogen zum Luitpoldhügel › Aufstieg auf breitem Fußweg › Abstieg an der Ostseite auf Serpentinen-Weg › am Scheidplatz links zum Parkplatz

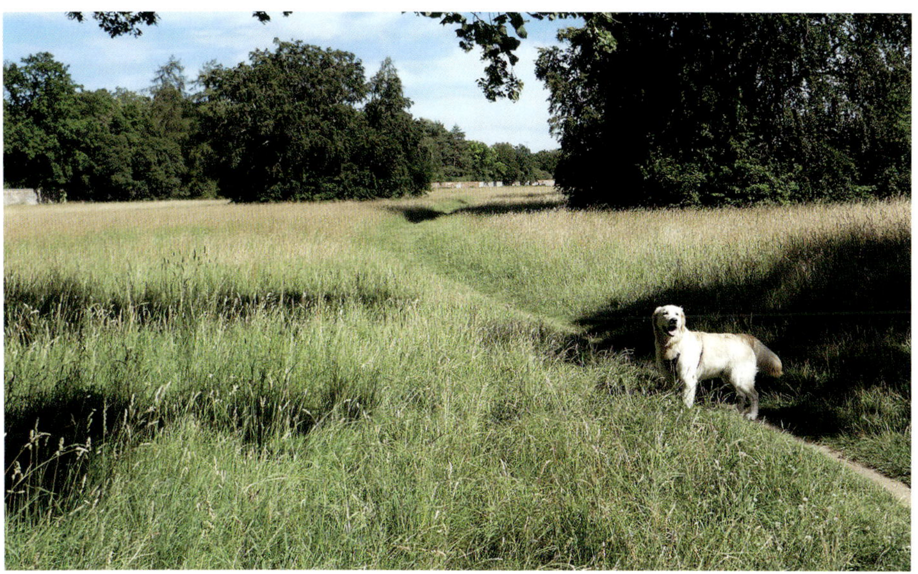

In den Wiesen nahe der Schlossmauer fühlen sich alle Vierbeiner wohl.

Zaungast am Königsschloss

Wiesenpfade an der Nymphenburger Schlossmauer

Das Nymphenburger Schloss ist eines der größten Königsschlösser Europas und somit ein Touristenmagnet. Im 180 Hektar großen Schlosspark gibt es stille, verwunschene Ecken, die zu erkunden sich durchaus lohnen würde. Hunde dürfen sogar im Park spazieren gehen, aber es besteht absolute Leinenpflicht. Aus diesem Grund geben wir uns mit der Rolle des Zaungastes zufrieden und gewähren unseren Fellnasen lieber Freiheiten auf den weitläufigen Wiesen in Sichtweite der Schlossmauer.

Nachdem wir das Nadelöhr zwischen dem Parkplatz an der Sportanlage des ESV München und den Schrebergärten passiert haben, öffnet sich mit Blick auf die langgezogene Schlossmauer der Blick in die freie Wiesenlandschaft.

Hundewiese in Sichtweite der Schlossmauer

Die Orientierung ist bei diesem Spaziergang dank der weithin sichtbaren Schlossmauer, an der ebenso wie an der Bahntrasse ein frequentierter Rad- und Fußweg entlangführt, denkbar einfach. Zwischen diesen Hauptwegen breitet sich weitläufiges Wiesengelände mit mehreren Trampelpfaden aus, auf dem wir unbehelligt von Radfahrern mit unseren Vierbeinern unterwegs sein können. Im westlichen Abschnitt der Schlossmauer verengt sich das Gelände zwar, ausreichend Bewegungsfreiheit bleibt indes trotzdem. Wem die fünf Kilometer lange Strecke unserer Route nicht genügt, der kann auf Höhe des Schlosskanals die Bahntrasse unterqueren

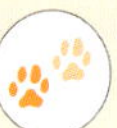 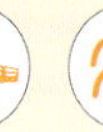  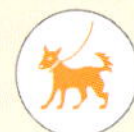

und den Spaziergang Richtung Westen am Schlosskanal fortsetzen (Zugang: Straße Am Nymphenbad). Oder wahlweise vom Pasinger oder Menzinger Tor doch einen Abstecher in den Nymphenburger Schlosspark wagen, sofern der Leinenzwang nicht abschreckt.

Die große Wiese zählt zu den schönsten Hundewiesen der Stadt, Treffen mit anderen Vierbeinern sind hier vorprogrammiert. So wie die Begegnung mit dem neun Monate alten Golden Retriever Leo und dem einen Monat jüngeren Pointer Labrador Theo. „Wie ewige Kinder!" kommentieren Nina und Laura das Verhalten ihrer beiden Rüden, die sich bestens verstehen: Permanent jagen sie sich im Kreis oder werfen sich auf den Rücken, um sich mit den Schnauzen liebzukosen. An diesem heißen Sommertag zieht es sie immer wieder in den Baumschatten, oder sie legen sich einfach in das Gras und harren der Dinge.

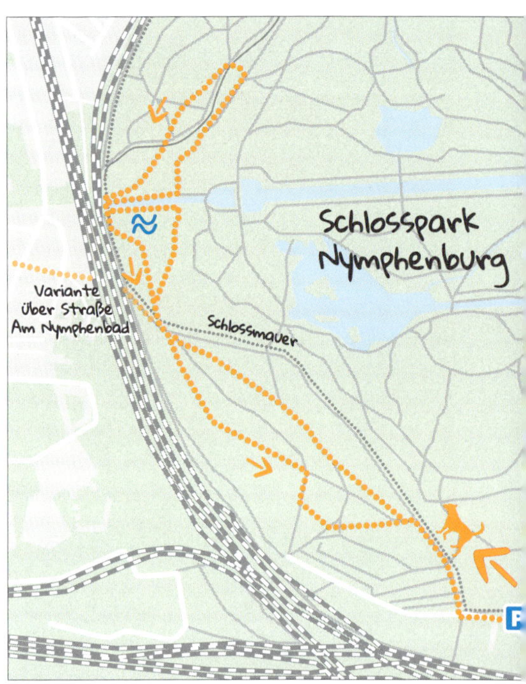

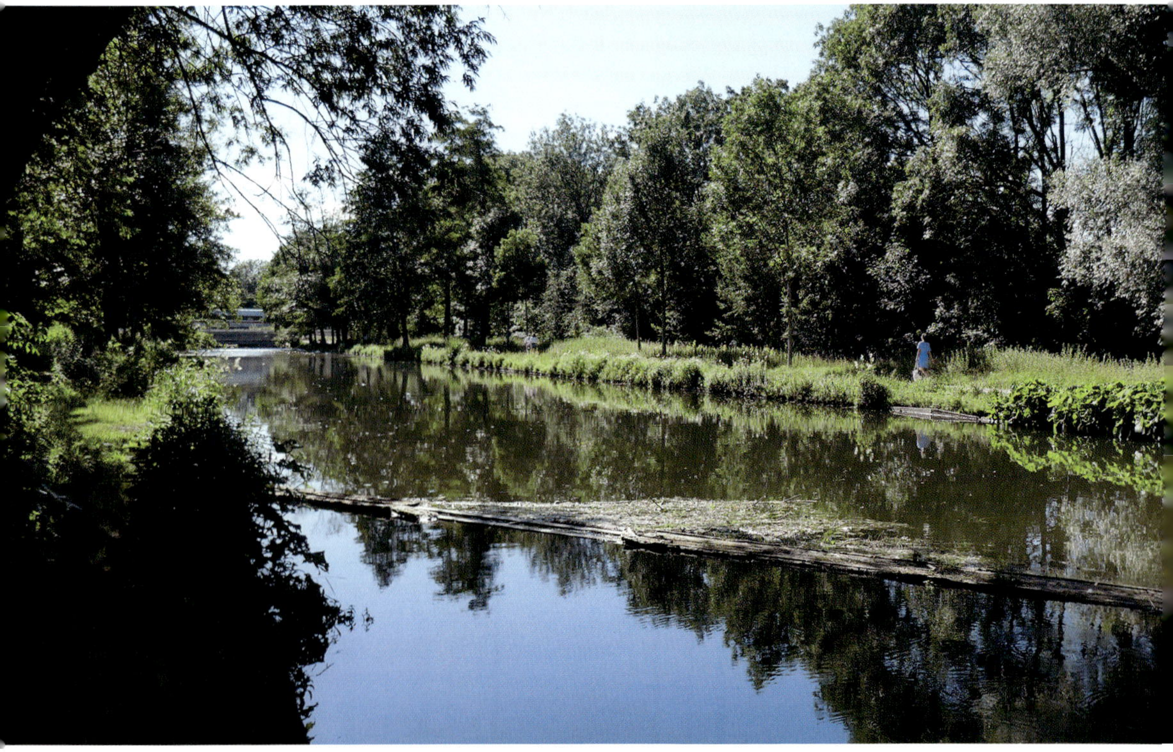

Golden Retriever

Dank seines freundlichen, liebenswürdigen und zutraulichen Wesens gilt der Golden Retriever als perfekter Familienhund. Er strotzt vor Energie, weshalb er mit möglichst viel Auslauf gefordert sein will. Ursprünglich wurde er für die Vogeljagd gezüchtet, um geschossene Tiere aus dem Wasser heraus zu apportieren. Ein Grund dafür, dass er sich zu einem formidablen Schwimmer entwickelt hat. Während er dank seines üppigen Fells gegen nasskalte Witterung gut geschützt ist, leidet er im Sommer bei Hitze mehr als andere Vierbeiner.

ÖVM S-Bahn nach Laim und 700 m bis zum Parkplatz

Start Parkplatz an der Margarethe-Danzi-Straße (Sportanlage ESV München), N 48.147163°, E 11.497306°

Charakter Die einfache, relativ kurze Strecke verläuft meist im Wiesengelände und bietet nur vorübergehend Schatten.

Orientierung Das Wiesengelände zwischen Schlossmauer und Bahntrassen ist sehr übersichtlich.

Wasser am Wegesrand Nymphenburger Schlosskanal am Pasinger Tor

Hunde an die Leine Zwischen Parkplatz und dem Beginn der freien Wiesen sind auch einige Radfahrer unterwegs.

Rundweg Nymphenburger Schlossmauer (Wendepunkt: Menzinger Tor)

Fuß- und Radweg entlang der Schlossmauer 200 m nach W › an der Weggabelung rechts › die Schrebergärten passieren und halblinks in den Wiesenweg abzweigen › unweit der Schlossmauer nach NW, am Ende der Wiese Einmündung in den Hauptweg › nach wenigen Metern halbrechts vom Hauptweg abzweigen › am Kanal links, rechts über die Brücke und rechts zum Pasinger Tor › entlang der Schlossmauer nach N › am Menzinger Tor (Wendepunkt) 2 x links auf den Rad- und Fußweg › an der Wiese halblinks in den Wiesenweg, der uns zur Kanalbrücke zurückleitet › die Brücke überqueren und die Wiese halblinks überqueren › am Beginn der großen Wiese Pfad entlang des Waldrandes nach SO › an der Kreuzung nach der Rechtskurve links › geradewegs über die Wiese zu den Schrebergärten und zum Parkplatz zurück

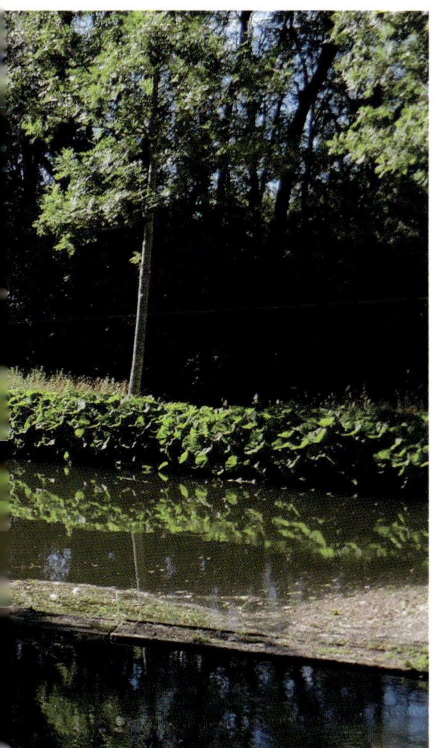

Nymphenburger Kanal in Nähe des Pasinger Tors, durch das man mit Leinenpflicht den Schlosspark betreten kann.

Hundesee und Märchenwald

Von der Allacher Lohe Richtung Fasanerie

Nein, offiziell ist es nicht erlaubt, im Landschaftssee der Allacher Lohe zu baden. Doch der See ist ein Musterbeispiel dafür, dass bei verantwortungsvollem Verhalten der Hundehalter auch Toleranzbereiche entstehen können. An der Nordseite ist der See durch einen Zaun komplett abgeriegelt, doch von den anderen Ufern ist er zugänglich. Erfrischungseinheiten bleiben somit nicht aus, weshalb das Gewässer im Volksmund zuweilen als „Hundesee" bezeichnet wird. Doch auch ohne Bad ist der See zusammen mit der Allacher Lohe und in dem „Märchenwald" südlich der Fasanerie einen Ausflug wert.

Auch in der unter Naturschutz stehenden Allacher Lohe ist Sensibilität gefragt. Dankbar nehmen wir zur Kenntnis, dass hier nicht wie anderswo Schilder mit Leinenzwang oder Betretungsverbot die Vorfreude auf den Spaziergang hemmen. Der Landesbund für Vogelschutz hat eine Infotafel mit dezenter Aufforderung aufgestellt, die „Indianerregel" einzuhalten, die Erde und alles, was auf ihr lebt, mit Respekt zu behandeln. Nicht kontrollierbare Hunde sind gerade an der offenen Heidefläche zum Schutz von Pirol, Neuntöter oder Goldammer konsequenterweise an die Leine zu nehmen.

Eine rührende Hundegeschichte in der Allacher Lohe

Am Hundesee treffe ich Fabian und Waya, eine Mischung aus Deutschem Schäferhund und amerikanischem Wolfshund, wobei der Wolf allein mit Blick in die türkisgelb-blau schimmernden Augen schon überwiegt. Das empfindet auch Fabian so, weshalb er für seinen Vierbeiner den von „Wolf" abgeleiteten Namen Waya ausgewählt hat. Zur Allacher Lohe haben die beiden eine ganz spezielle Verbindung, was an der folgenden Geschichte liegt, die Gänsehaut erzeugt. Vor einigen Monaten stürzte Fabian über eine Wurzel und blieb bewusstlos liegen. Er kam erst wieder zu sich, als die Sanitäter den abgelegenen Ort im Wald bereits erreicht hatten; offenbar hatte Waya – seine Pfotenabdrücke auf Fabians Kleidung waren unübersehbar – durch lautes Insistieren und Winseln auf sich aufmerksam gemacht. Am liebsten hätte Waya sein Herrchen in das Krankenhaus begleitet, doch das ging nicht, und so nahm jene Frau, die die Rettung eingeleitet hatte, den Hund in ihre Obhut. Zweimal büchste Waya jedoch aus und wurde, nach langer Suche, ganz allein und leicht verstört, exakt an der Unfallstelle im Wald gefunden. Er war den Weg dorthin vom Anwesen der Betreuerin aus noch nie gelaufen und hoffte nun sehnlichst auf Fabians Rückkehr, der glücklicherweise mit einem Schlüsselbeinbruch davongekommen war. Waya ist selbst ein geretteter Hund und zahlt dies seinem Herrchen mit Treue und Liebe zurück.

In der von einem gesunden Eichen-Hainbuchen-Wald geprägten Allacher Lohe gehen viele Naturliebhaber mit ihren Vierbeinern spazieren. Der für den Münchner Norden charakteristische Lohwaldgürtel – „Lohwald" steht für einen lichten Waldtyp, der auch offene Heideflächen umfasst – ist in der ursprünglichen Form heute kaum mehr vorhanden. Zwecks der leichteren Orientierung haben wir im Waldbereich eine klare Routenführung auf breiteren Wegen ausgewählt,

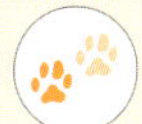

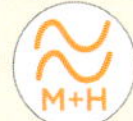

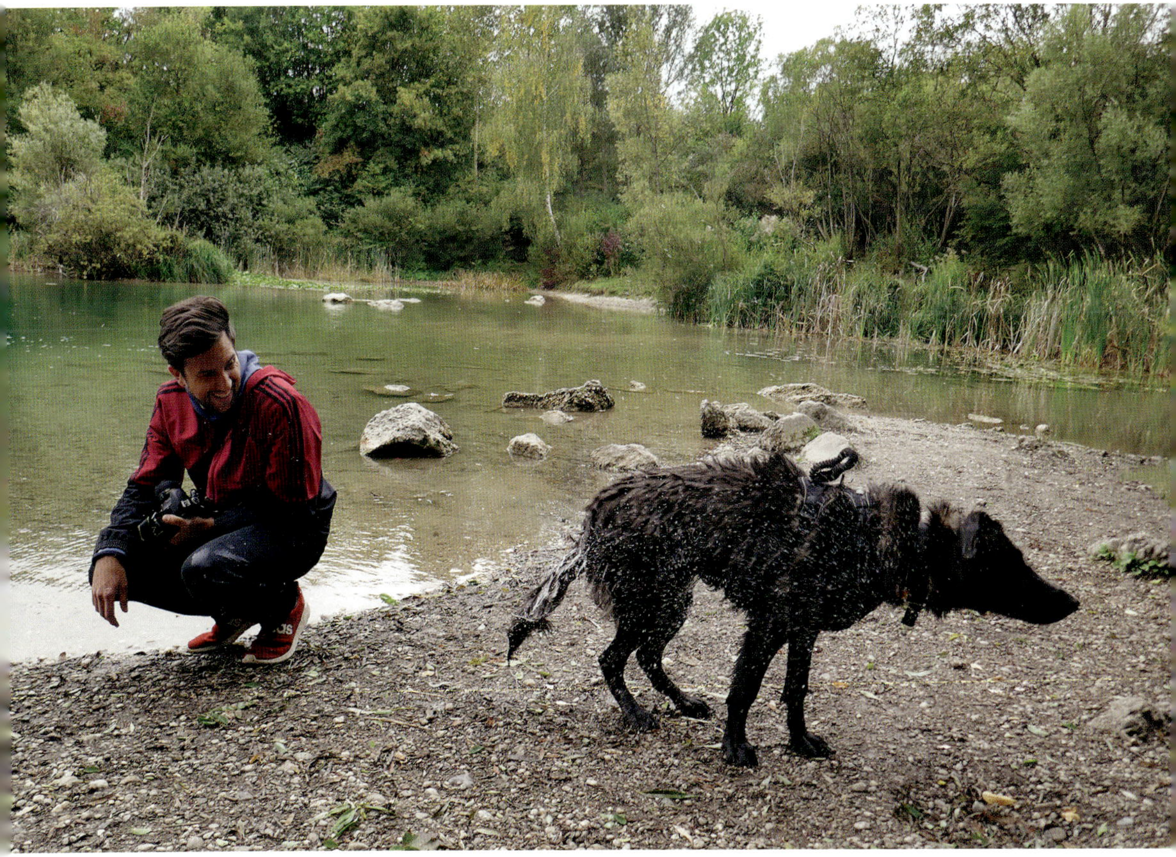

Einmal schütteln nach dem Bad im Hundesee.

ebenso könnte man die Lohe aber auch auf zahlreichen Trampelpfaden erkunden.

Vom Hundesee in einen Märchenwald

Der Hunde- oder auch Landschaftssee liegt am Rand des Naturschutzgebietes und kann wahlweise auf dem nordwärts verlaufenden Teerweg ohne Seeblick oder südwärts unmittelbar am Ufer verlaufenden Wurzelsteig passiert werden; Letzterer erfordert in engen Passagen vor allem bei Nässe etwas Trittsicherheit. Trotz der Nähe zu Rangierbahnhof und Dachauer Straße, welche das Landschaftsbiotop isolieren, strahlt der See im Spiegelbild des Himmels Ruhe und Erholung aus. Fabian und Waya kehren jedoch meist mit Erreichen des Sees wieder um, da sie die abgelegenen Pfade in der Allacher Lohe bevorzugen.

Abgelegen sind auch die beiden Pfade am östlichen Rand unserer Route, die malerisch durch das Mischwald-Gehölz verlaufen und für sich einen kleinen Rundweg ergeben. Angesichts herabhängender Äste und dichter Vegetation fühlt man sich fast wie im Dschungel, die Bodenbeschaffenheit ist weich und schont unsere Gelenke. Jedenfalls ist es nicht übertrieben, diesen Abschnitt, der an einem malerischen Weiher endet, als „Märchenwald" zu bezeichnen.

11

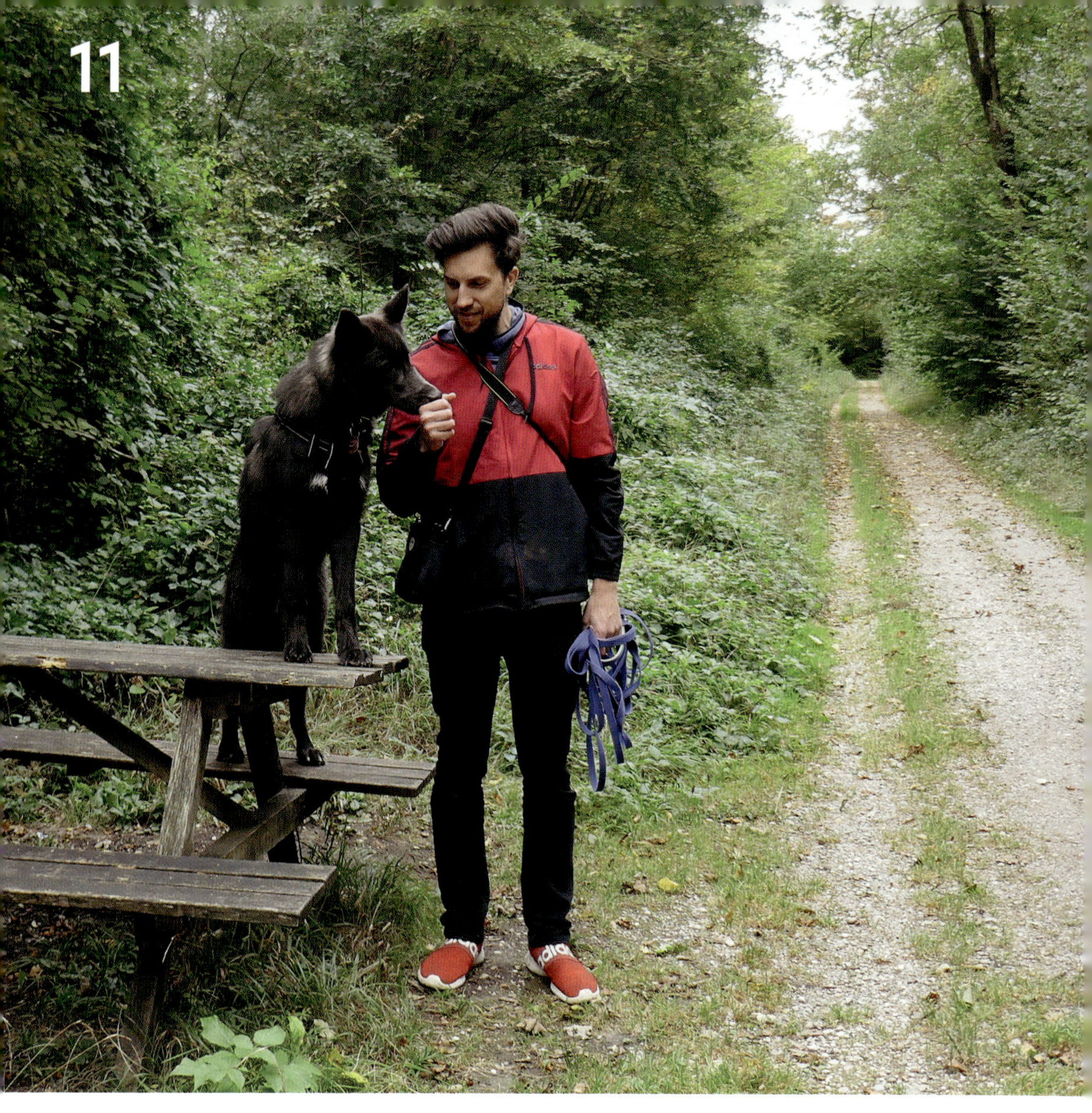

Die Bindung zwischen Fabian und Waya hat sich nach der Rettung im Forst noch verstärkt.

Amerikanischer Wolfshund

Das äußere Erscheinungsbild ähnelt zwar stark dem des Wolfes, doch charakterlich zeigt sich der Amerikanische Wolfshund dann doch eher hündisch. Trotzdem bleibt die Haltung dieser Rasse erfahrenen Hundehaltern vorbehalten. Vom Naturell her gehen die Tiere eher auf Distanz zu anderen Fellnasen, doch mit ein bisschen Hinarbeiten oder bei einem etwaigen Wiedersehen kann sich diese Scheu auch in Zuneigung umwandeln. Als Problem kann sich die natürliche Sensibilität des Hundes vor allem dann erweisen, wenn das Umfeld laut und unruhig ist. Durch die überdurchschnittlich stark ausgeprägte Intelligenz will der Wolfshund beschäftigt und herausgefordert werden. Alleine sein mag er gar nicht, wovon Fabian ein Lied singen kann (siehe Text).

Gehzeit 3 Std. • **Strecke** 11 km • **Höhenmeter** 30

11

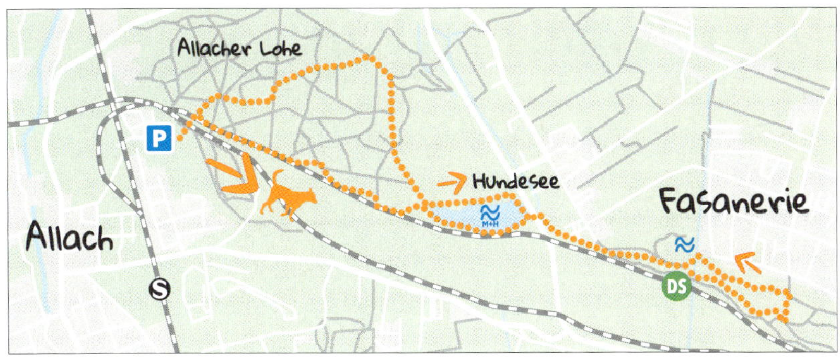

ÖVM S 2 Karlsfeld und 600 m südwärts in die Allacher Lohe

Start Parkplatz in der Pasteurstraße (Allacher Jugendclub), N 48.203458°, E 11.466189°

Charakter Wanderung mit hohem Waldanteil zwischen Allach und Fasanerie. Der Wurzelsteig am Südufer des Hundesees erfordert etwas Trittsicherheit, ansonsten gut begehbare Wege

Orientierung Am Hundesee einfach. Im Süden wallartige Abgrenzung durch den Rangierbahnhof, im Norden macht sich die Siedlung (Fasanerie) optisch und die A 99 (Allacher Lohe) akustisch bemerkbar.

Wasser am Wegesrand Hundesee, Weiher und Bachlauf am Märchenwald (Fasanerie)

Dog Station Am Abzweig in den Märchenwald

Hunde an die Leine Unfolgsame Hunde im ausgewiesenen Naturschutzgebiet

Allacher Lohe › Hundesee › Märchenwald › Fasanerie › Hundesee › Allacher Lohe

Vom Parkplatz 100 m nach NO, durch die Unterführung und an der Kreuzung rechts › gut 1 km zwischen Rangierbahnhof und Waldrand nach O › an der Weggabelung links zum Hundesee › Stichweg rechts zum Seeufer folgen und den See gegen den Uhrzeigersinn auf schmalem Wurzelpfad halb umrunden › am See-Ende rechts in den Teerweg und durch die Unterführung nach O › nach 600 m an der Weggabelung links abwärts › nach 300 m an der Dog Station dem rechts abzweigenden Pfad entlang des Damms in den Wald folgen › bei Einmündung in den breiten Weg links und nach wenigen Metern abermals links in den klar erkennbaren Pfad, der nach W zurückführt › am Waldweiher links zum Abzweig Dog Station und auf bekannter Route zum Hundesee › am W-Ende des Sees rechts abbiegen (Tafel Landesbund für Vögel) und geradeaus in die Allacher Lohe › an der T-Kreuzung links und nach 200 m links › an der folgenden größeren Kreuzung links (Obere Allee) › nach 100 m rechts (Allacher Geräumt) und links haltend zur Unterführung nebst Parkplatz zurück

Würm, Wald und Park

Grüne Runde im Münchner Westen

Die den Münchner Westen durchlaufende Würm bietet zwischen Starnberger See und Dachau zahlreiche idyllische Nischen zum Verweilen. In München eignet sich insbesondere der Pasinger Stadtpark bestens zum Spazierengehen, da der quirlige Fluss hier sehr präsent ist und sich unsere Vierbeiner im oft nur knietiefen Wasser gefahrlos erfrischen können. Mit Ausnahme ausgewiesener Liegeflächen dürfen wir die Hunde im Park offiziell von der Leine lassen! Doch auch im Paul-Diehl-Park und im Lochhamer Schlag ist der Bewegungsspielraum groß.

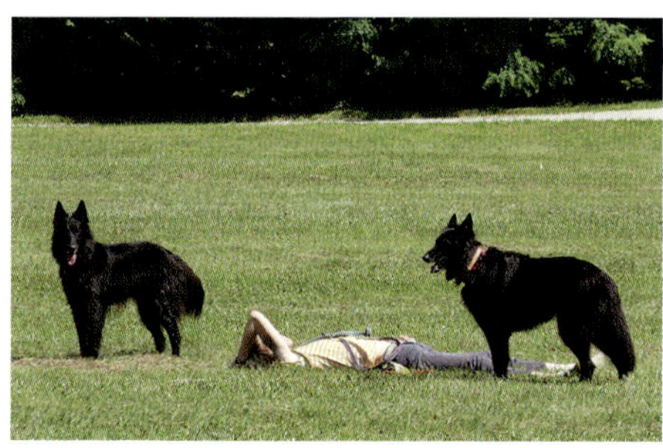

Zeit für ein Nickerchen im Pasinger Stadtpark

Der Einstieg in unsere Hunderunde erfolgt von der Großhaderner Sportanlage. Gemächlich geht es durch den Forst unter der Autobahn hindurch nach Norden.

Chihuahuas in der Blumenau

In der Blumenau streben wir auf die sich am Waldrand ausbreitenden Wiesen zu. Quizfrage: Es raschelt im Gras, aber nichts ist zu sehen. Welche Hunderasse verbirgt sich dahinter? Richtig, der Chihuahua, ein wahres Phänomen unter den Vierbeinern. Denn der kleinste Hund der Welt meint trotz seiner Winzigkeit, es mutig mit jedem Gegner aufnehmen zu können! Und genau deshalb ist dieser Rebell, der zwischen 16 und 20 cm groß wird, auch noch immer eine der beliebtesten Hunderassen der Deutschen. Bei Radfahrern ist das unerschrockene Geschöpf zu Unrecht als „Wadlbeißer" gefürchtet, da es in der Regel allenfalls zu einer Verfolgung kommt. So klar der Chihuahua an seinen abstehenden Ohren und den überproportional großen Augen zu erkennen ist, so variabel gestaltet sich sein verschiedenfarbiges Langhaar- oder Kurzhaarfell.

Auslauf mit Erfrischungsbad im Pasinger Stadtpark

Gerne hätte ich das weniger als ein Jahr alte Chihuahua-Duo – „Nein, die werden nicht größer!" – in den Pasinger Stadtpark mitgenommen, doch es hatte an diesem Tag etwas Wichtigeres vor. Dabei wären dort die Gelegenheiten für weitere soziale Kontakte respektive Mutproben im Vergleich zur beschaulichen Blumenau deutlich angewachsen! Hoffentlich verhätscheln die jungen Halter ihre Tiere nicht allzu sehr, denn für ein launenhaftes Schoßhundchen ist der Chihuahua viel zu fordernd und zu clever.

Im Stadtpark teilt sich die Würm in den Hauptfluss und einen Kanalableger. Wer seine Wanderung ausdehnen möchte, begibt sich nach Eintreten vom Josef-Osterhuber-Platz erst einmal Richtung Norden und findet ohne Orientierungsprobleme wieder in die Mitte des Parks zurück. Lustvoll plätschert der Fluss unter den Kronen des

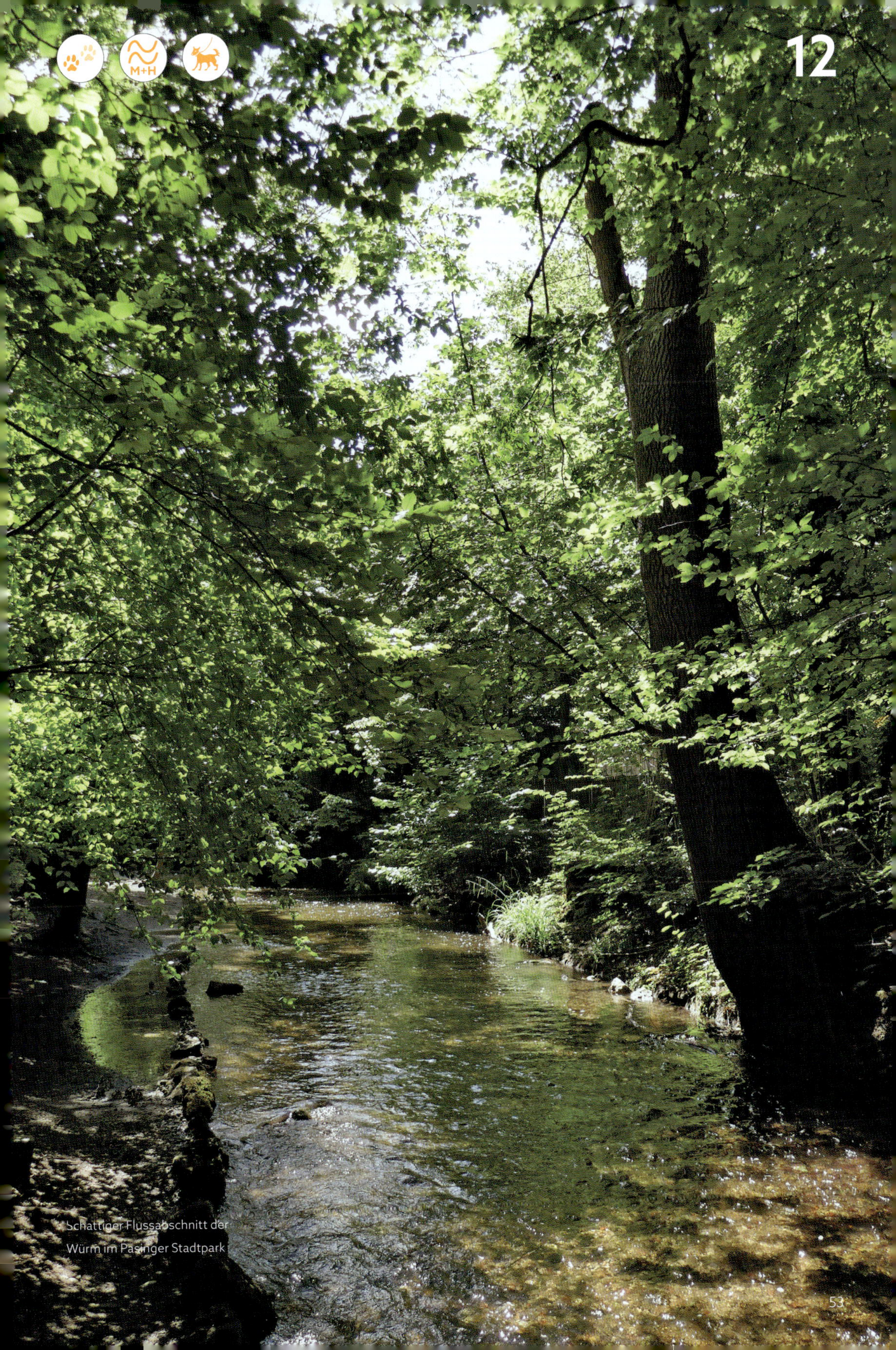

Schattiger Flussabschnitt der Würm im Pasinger Stadtpark

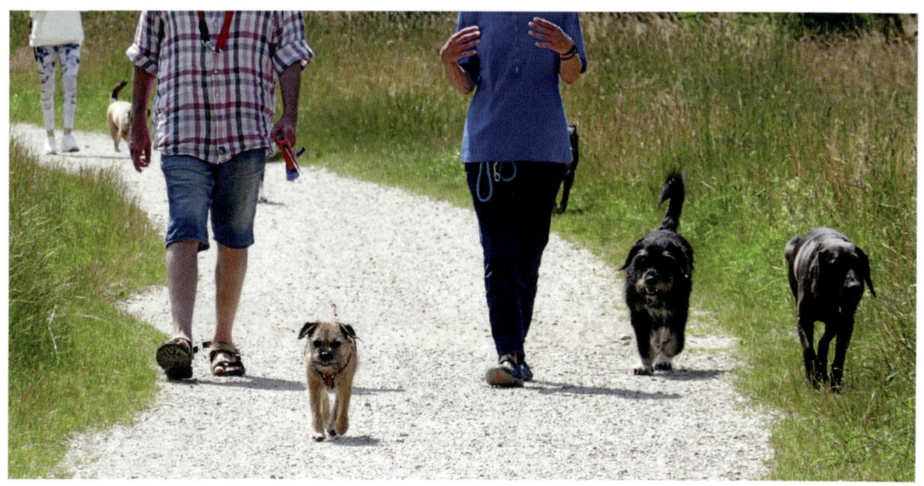

Die Vierbeiner sind in der Überzahl.

Laubmischwaldes dahin, an mehreren Stellen besteht Zugang zum strömungsstarken, aber seichten Wasser. In Stauabschnitten bilden sich Fischtümpel und kleine Seen – beste Spritztouren-Voraussetzungen somit für Hunde mit „Wasserratten"-Allüren! Erfrischung pur an einem heißen Sommertag, wobei vor allem kleinere Hunde den Kanal aufgrund der Strömung und Einfassung meiden sollten. Ein Wegnetz durchzieht den Park von Süd nach Nord; auf den offiziellen Fußgängerwegen im westlichen Teil des relativ schmalen Parkgürtels bleiben wir vor Radfahrern weitgehend verschont.

Rückweg über Paul-Diehl-Park und Lochhamer Schlag

Die Pedalritter sind ein Grund dafür, dass wir das Würmufer im Paul-Diehl-Park verlassen und diagonal durch den Park schlendern. Reizvolle Wiesenpfade zweigen von der Hauptroute ab, ein Eldorado für kontakt- und spielfreudige Vierbeiner. Denn ein freudiges Herumtollen ist hier ausdrücklich erlaubt, viele Hundehalter lassen ihre Vierbeiner von der Leine. Und durch die Überschaubarkeit des Parks führen Querfeldeinabstecher nicht in die Irre.

Jenseits der A96 wandern wir im Schutz eines Graswalls ein kurzes Stück parallel zur Autobahn, bevor wir bei Gräfelfing nach Passieren eines Wasserrads und einer naturnahen Grünfläche in die Badewiesen der Würm einmünden. Nach Überqueren der Würm und der Pasinger Straße folgt dann das Finale durch den Lochhamer Schlag, ein reizvoller Waldabschnitt mit schönen Wanderpfaden und -wegen.

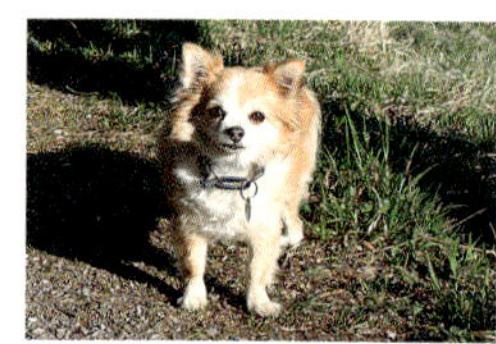

Chihuahua

Der Chihuahua stammt aus Mexiko und gilt als kleinste Hunderasse der Welt. Umso mehr überrascht sein mutiges und selbstbewusstes Auftreten auch wesentlich größeren Hunden gegenüber. Gemäß seiner lateinamerikanischen Mentalität ist er in der Regel recht lebenslustig und kontaktfreudig. Im Gegenzug erwartet er viel Zuwendung und Liebe, die er sich aufgrund seiner witzig abstehenden Ohren und den überdimensional großen Augen meist auf Anhieb erobert.

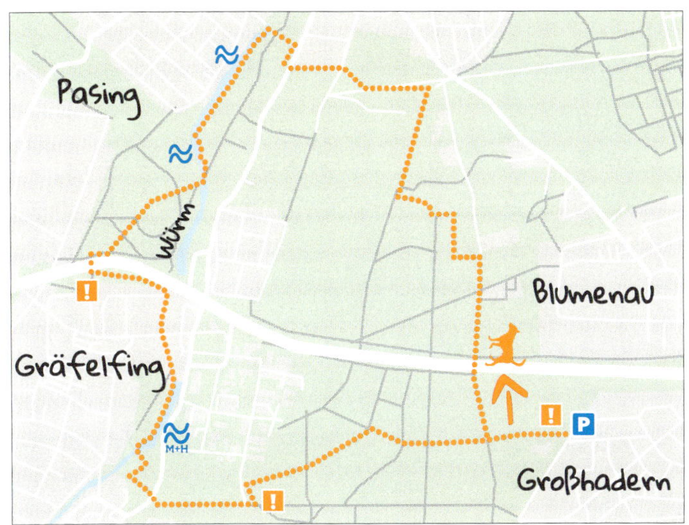

Start Am Herdenfeld (Sportanlage Großhadern), N 48.121239°, E 11.470407°

Charakter Die 4-Stadtteile-Runde bietet dank der Würm sowie des weitläufigen Wiesen- und Waldgeländes viel Abwechslung. Die Abschnitte durch bewohntes Gebiet sind kurz.

Orientierung Die Würm im Westteil der Route, die in Ost-West-Richtung verlaufende A 96

Wasser am Wegesrand Würm im Pasinger Stadtpark und an den Gräfelfinger Liegewiesen

Hunde an die Leine In Pasing und Gräfelfing auf kurzen Abschnitten Straßenverkehr, Gräfelfinger Liegewiesen (während der Badesaison)

Sportanlage Großhadern › Blumenau › Pasinger Stadtpark › Paul-Diehl-Park › Gräfelfing › Lochhamer Schlag › Sportanlage Großhadern

! Von der Straße Am Hedernfeld Pfad am nördlichen Rand der Sportanlage 400 m nach Westen › an der Kreuzung rechts in den Wanderweg durch den Lochhamer Schlag › die A 96 unterqueren und am Waldrand links in den Pfad › dem am Waldrand verlaufenden Pfad wechselnd nach W bzw. N folgen › an der T-Kreuzung rechts › am Pasinger Friedhof links und geradewegs den Haideweg (Straße) überqueren › an der Planegger Straße 100 m rechts und am roten Häuserblock links in den Pasinger Stadtpark › an der zweiten Würmbrücke links und stets am Wasser entlang nach S bis zur Brücke am Ausgang des Stadtparks › in SW-Richtung diagonal durch den Paul-Diehl-Park (Fußweg) › an der T-Kreuzung rechts und links die A 96 auf der Fußgängerbrücke überqueren › ! hinter der Brücke parallel zur A 96 links in den Wiesenweg › Paul-Eipper-Weg nach S › Lochhamer Straße überqueren und links an der Würm entlang (Fußweg) › links die beiden Würmbrücken überqueren und rechts in den Pfad › an der Y-Kreuzung linker Wiesenpfad zur Pasinger Straße › Großhaderner Straße entlang des Friedhofs nach O › ! Lochhamer Straße überqueren und nach wenigen Metern links in den Waldpfad, der im Rechtsbogen kurz an der Wertstoffhofmauer entlangführt › an der 1. Kreuzung geradeaus, an der 2. Kreuzung rechts abbiegen › 500 m geradewegs durch den Lochhamer Schlag zur bekannten Kreuzung an der Sportanlage › geradeaus 400 m zum Ausgangsort

Wald, Wiesen und Weiher

Rundtour in der Aubinger Lohe

Die Aubinger Lohe, die sich zwischen den Münchner Stadtteilen Aubing und Lochhausen erstreckt, ist dank der starken Bewaldung eine gute Option für warme Sommertage. Landschaftlich reizvoll ist der Abschnitt zwischen dem Rodelhügel und dem Ziegelweiher, also das Freigelände der aufgelassenen Ziegel- und Tonfärberei. Und mit Abstecher zum benachbarten Böhmerweiher ergibt sich eine überaus lohnende Rundwanderung.

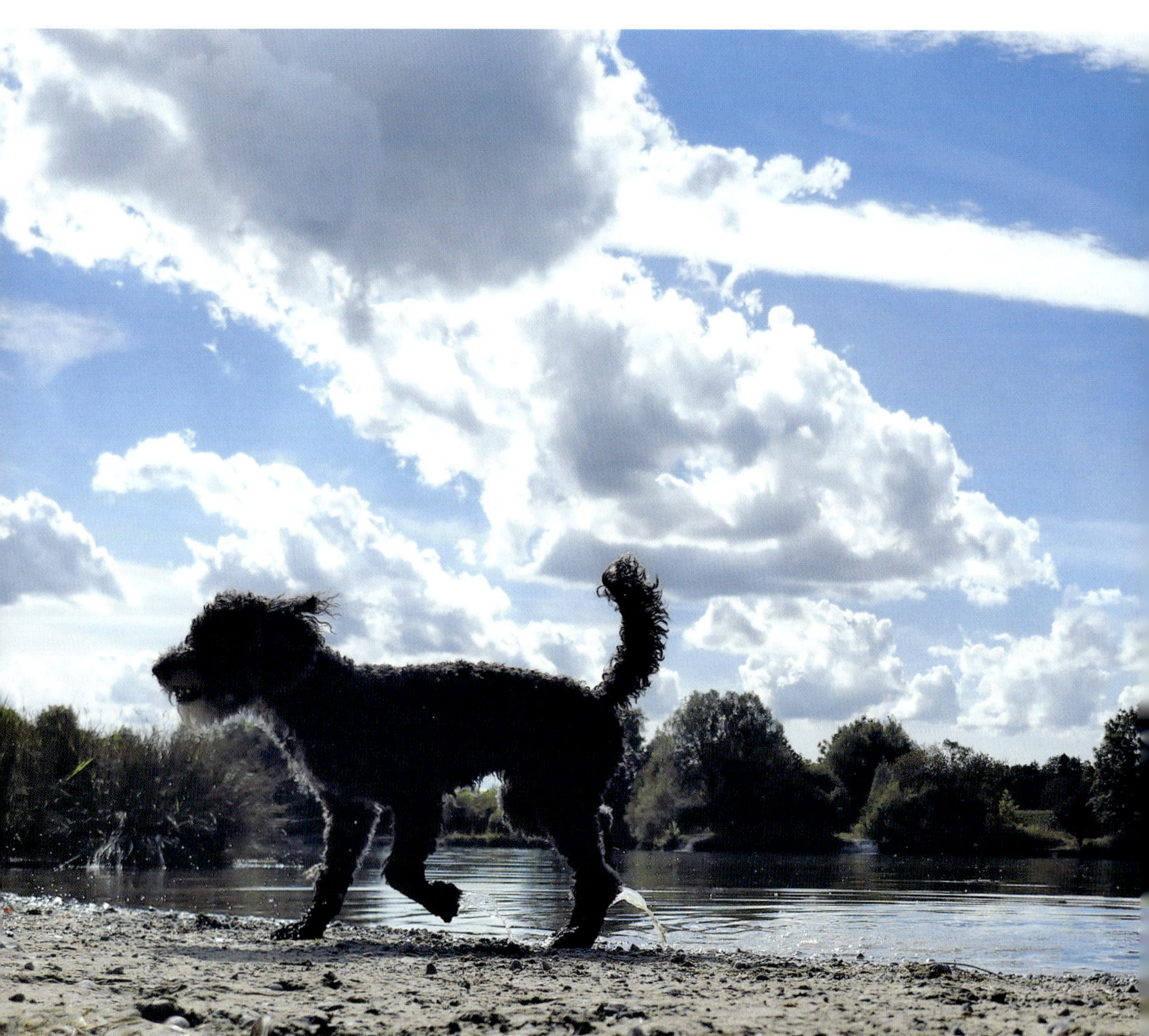

Hundehalter werden in der teils als Landschaftsschutzgebiet ausgewiesenen Aubinger Lohe gebeten, ihre Vierbeiner zum Schutz von Feuchtflächen sowie Hochstauden- und Hochgrasflächen nicht jenseits der Wege und Wiesenränder frei laufen zu lassen. Dieses Gebot gilt auch für uns Zweibeiner, um die Artenvielfalt von Flora und Fauna am Leben zu erhalten.

Über den Rodelhügel zum Ziegelweiher

Mit dem bestens erzogenen Rocky ist die Einhaltung der Regeln leichter als die Anreise im Radanhänger, die der Zwergpudel zwischendurch mit einem gequälten Winseln begleitet hat. Hätte seine Halterin Birgit das Auto gewählt, hätte er sich mit Leibeskräften an den Beifahrer gekuschelt – also Kopf von hinten zwischen die Unterschenkel geschoben und in Liegestellung an oder auf die Füße gepresst. Kuscheln ist Rocky halt sehr wichtig, und im Radanhänger ist er weder auf Körperkontakt noch behält er Kontrolle über das Geschehen.

Im Wald freut er sich wie alle Hunde erstmal über den Auslauf. Die erste Hälfte unserer Runde ist ziemlich schattig. Anfangs sind wir auf Forstwegen unterwegs, dann wählen wir den Pfadabschnitt durch das wurzelige Gehölz. Rocky nutzt die Gelegenheit, um an herumstehenden Baumstümpfen zu schnüffeln oder querliegende Stämme zu erklimmen. Am Rodelhügel verlassen wir den Wald. Fotoshooting Rocky: Bei jedem Schmatzgeräusch fliegt er mit wehenden Ohren in Höchstgeschwindigkeit quasi in die Kamera.

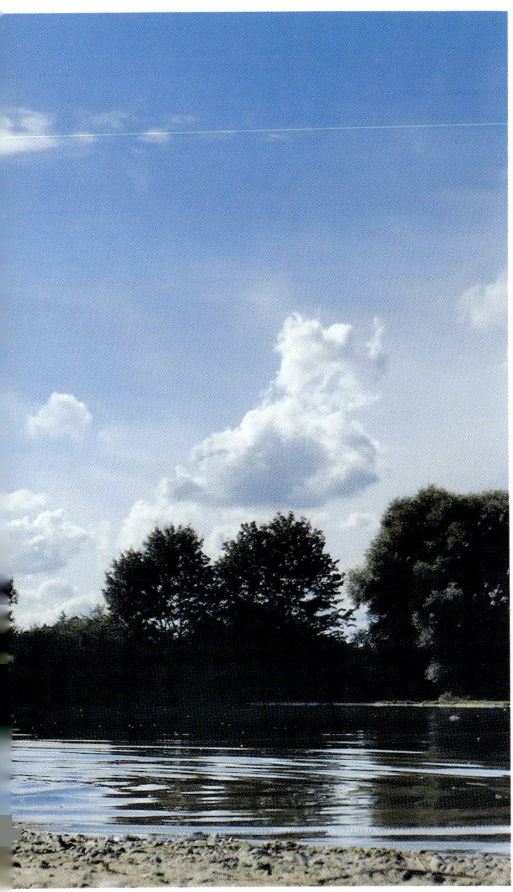

Rocky am Ufer des Poschinger Weihers

Zwergpudel

Der Zwergpudel ist auf Grund seines gutmütigen, verspielten und anhänglichen Charakters der perfekte Familienhund – er möchte am liebsten überall dabei sein! Dank seiner Naturverbundenheit und Ausdauer kann man ihn sogar auf größere Bergtouren mitnehmen; von wegen „Oma-Hund" – wie manches Klischee besagt. Zudem verfügt er über ein hohes Maß an Gelehrigkeit, er ist lernwillig und kooperativ. Da er gerne apportiert, war er einst gar als Jagdhund auf Wassergeflügel im Einsatz. Im Umgang mit anderen Hunden ist er recht unkompliziert. Charakteristisch ist sein krauses Fell, das regelmäßig gebürstet und gekämmt sein will.

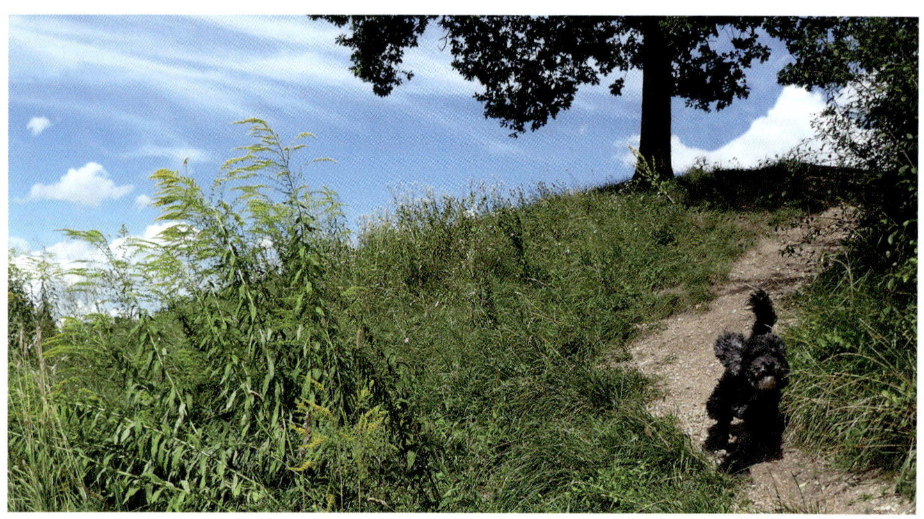

Rocky nimmt Fahrt auf in der Aubinger Lohe.

Nächste Station ist der fischreiche Ziegelweiher, ein Relikt einer aufgelassenen Ziegelei-Tongrube, in der heute seltene Pflanzen und Tiere beheimatet sind. Rocky gilt nicht gerade als „Wasserratte", obwohl das Wort „Pudel" ja von „pudeln", also „im Wasser plätschern", abgeleitet ist. „Waren seine Vorfahren tatsächlich Wasserhunde?" mag man sich angesichts seiner reduzierten Badegelüste fragen. Wobei: So langsam scheint Rocky das Element Wasser für sich zu entdecken. Ob es am relativ warmen Sommerwetter liegt? Jedenfalls macht er am Weiher eine Ausnahme und frischt sich, inklusive kurzer Schwimmzüge, etwas ab.

Freizeit-Biotop Böhmerweiher

Durch eine betonierte Unterführung wechseln wir nach Passieren eines kurzen Waldstücks in das Siedlungsrandgebiet von Lochhausen über, wo wir als Einkehr-Abstecher die Waldwirtschaft Bienenheim ansteuern können und uns nördlich der Schrebergärten Richtung Westen bewegen. Abermals will Rocky mit dem „Stöckchen-Ritual" Aufmerksamkeit erregen, knurrend und quietschend bearbeitet er seinen Fund und wirbelt ihn durch die Gegend. Dann erreichen wir entlang einer Pferdekoppel und eines Maisfeldes den Kleinen Böhmerweiher, der von Schilf umgeben ist und den Anglern vorbehalten bleibt.

Sein großer Bruder, der Große Böhmerweiher, ist hingegen ein klassischer Baggersee mit grünen Liegeflächen. Ein beliebtes Naherholungsgebiet im Münchner Westen, in dem sich Eltern, Kinder und Hunde gleichermaßen wohlfühlen. Wobei die Debatte über eine etwaige Leinenpflicht immer wieder neu entflammt; die im August 2019 aufgestellten Schilder „Hunde sind an der Leine zu führen" waren ein Jahr später durch Schilder „Baden auf eigene Gefahr" ausgetauscht worden. Wir umrunden den See teils auf Pfaden gegen den Uhrzeigersinn und erfahren auf einer Infotafel der Landeshauptstadt München, dass bedrohte Tiere wie die Rohrammer und die Kleine Zangenlibelle hier heimisch geworden sind. Und dies auch ohne Leinenzwang für Hunde, mit welchem die Umwandlung des Böhmerweihers in einen Badesee inklusive verbesserter Infrastruktur vorbereitet werden sollte.

Gehzeit 2 ½ Std. • **Strecke** 8 km • **Höhenmeter** 20 13

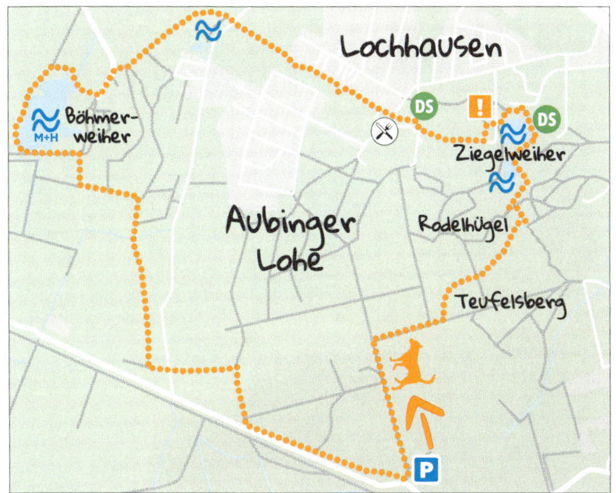

ÖVM S 3 nach Lochhausen (500 m nördlich der Aubinger Lohe)

Start Parkplatz an der Eichenauer Straße (Aubing), N 48.160729°, E 11.394879°

Charakter Richtung Ziegelweiher schattige Waldpassagen, an den Böhmerweihern sonniges Feld- und Wiesengelände! Kurzweilige Rundtour auf gut befestigten Wegen

Orientierung Ab Böhmerweiher mit Blickrichtung See, Wald und Bahntrasse an der Eichenauer Straße einfach, zuvor im Wald bzw. Lochhausener Siedlungsgebiet nicht immer einfach (Wegbeschreibung beachten)

Wasser am Wegesrand Ziegelweiher, Erlbach am Krähenweg, Böhmerweiher

Dog Station Ziegelweiher (Nordufer), Bienenheimstraße (Lochhausen)

Hunde an die Leine Überquerung des Krähenwegs (2 x), Wegabschnitt am Kleinen Böhmerweiher

Einkehr
Waldwirtschaft Bienenheim,
Tel. 089/89555927, Mo. Ruhetag,
www.waldwirtschaft-bienenheim.de

P Eichenauer Straße › Aubinger Lohe › Ziegelweiher › Böhmerweiher › P Eichenauer Straße

Vom Parkplatz auf dem Hauptweg nach N in den Wald › nach 600 m auf der kleinen Anhöhe rechts abbiegen › nach 300 m links in den Waldpfad abbiegen (nicht zuvor in den breiten Weg!) › an der folgenden Kreuzung links und an der großen Lichtung (Rodelhügel) rechts halten › am östlichen Ufer bis zum nördlichen Ende des Ziegelweihers (Parkplatz) › ! das See-Ende umrunden, dann rechts in jenen Weg, der durch eine betonierte Unterführung nach W führt › am Spielgelände der „Waldzwergerl" vorbei und die Bienenheimstraße am SV Lochhausen-Sportplatz überqueren › an der Federseestraße kurz links und rechts in den Weg, der entlang der Schrebergärten nach W führt › den Krähenweg nebst Erlbach überqueren › 300 m nach der Bachbrücke links in den Kiesweg › nach Passieren des Kleinen Böhmerweihers an der Straße links zum Böhmerweiher › den See gegen den Uhrzeigersinn zu 2/3 umrunden › am SO-Ausläufer rechts in den Wiesenweg › an der T-Kreuzung links und rechts in den Lohwiesenweg › den Krähenweg geradeaus überqueren (Feldweg) › am Waldrand rechts, mit Annäherung an die Eichenauer Straße links halten › nach 600 m rechts zum Parkplatz

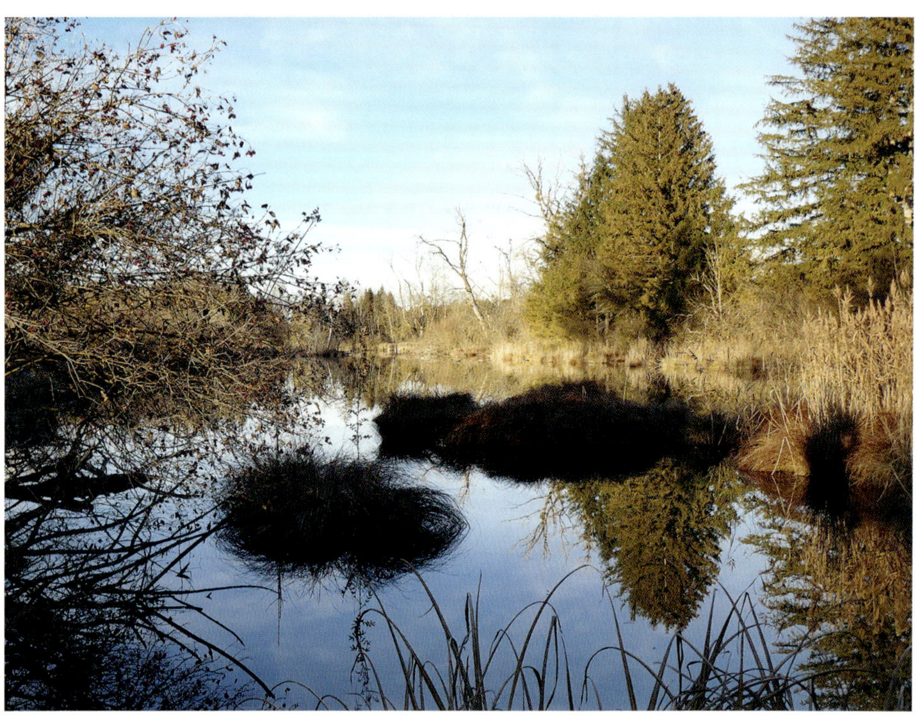

Der Moosschwaiger Weiher im herbstlichen Abendlicht

Mit Rocky auf Entdeckungstour

Von Neugermering in die Moosschwaige

Die nach dem denkmalgeschützten Gutshof benannte Moosschwaige liegt im Aubinger Moos und ist mit ihren freien Wiesen und kleinen Gewässern ein Eldorado für Hunde und deren Halter*innen. Während wir an den Moosschwaiger Weihern in ein naturbelassenes Pflanzendickicht eintauchen, genießen wir von den Feldern bei klarem Wetter eine Fernsicht bis zu den bayerischen Alpen. Wer sich mit der acht Kilometer langen Strecke nicht ausgelastet fühlt, kann die Wanderung noch in der benachbarten Aubinger Lohe fortsetzen (siehe Tour 13).

Am Aubinger Weg gibt es mehrere Parkmöglichkeiten. Der Einstieg unserer Wanderung erfolgt 70 Meter östlich der nach Süden abzweigenden Leipziger Straße: Wir folgen dem bequemen Kiesweg in Richtung der Bundesstraße, nach deren Unterquerung wir unmittelbar in die Moosschwaige gelangen.

Naturidylle an den Moosschwaiger Weihern

Nach kurzen Richtungswechseln entlang der blütenreichen Streuobstwiesen und Felder gelangen wir in das Moorgebiet der Moosschwaiger Weiher, dessen Biotop zum Land-

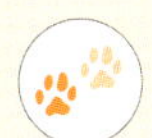 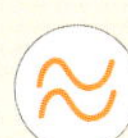 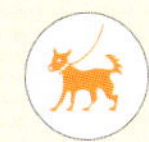

schaftsschutzgebiet erklärt wurde. Die Erlen und Pappeln sind von zahlreichen Mistelnestern besetzt – gut zu sehen im Winterhalbjahr, wenn keine Blätter an den Bäumen sind. Später im Frühjahr blühen Sumpf-Schwertlilien an den Seeufern, und im Sommer bedecken blühende Seerosen einen Teil der Wasseroberfläche. Die Weiher selbst werden von Fischen, Fröschen, Wasservögeln und Sumpfschildkröten, welche sich gerne auf dem Totholz sonnen, bewohnt. Wir wandern zwischen den beiden Weihern hindurch und stoßen auf eine Allee, die in südlicher Richtung zum denkmalgeschützten und namensgebenden Gutshof führt. Der nordwärts führende Weg geht in einen Trampelpfad über und leitet uns an das Ostufer des Moosschwaiger Weihers, der einst als künstlicher Fischteich angelegt wurde.

Am Nordufer fließt der Erlbach aus dem Moosschwaiger Weiher ab. Hier steht eine Sitzbank mit herrlichem Seeblick – der wohl schönste Ort des Rundgangs mit romantischer Wirkung beim Sonnenuntergang! Joe hat im Augenblick keinen Blick für die Spiegelungen auf der glatten Wasseroberfläche und spielt lieber „Schusseliges Herrchen" mit seinem Zwergpudel: Hierzu lässt er sein mitgeführtes Apportel ganz beiläufig fallen, und der hinter ihm laufende Rocky nimmt es auf, um es seinem Herrchen mit Freude zwecks Übergabe in die Hand zu legen; die Belohnung erfolgt in Form eines Leckerlis. Manchmal wirft Joe das Apportel auch in eine beliebige Richtung; es verstreichen Sekunden, dann fordert er Rocky zur nicht immer einfachen Suche auf. Dieses spannende Spiel bezweckt die Stärkung von Aufmerksamkeit und Bindung zwischen Herrchen und Hund. Animierend auf den Hund wirkt übrigens auch meine Bückstellung zwecks der Fotografie, die jedes Mal ein freudiges Heranpreschen zur Folge hat.

Der Erlbach ist von seiner Quelle beim Gutshof bis zur Mündung in den Gröbenbach nur sechs Kilometer lang; ihn im Bereich des

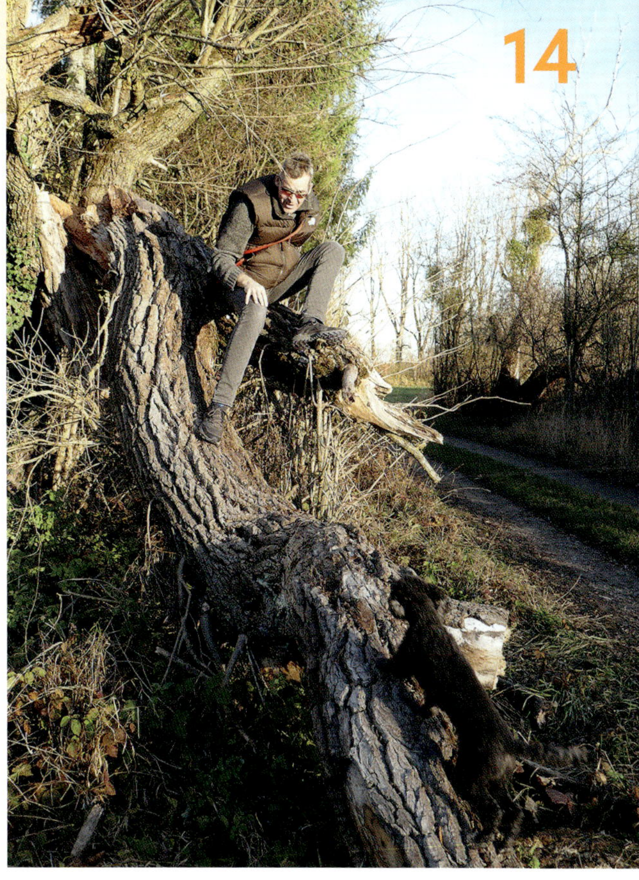

Joe ermutigt Rocky zur Erklimmung des Baustammes

Landschaftsschutzgebiets als „idyllisch" zu bezeichnen, ist keinesfalls überzogen. Der Landesbund für Vogelschutz hat hier ein Schild aufgestellt, das für den Freiraum der Natur wirbt und Spaziergänger darum bittet, die Wege nicht zu verlassen. Angenagte Bäume weisen darauf hin, dass sich auch der Biber in diesem Biotop wohlzufühlen scheint.

Am Bach macht Rocky Bekanntschaft mit einem Kleinen Münsterländer, wobei man das Attribut „Klein" im Größenvergleich zum Zwergpudel deutlich relativieren muss. Das hindert Rocky aber keinesfalls daran, spielerisch zu erkunden, ob in der Rangordnung nicht wenigstens Ebenbürtigkeit herrscht; das gegenseitige Anspringen, Beschnüffeln und Umschwänzeln dauert mehrere Minuten, und als ob der entenjagderprobte Widersacher das Spielchen „Wer ist der Chef" ins Wasser verlegen wollte, springt er zwischendurch wiederholt in den vor sich hin gurgelnden Bach. Joe und das Frauchen des Kleinen Münsterländers verfolgen das Treiben nach dem Motto „Die Hunde regeln das alleine" mit stoischer Ruhe. So soll es sein! Wohlwissend, dass Rocky ein Gespür dafür hat, mit welchen Hunden er solche Spielchen treiben kann; um gefährliche Kontrahenten macht er instinktiv einen großen Bogen.

Wald- und Wiesenpassagen im angenehmen Wechsel

Im Bogen zurück zum Ausgangsort

Wir folgen dem Erlbach noch Richtung Norden, bis er unter der Bahnlinie nach Norden entschwindet, und wandern eine kurze Passage parallel zu den Gleisen nach Westen. Dann dreht die Route nach Süden ab, und abgesehen von einer kurzen Waldpassage genießen wir den weiten Blick über Fluren und Felder in Richtung Berge.

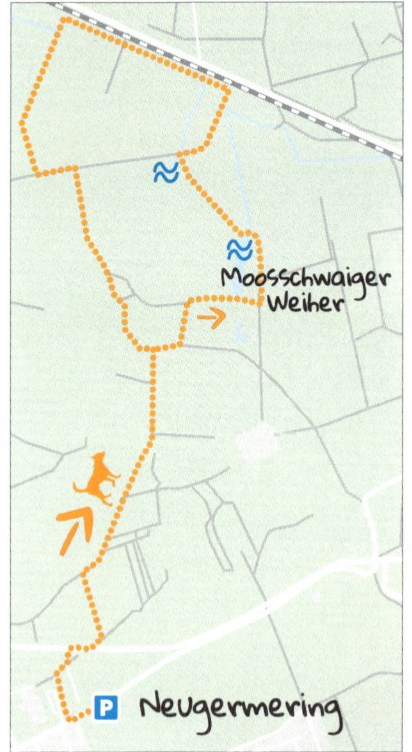

Start Parkplatz, N 48.140569°, E 11.375213°

Charakter Durchgängig eben verlaufende Wald- und Wiesenwege mit teils offenem Gelände in der Moosschwaige, im Bereich des Erlbachs malerische Trampelpfade.

Orientierung Im nördlich durch die Bahntrasse und südlich durch die B 2 begrenzten Landschaftsschutzgebiet kann man sich kaum verlaufen.

Wasser am Wegesrand Moosschwaiger Weiher, Erlbach

Hunde an die Leine Im Bereich des Aubinger Wegs

Neugermering › Moosschwaiger Weiher › Erlbach › Bahntrasse › Neugermering

Vom Aubinger Weg 70 m versetzt zur nach S abzweigenden Leipziger Straße in den Kiesweg nach N, etwas rechts haltend die B 2 unterqueren und nach der Unterführung rechts › nach wenigen Metern links in den Feldweg nach N › an der T-Kreuzung rechts und 1 km nach N › an der T-Kreuzung rechts, kurz darauf links und abermals rechts › der Weg führt zwischen den beiden Moosschwaiger Weihern hindurch nach O › an der Baumallee links zum Weiherufer (Weg geht in einen Pfad über) › von der Aussichtsbank 400 m dem Bachlauf des Erlbachs folgen › an den beiden T-Kreuzungen erst rechts, dann links abbiegen › 700 m entlang der Bahntrasse nach NW und links über freie Wiesen nach S › an der T-Kreuzung links und nach 200 m rechts › an der Y-Kreuzung rechts › der Wiesenweg mündet westlich der Weiher in die Route des Hinwegs: von der Weggabelung auf bekannter Route zurück zum Parkplatz

Wenn der Jagdtrieb durchgeht

Rundtour zwischen Geisenbrunn und Holzkirchen bei Alling

Die Wälder, Felder und Fluren nördlich von Geisenbrunn sind relativ wildreich. Im dichten Gehölz des Parsberges halten sich auch Wildschweine auf, die sich in unbeobachteten Momenten an den Maisfeldern laben oder Wiesen aufbrechen. Dass aber bereits unmittelbar an der S-Bahntrasse ein paar Rehe über die Felder ziehen, hatten Sophie und Konsti dann doch nicht erwartet. Von einer Sekunde auf die andere setzt deren Hündin Kathi zur wilden Verfolgungsjagd an, um nach zwei Minuten unverrichteter Dinge – als sei nichts gewesen – wieder zurückzukehren.

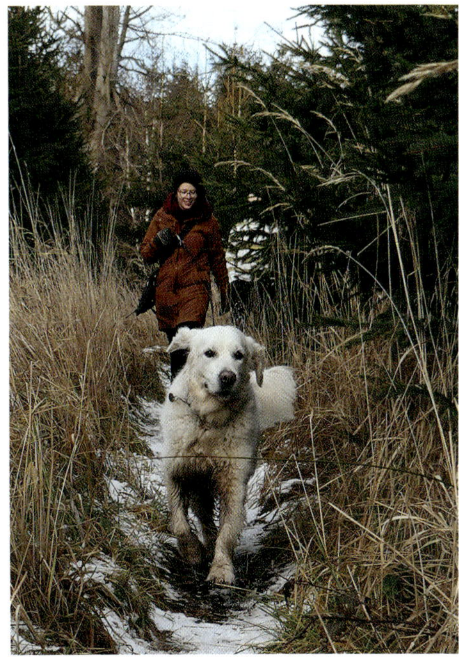

Mika stürmt am Parsberg voraus.

„Ihr Pfiff. Sein Blick. Fort läuft der Vierbeiner, einem Reh hinterher. Das macht er doch sonst nicht, denken Sie. Und: Das Reh kriegt er nie! Mag sein, aber Wildtiere sind empfindlich gegen Stress. Besonders bei Frost, Schnee und wenn sie Junge haben." Diese Zeilen lesen wir später auf einer Infotafel des Deutschen Jagdverbandes am Fuß des Parsbergs.

Wendepunkt am Holzkirchner Weiher

Im gerade mal zwei Jahre alten Gordon Setter steckt eine Portion Jagdtrieb, weshalb Kathi die abwechslungsreiche Wanderung fortan nur noch angeleint erkunden darf. Entspannter verläuft die Wanderung für Sophies und Konstis Freundin Feli und ihre Mika: Der achtjährige Golden Retriever nimmt von den Rehen keine Notiz und trottet gleichgültig vor sich hin. Der ausgebildete Therapiehund tut keiner Fliege etwas zuleide und bleibt zuverlässig auf dem Weg. Ein ausgeglichener Charakter. Konsequenz: Leine überflüssig.

Diese beiden konträren Beispiele zeigen, wie unterschiedlich unsere Vierbeiner auf äußere Einflüsse reagieren. Und inwieweit das Anlegen der Leine zur Pflicht gerät. Insbesondere im Frühjahr ist Achtsamkeit geboten, wenn die Kitze im hohen Gras liegen und Bodenbrüter auf ihren Nestern sitzen. Im Ortsbereich von Geisenbrunn sollten die Hunde ohnehin besser an die Leine genommen werden. Dort wandern wir an der ehemaligen Tongrube vorbei, erkennbar an den Weihern, die bei Niedrigwasser Industriegleise offenlegen. Das ehemalige Ziegelwerk produzierte auf diesem Gelände bis 1968 große Mengen an Ziegelsteinen für das Umland. Leider ist es eingezäunt, weshalb uns der Zugang zum Wasser versagt bleibt.

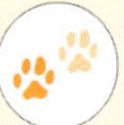

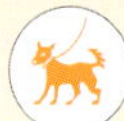

Gordon Setter

Der Gordon Setter ist ein Jagdhund und benötigt somit viel Auslauf in der freien Natur. Wenn er nicht seinem Jagdtrieb folgt, gilt er als sehr entspannt und freundlich ohne jegliche Neigung zu aggressivem Verhalten. Was im Umkehrschluss nicht bedeutet, dass er als Schoß- und Familienhund verkommen möchte, obwohl er schon auch gerne kuschelt und sich gerne eingebunden fühlt. Fordern und fördern heißt die Devise! Er liebt Herausforderungen jeglicher Art und erwartet kompetente Führung von menschlicher Seite. Nur mit viel Geduld und Hingabe schafft man es, einen Gordon Setter so zu erziehen, dass er auch ohne Leine ohne Neigung zur Unterwürfigkeit kontrollierbar bleibt.

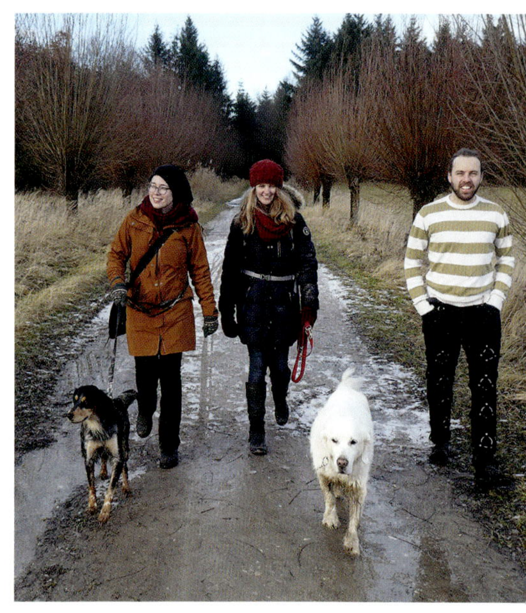

Wanderabschnitt zwischen Parsberg und Geisenbrunn

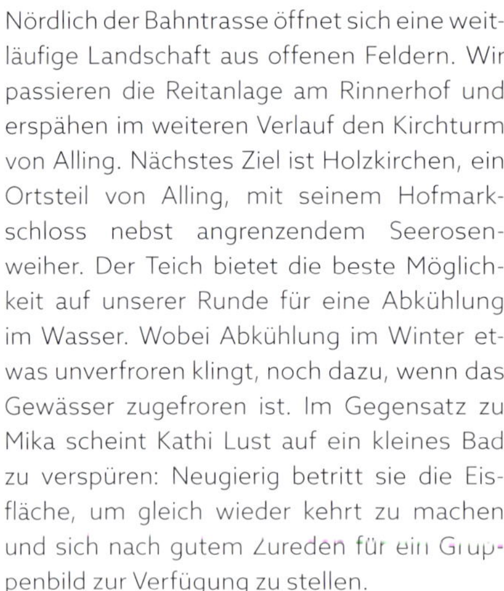

Nördlich der Bahntrasse öffnet sich eine weitläufige Landschaft aus offenen Feldern. Wir passieren die Reitanlage am Rinnerhof und erspähen im weiteren Verlauf den Kirchturm von Alling. Nächstes Ziel ist Holzkirchen, ein Ortsteil von Alling, mit seinem Hofmarkschloss nebst angrenzendem Seerosenweiher. Der Teich bietet die beste Möglichkeit auf unserer Runde für eine Abkühlung im Wasser. Wobei Abkühlung im Winter etwas unverfroren klingt, noch dazu, wenn das Gewässer zugefroren ist. Im Gegensatz zu Mika scheint Kathi Lust auf ein kleines Bad zu verspüren: Neugierig betritt sie die Eisfläche, um gleich wieder kehrt zu machen und sich nach gutem Zureden für ein Gruppenbild zur Verfügung zu stellen.

Über den Parsberg zum Ausgangsort zurück

Von Holzkirchen steuern wir ostwärts den Parsberg an. Er wurde 1979 unter Landschaftsschutz gestellt und ist als bewaldeter Hügel schon von Weitem zu sehen. Ein sehr schöner Waldweg verläuft in West-Ost-Richtung. Auf den ersten Blick wirkt das Gehölz wie ein Standardwald mit forstwirtschaftlicher Nutzung, doch andererseits beheimatet es schöne Geländewinkel mit unzähligen Schmetterlingsarten. Nach Erreichen des höchsten Wegpunktes zweigen wir rechts in einen Pfad ab und steigen durch ein kleines Waldstück ab.

Nach freien Wegpassagen mit Blickrichtung Alpen tauchen wir vor Geisenbrunn nochmals in ein kleines Waldstück ein. Dort machen Mika und Kati Bekanntschaft mit Franz, einer Golden-Retriever-Mischung. „Darf ich ihn mit ihren Hunden spielen lassen?" fragt deren Halterin und erzählt – während sich die Golden Retriever lustvoll beschnuppern –, dass sie ihren Vierbeiner von einer bosnischen Auffangstation erworben hat. Apropos Auffangstation: Sophie und Konsti haben Kati ja vom Verein Paroshunde e.V. bezogen; vielleicht hat das griechische Temperament den bei einem Gordon Setter typischen Jagdtrieb noch verstärkt.

Gehzeit 3 Std. • **Strecke** 10,5 km • **Höhenmeter** 80 **15**

ÖVM S 8 nach Geisenbrunn

Start Parkplatz am S-Bahnhof Geisenbrunn, N 48.108994°, E 11.326377°

Charakter Feld-, Wiesen- und Waldwege in leicht hügeligem Terrain. Durch den relativ hohen Wildbestand ist die Wanderung für Hunde mit Jagdtrieb nicht zu empfehlen.

Orientierung Bis auf die etwas unübersichtliche Waldpassage am Parsberg ist die Runde durch vorhandene Weitblicke gut einzusehen.

Wasser am Wegesrand Holzkirchner Weiher, Bachgraben westlich vom Parsberg

Dog Station Holzkirchner Weiher, am Wanderweg südlich vom Parsberg, Angerfeldstraße in Geisenbrunn

Hunde an die Leine An der St2068, Reitanlage am Rinnerhof, am Sträßchen nach Nebel, im Wohngebiet von Geisenbrunn

Geisenbrunn › Holzkirchner Weiher (Alling) › Parsberg › Geisenbrunn

Vom Parkplatz auf dem Radweg die S-Bahngleise überqueren und rechts in den Fußweg › rechts in die Tonwerkstraße, durch die Bahnunterführung und geradeaus dem Feldweg folgen › an der T-Kreuzung links und am Teerweg rechts › die Reitanlage Am Rinnerhof wird links umgangen › Weg nach N folgen, am Waldrand an der Y-Kreuzung links › das Waldstück umgehen und direkt auf die auftauchende Kirche von Holzkirchen zuwandern › am Holzkirchner Weiher rechts › Weg Richtung O folgen, die Parsbergsraße überqueren und auf den Parsberg zulaufen › an der Y-Kreuzung am Waldrand halbrechts in den Wald › der Weg steigt leicht an › ! an den 2 folgenden Weggabelungen geradeaus und nach 600 m ab Waldrand rechts in den schmalen Pfad › der Pfad leitet uns durch lichten Wald abwärts und zuletzt über eine freie Wiese zum Sträßchen nach Nebel › hier rechts 200 m auf dem Radweg nach SW › die Straße überqueren und den linken der beiden abzweigenden Forstwege nach S › an der T-Kreuzung links, einen Teerweg überqueren und weiter nach S › an der T-Kreuzung vor Erreichen der St2068 rechts › geradewegs in den Wald, dort die rechte Wegvariante nach W wählen › am Waldrand links Wiesenweg nach Geisenbrunn › im Ort Angerfeldstraße nach S zum Bahnhof

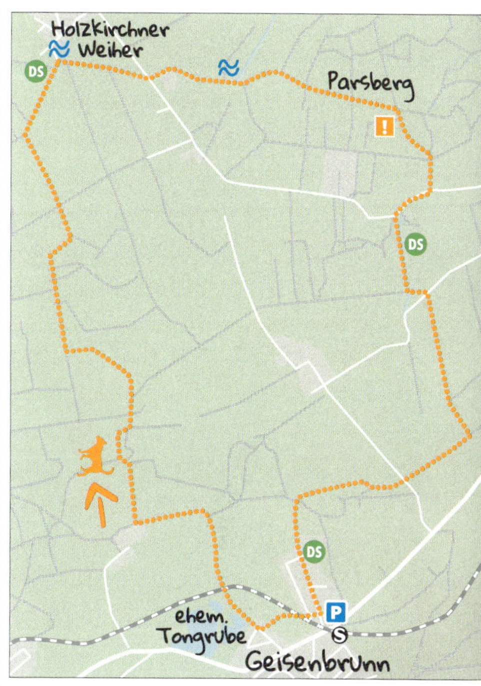

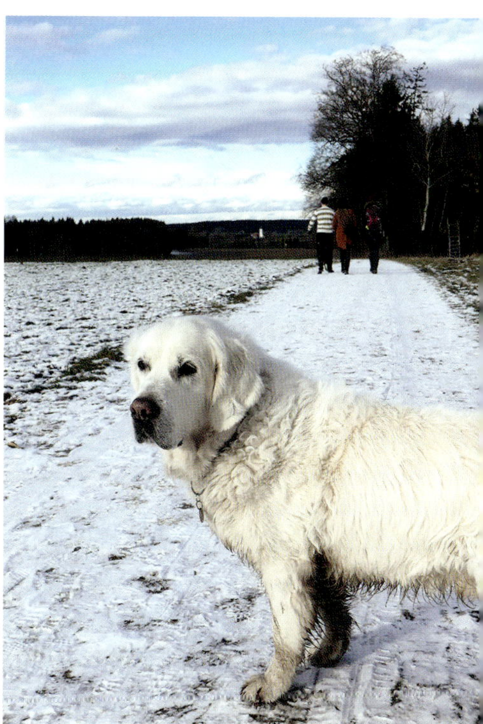

Mika auf dem Weg nach Alling

Clown im Märchenland

Rundwanderung nordöstlich von Erling

Bereits Bayerns Märchenkönig Ludwig II. liebte die sanfte Hügellandschaft zwischen Starnberger See und Ammersee. Zwar wird er sie vermutlich zu Ross und weniger als Spaziergänger erkundet haben, doch wir genießen den Streifzug durch die weitläufigen Wälder und Wiesen mit unseren Hunden gerne als ausgedehnte Gassi-Tour. Zwischen Eßsee und Erling verläuft knapp ein Drittel der Strecke auf dem beschilderten König-Ludwig-Weg. Am Rand des Erlinger Flurs passieren wir herrliche Blumenwiesen, dann überqueren wir einen langgezogenen Höhenrücken und stoßen im Ostteil der Route erstmals auf Wasser.

Für die wasserscheue Rosi ist es kein Problem, dass es insgesamt relativ wenig Wasser entlang der Strecke gibt: Der zweijährige Mops meidet das kühle Nass wie der Teufel das Weihwasser. Also fast. Denn bei ihrer Lieblingsbeschäftigung, dem Ballspiel, geht sie notfalls schon mal in den See – wenngleich der Bauch schon trocken bleiben muss, was bei der geringen Beinhöhe nur wenige Zentimeter Spielraum lässt. Hat sie den lustvoll eroberten Ball mal im Maul, gibt sie ihn so leicht nicht wieder her.

Auf abgelegenem Pfad durch den Rothenfelder Forst

Treffpunkt am Parkplatz mit Lisa, Jürgen und Rosi. Die emsige Hündin springt aus dem Auto und begrüßt mich freudig wie einen langjährigen Freund. Die Vorfreude ist groß auf diesen Spaziergang. Nach kurzer Waldpassage verlassen wir den König-Ludwig-Weg mit schönem Kloster-Andechs-Blick in nördlicher Richtung. Der am Waldrand entlangführende „landeskulturelle Wanderweg auf Erlinger Flur" ist von zahlreichen Infotafeln gesäumt, die beispielsweise ein Insektenhotel beschreiben oder auf die Flora am Waldrand hinweisen. Wir durchqueren eine Streuwiese, auf der im Sommer extrem seltene Blumen wie die Feuerlilie und der Bienen-Ragwurz blühen. Die Augustmahd verhindert den Auswuchs größerer Konkurrenz-Pflanzen und sichert somit den Fortbestand.

Nördlich der Blumenwiese stoßen wir auf eine uralte, mehrfach verzweigte Buche mit weißblau angestrichener Sitzbank. „Wir wollten unserem Hund einen bayerischen Namen geben!" erzählt Jürgen, weshalb ein Gruppenbild mit Rosi hier obligatorisch ist. Er beschreibt seinen Hund liebevoll als Ur-Mops, der keine überzüchtete platte Nase hat und

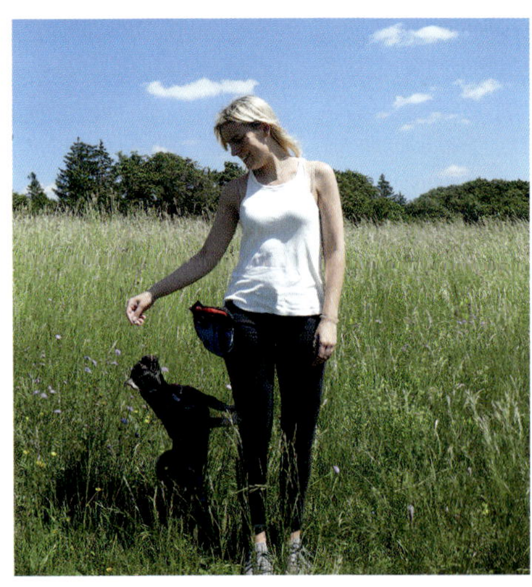

Lisa spendiert Rosi ein Leckerli.

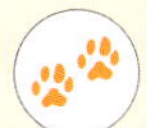

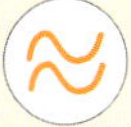
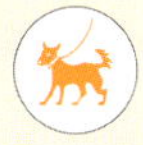

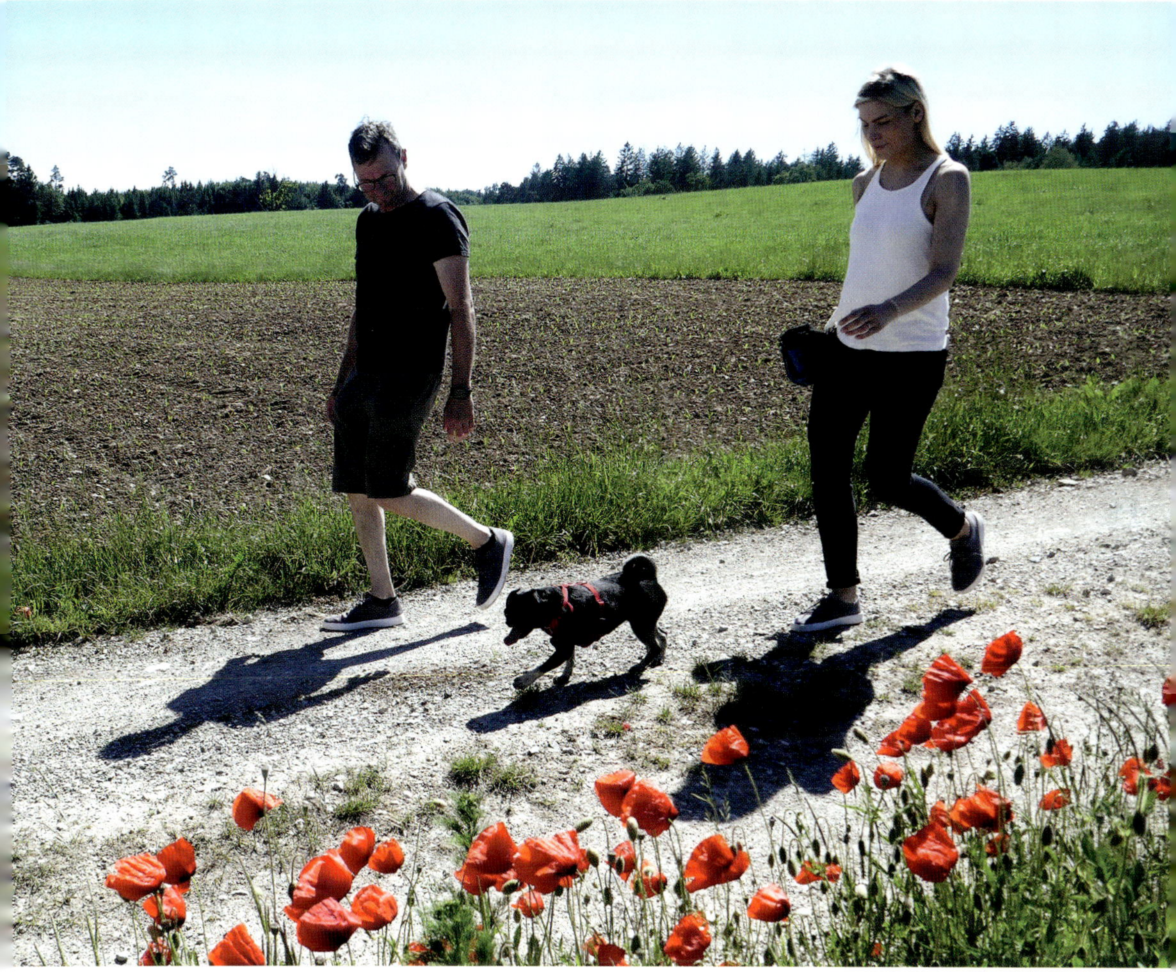

Mohnblumen bei der Feldquerung im nördlichen Teil der Route

Mops

Beim Blick in das zerknitterte Gesicht eines Mopses huscht dem Betrachter ein Lächeln über die Lippen. Mächtige Falten ziehen sich über beide Gesichtshälften, dazu die heraushängende Zunge und die verhältnismäßig großen schwarzen Kulleraugen – das sind schon clowneske Züge! Aber auch sein unberechenbares, fideles Verhalten trägt zum Amüsement des Herrchens oder Frauchens bei und hält diese auf Trab. Einerseits liebt er die Ruhe und den Schlaf, andererseits führt er immer wieder etwas im Schilde. Schenkt man ihm zu wenig Aufmerksamkeit, kann der Mops sich durchaus beleidigt und bockig zeigen. „Ich will immer und überall dabei sein!" lautet sein Credo. Dabei freundet er sich mit jedem auf Anhieb an. Insgesamt ein würdevoller, liebenswerter Hund, der einem bei entsprechender Behandlung unendlich viel Treue schenkt.

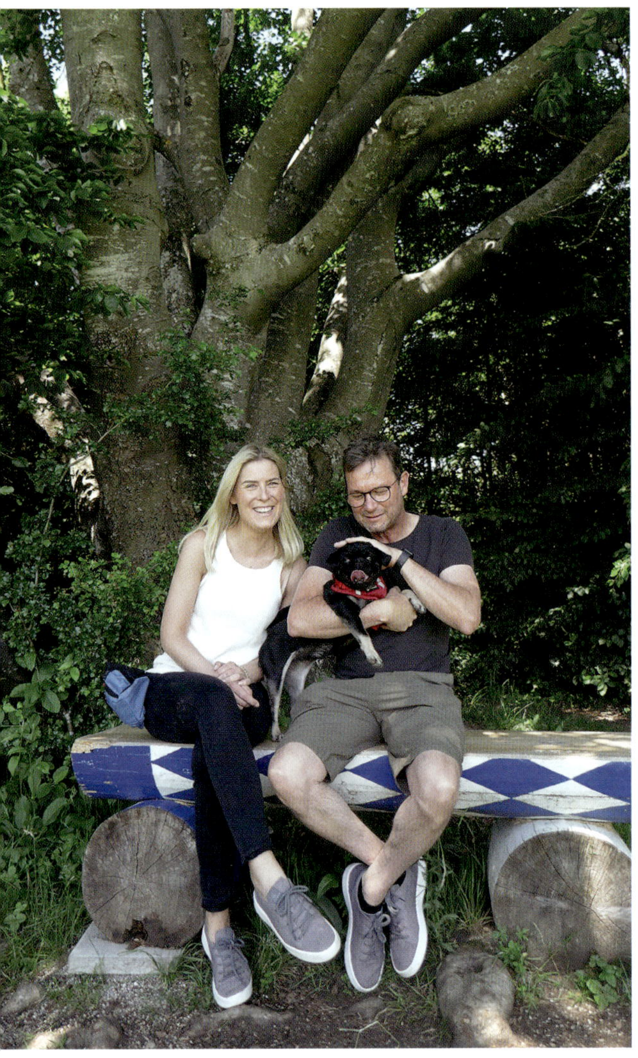

Rosi sollte einen bayerischen Namen bekommen – da ist eine kurze Rast auf dem weißblauen Aussichtsbankerl obligatorisch!

somit sportlicher unterwegs sein kann. Wir überwinden einen Höhenrücken, stets in Nähe der Hangkante geht es immer wieder teilweise steil bergauf und bergab. Wandermäßig ist dies der anspruchsvollste Abschnitt der gesamten Route. Rosi muss nicht nur steile Wege bewältigen, sondern weiterhin für diverse Fotoshootings herhalten – sie gehört zu jenen Hunden, bei denen man mit der Kamera schon auf Grasnarbenniveau gehen muss, um gute Bilder zu machen. Der Umgang mit ihr ist aber recht unkompliziert, da sie mit ihrem aufgeschlossenen Charakter eine Allerwelt-Freundin ist, und zwar sowohl anderen Hunden als auch fremden Menschen gegenüber. Also Schüchternheit oder gar Animositäten sind ihr fremd.

Wasser im Ostteil der Route

Wir steigen in eine weite Ebene ab und stoßen vorübergehend auf einen Radweg. Für die komplette Runde müssen wir etwas später 200 Meter weit an der befahrenen Hartstraße entlangwandern. Zum Ausgleich werden wir endlich mit Wasser belohnt, wobei einem alle drei Stellen nicht geschenkt werden. Der Waldweiher liegt in einer Geländesenke und ist nur als kurzer Abstecher zu erreichen. Ein Schild weist auf Privatbesitz hin, doch im in den See führenden Bach darf sich allemal erfrischt werden. Jenseits der Andechser Straße begegnen wir dem Bach ein zweites Mal, jedoch müssen wir hier eine steile Böschung hinab. Und auch der Eßsee, aus dem der Bach entwässert wird, liegt nicht direkt an der Strecke. Um an sein Ufer zu gelangen, halten wir uns an der großen Lichtung in Nähe der Wegkreuzung (Tafel „Klosterwald Andechs") links. Hier münden wir in den König-Ludwig-Weg und folgen diesem gut drei Kilometer bis zum Ausgangspunkt zurück. Das im Pavillonstil errichtete feudale Gebäude in Rothenfeld diente bis in die 1960er Jahre hinein als Frauengefängnis und beherbergt heute Freigänger der Landsberger Justizvollzugsanstalt.

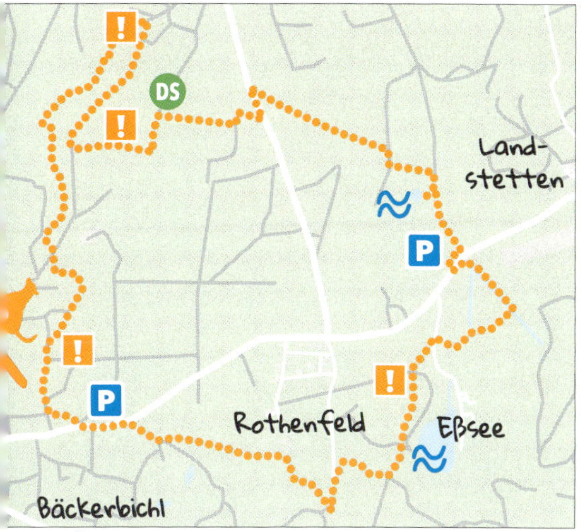

ÖVM S 8 nach Herrsching, Bus 951 nach Erling

Start Parkplatz 1 km östlich von Erling (Starnberger Straße), N 47.970701°, E 11.202210°

Charakter Bei der Überquerung des Höhenrückens sind auch steile Pfadpassengen dabei, ansonsten ist die Wanderung zwar lang, aber meist bequem zu gehen. Wenig Wasser am Weg, daher entsprechend bevorraten!

Orientierung Anfangs Blick auf Kloster Andechs, später auf den Kirchturm von Rothenfeld, auch der Verlauf der Starnberger Straße und Hartstraße verschafft zwischendurch einen Überblick. Vor Rothenfeld Einmündung in den beschilderten König-Ludwig-Weg.

Wasser am Wegesrand Quellbach am Waldweiher, Bachgraben nach Überqueren der Andechser Straße, Eßsee

Dog Station Wegkreuzung im nördlichen Teil der Route

Hunde an die Leine An der Andechser Straße (Überquerung und Radweg) und Hartstraße

Parkplatz bei Erling › Rothenfelder Forst › Seewiesen (Eßsee) › Rothenfeld › Parkplatz bei Erling

Am Parkplatzausgang Richtung Erling Waldpfad nach W (Ww. König-Ludwig-Weg) › an der T-Kreuzung rechts (Blick auf Kloster Andechs) › ! nach 500 m entlang des Waldrandes halbrechts in den Wald › der Pfad wendet sich von N nach W, überquert den Radweg an der Blumenwiese und führt an einer markanten Baumgruppe zurück in den Wald › auf 2 km Länge dem Pfad über den Höhenrücken in stetem Auf und Ab nach N folgen (unwesentlich abzweigende Wegtrassen führen wieder zusammen) › ! an der Weggabelung rechts steil den Waldhang hinab › dem 1. Querweg am Waldrand entlang nach N folgen › zurück im Wald, an der Weggabelung links › ! an der Stelle, wo der Weg einen Rechtsknick macht, geradeaus am Waldrand auf Pfadspuren nach O › an der T-Kreuzung links in den Rad- und Wanderweg › nach 300 m rechts abzweigen und zur auftauchenden Hartstraße › an der Straße (Achtung: Autoverkehr!) 200 m nach N und rechts in den Kiesweg abzweigen › der Weg führt über eine Wiese in den Wald › an der T-Kreuzung rechts und wenig später links › an der T-Kreuzung rechts › für den Abstecher zum Waldweiher nach 100 m rechts › der Hauptweg mündet in einen Parkplatz › die Starnberger Straße überqueren und auf Höhe des Bachgrabens in den Wiesenweg, der sich von SO nach W wendet › an der Zubringerstraße des Max-Planck-Instituts (Eßsee) links halten und den rechten Teerweg nehmen › ! nach 300 m an der Wegkreuzung geradeaus in den Trampelpfad nach S (die unscheinbarste Variante!) › nach 700 m an der Wegkreuzung rechts aus den Tälchen heraus (Ww. Andechs) › König-Ludwig-Weg (beschildert) über Rothenfeld zum Parkplatz an der Starnberger Straße zurück

Spritzbad im Fünfseenland

Rundtour zwischen Wörthsee und Ammersee

Die meisten Seen im oberbayerischen Alpenvorland sind für Hunde während der Badesaison tabu. Am Wörthsee herrscht von 15. Mai bis 15. September Badeverbot, aber „selbstverständlich dürfen die Hunde außerhalb der Strände an anderer Stelle gerne jederzeit ins kühlende Nass", ist auf der Homepage der Gemeinde nachzulesen. Ähnlich ist die Lage am Ammersee: Im Erholungsgebiet Stegen gelten zwar auch Badeverbot und Leinenzwang, aber wer mit seinem Hund ein Stück weiter in Richtung Süden am See entlang geht, genießt Freiheiten. Das lassen sich Nele, Celina, Wolfi und Kito nicht zweimal sagen – und stürzen sich auf Kommando ausgelassen in die Fluten!

Die von einem Höhenrücken getrennten Wörthsee und Ammersee sind nur rund zwei Kilometer Luftlinie voneinander entfernt. Wir stellen unser Fahrzeug am öffentlichen Parkplatz in Bachern ab und wundern uns über die Betreten-verboten-Schilderkultur in Richtung Wörthsee; dabei ist der Stichweg Richtung Ufer sogar von Bildtafeln eines Kreuzweges flankiert. Der ansässige Lautenbacher Hof will damit offenbar seinen privaten Yachthafen und den Seezugang vor „Eindringlingen" schützen.

Über das Tälchen des Inninger Bachs zum Ammersee

Nicht weiter schlimm, uns zieht es ohnehin in die Gegenrichtung nach Westen, und auf Wasser stoßen wir im Verlauf der Wanderung noch ausreichend. Beispielsweise am Inninger Bach, ein Abfluss des Wörthsees vom besagten Bacherner Yachthafen. Der Bach fließt durch einen etwa 25 Meter tiefen Taleinschnitt, den wir auf halber Strecke zum Ammersee durchqueren, und mündet später in die Amper. Der Labrazeller Chilli – eine Mischung aus Labrador und Appenzeller Sennenhund – geht hier häufig spazieren. Er ist ein Energiebündel und freut sich immer über viel Bewegung, auch an regnerischen Tagen wie diesen. Mit von der Partie ist Pino, der zusätzlich noch ein Border-Gen im Blut hat und einen nervöseren Charakter aufweist als die selbstbewusste Hündin.

Naturidyll am schützenswerten Ammerseeufer

Am südlichen Ortsausläufer von Inning führt uns die Bergstraße direkt an das Ammerseeufer am Rand des Erholungsgebietes Stegen. Hier beginnt der „Sieben-Brückerl-Weg", der auf einen Kilometer Länge das Fauna-Flora-Habitatgebiet „Ammerseeufer und Leitenwälder" passiert. Die Uferböschung fällt in diesem Abschnitt steil ab, einige Mini-Schluchten werden auf sieben kleinen Holzbrücken überquert. Das Landschaftsschutzgebiet umfasst naturbelassene Uferpartien des Ammersees bei Eching, Inning, Breitbrunn, Herrsching und den Leitenhängen zwischen Seefeld und Wartaweil. Charakteristisch ist der teils uralte Baumbestand, hauptsächlich Buchen. Auch seltene Vögel siedeln sich hier an. Alternativ zum etwas oberhalb verlaufenden Wurzelpfad können wir dem unmittelbar am Wasser verlaufenden Uferpfad folgen. Auf diese Weise ist ein verlockendes Bad für Mensch und Hund jederzeit auch spontan möglich.

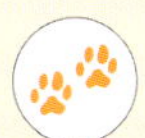

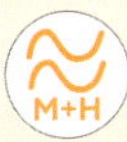

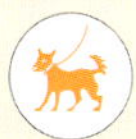

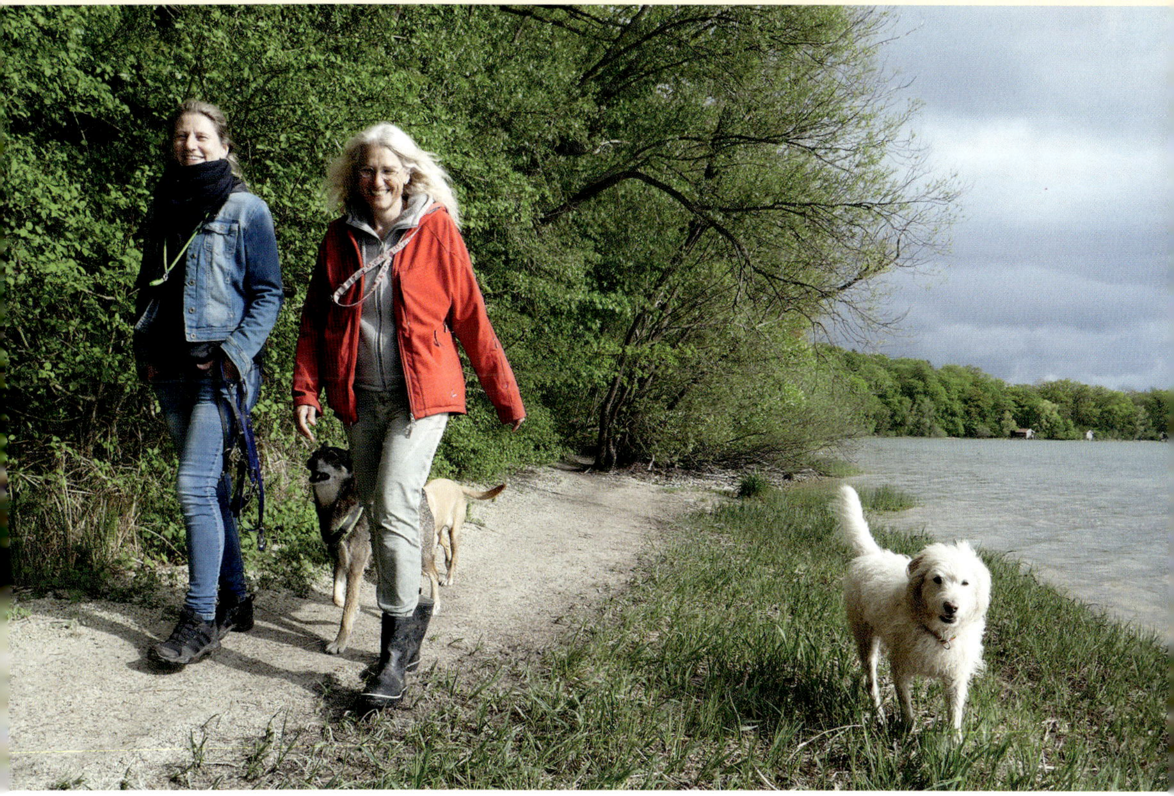

Bilderbuch-Uferabschnitt am Ostufer des Ammersees

Obwohl im Schutzgebiet einige Regeln – beispielsweise das Fahrradverbot – zu beachten sind, gibt es bezüglich unserer Vierbeiner keine besonderen Auflagen. Damit das so bleibt, sollten wir uns rücksichtsvoll verhalten. Das Hunde-Quartett Nele (Labradoodle), Celina (Labradoodle-Mischling), Kito (Schäferhund) und Wolfi (Schäfer-Mischling) etwa genießt die Erziehung einer Hundeschule. Freudvoll erkunden die sportlichen Vierbeiner die Umgebung, ohne dabei aus dem Blickfang zu geraten. Auf Kommandos ihrer Frauchen folgen sie mustergültig. Und wenn Letztere Stöckchen in das Wasser werfen, stürzen sich vor allem Wolfi und Nele voller Hingabe in die Fluten. Insbesondere Wolfi versucht das Spiel- und Apportierobjekt mit kühnem Sprung bereits im Fluge abzufangen, um dann mit „Bauchklatscher" im Wasser zu landen.

Rückweg über das Erholungsgebiet Oberndorf

Am Bootshaus nebst der Zaunbegrenzung ist der herrliche Uferabschnitt am Ammersee für uns beendet. Nochmal den schönen Seeblick genießen, dann geht es am Siedlungsrand von Buch in den Wald. Der Einstieg erfolgt unmittelbar an der Bushaltestelle von Buch auf einem kurzweiligen Wurzelsteig. Wir durchqueren ein Wasserschutzgebiet auf breiten bemoosten Wegen und genießen die Stille ringsherum, bevor wir im Erholungsgebiet Oberndorf den Wörthsee erreichen und bei schönem Wetter garantiert nicht alleine sind. Während der Badesaison sollten wir die Liegewiesen mit unseren Vierbeinern rasch passieren und etwaige Vorlieben für Spritz- und Badeeinheiten im nördlich angrenzenden Wald aufleben lassen.

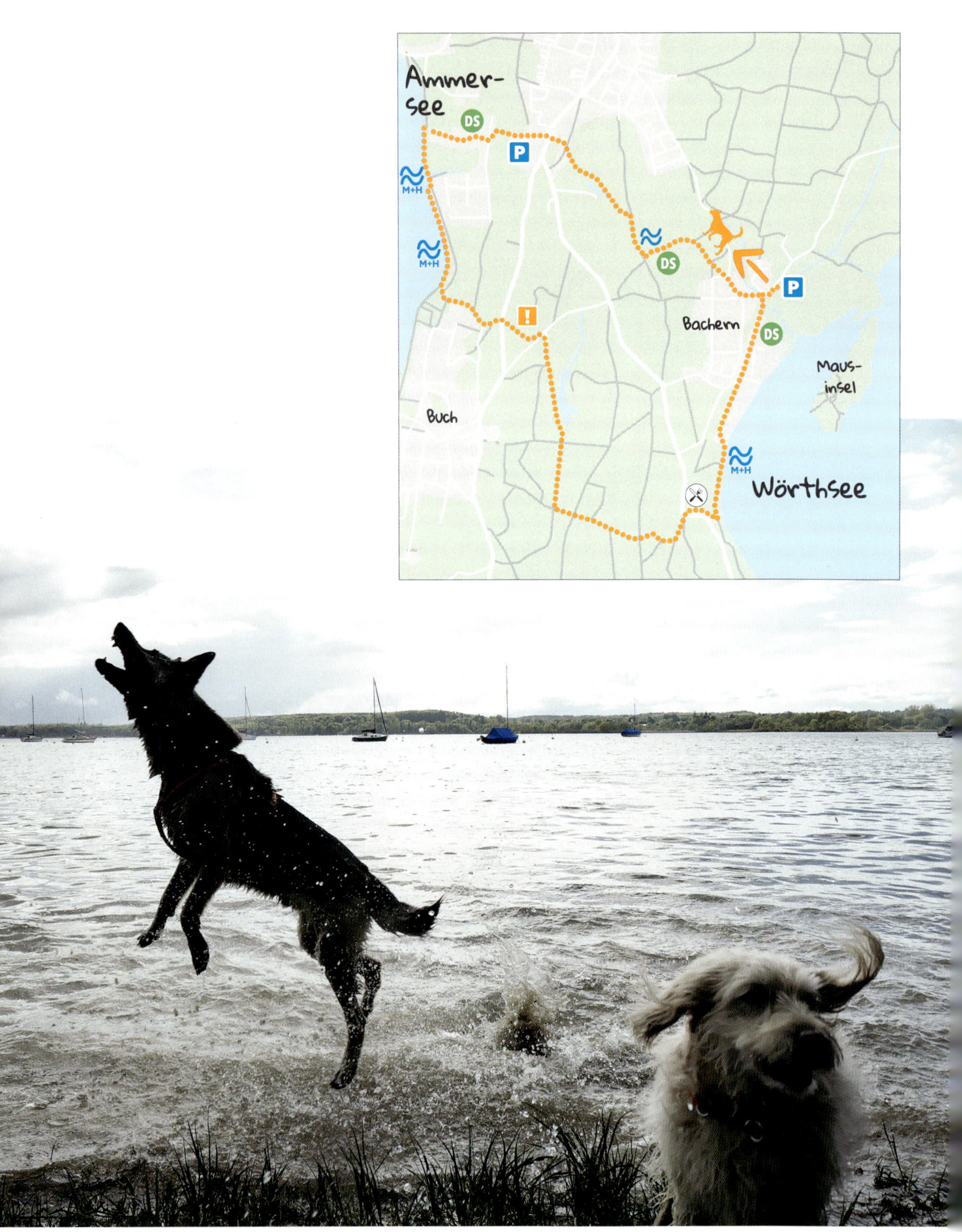
Ammer-
see
DS
P
M+H
M+H
DS
P
Bachern
DS
Maus-
insel
Buch
M+H
Wörthsee

Gehzeit 2 ½ Std. • **Strecke** 9 km • **Höhenmeter** 120

17

Start Parkplatz Am Krebsbach in Bachern (gebührenpflichtig), N 48.06335°, E 11.16454°

Charakter Äußerst abwechslungsreiche Rundwanderung zwischen zwei Badeseen – auch von der Wegführung her (Teersträßchen bis Wurzelpfade, die bei Feuchtigkeit glitschig sind)! Unterwegs immer wieder kurze Anstiege.

Orientierung An den Seeufern von Ammer- und Wörthsee sehr einfach, die Strecke nach Inning ist beschildert. Nur beim Rückweg müssen auf dem Höhenrücken die Richtungswechsel beachtet werden.

Wasser am Wegesrand Inninger Bach, Ammersee, Wörthsee

Dog Station Fischerstraße in Bachern, Brücke am Inninger Bach, Erholungsgebiet Stegen am Ammersee

Hunde an die Leine Fischerstraße in Bachern, Überquerung Herrschinger Straße in Inning, Erholungsgebiet Oberndorf (während der Badesaison)

Einkehr
Kiosk im Erholungsgebiet Oberndorf (Wörthsee, sporadisch geöffnet)

Bachern (Wörthsee) › Inning › Ammersee › Erholungsgebiet Oberndorf › Bachern

Vom Parkplatz 100 m in den Ort und an der Straßengabelung rechts den Berg hinauf (Fischerstraße) › am oberen Ortsrand halblinks in den Forstweg abzweigen (Ww. Inning) › an der Kreuzung rechts über die Brücke des Inninger Bachs › vor dem Gehöft links (Ww. Inning-West) › nach kurzem Abstieg die Herrschinger Straße überqueren und auf Schorn- und Bergstraße zum Ammerseeufer (Erholungsgebiet Stegen) hinab › wahlweise auf dem „Sieben-Brückerl-Weg" oder dem parallel verlaufenden Uferpfad durch das Landschaftsschutzgebiet nach S › am Ortsrand von Buch (Bootshaus, Zaunbegrenzung) links den Hang hinauf › der Weg geht in die Waldstraße über › ! die befahrene Inninger Straße überqueren, wenige m nach rechts und hinter dem Bushalteschild links dem ansteigenden Wurzelsteig in den Wald folgen › am Forstweg links hinauf und kurz darauf scharf rechts nach S abbiegen › an der 1. Kreuzung (Schild Wasserschutzgebiet) geradeaus, an der 2. Kreuzung links › schöner Waldweg nach O: an der 1. Kreuzung geradeaus, an der 2. Kreuzung links hinab (kleinere Abzweige ignorieren) › an der Seefelder Straße Einmündung in das Erholungsgebiet Oberndorf (Schild Fußweg) › auf dem Uferweg nach N mit Einmündung in die Aitelstraße › in Bachern auf der Fischerstraße zum Parkplatz zurück

Wolfis kühner Sprung ist der Ausdruck von purer Freude.

Im winterlichen Naturschutzgebiet

Wanderung rund um den Maisinger See

Der fast durchgängig von Schilf umgebene Maisinger See wurde bereits 1941 unter Naturschutz gestellt – um den Lebensraum der Lachmöwenkolonie sowie anderer seltener Tier- und Pflanzenarten nicht zu gefährden. Im April bauen die Möwen aus den getrockneten Stängeln der Teichrose und aus Schilfgräsern ihre Schwimmnester, welche der Brut als Kinderstube dienen und gegen Raubvögel vehement verteidigt werden. Grund genug, diese Wanderung mit unseren Vierbeinern vorzugsweise zwischen November und März anzugehen. Ist der Boden gefroren, sind sogar Abstecher in die Schilfzonen möglich.

Im Winter sind Zugvögel wie die Lachmöwe längst ausgeflogen. Aber auch gewöhnliche Nagetiere sind vor unseren Hunden nicht immer sicher: Gleich zum Auftakt unserer Wanderung schnappt sich Nala mit dem Geschick und der Sprungkraft einer Katze eine Wühlmaus von der schneebedeckten Wiese. Im Gegensatz zu vielen einheimischen Hunderassen weiß der Mallorquinische Schäferhund, südländisches Blut in den Adern und hinsichtlich der Nahrungsbeschaffung traditionell mehr auf sich selbst gestellt, solch einen Frühstückssnack noch zu schätzen.

Kaum Zugang an das Seeufer

Vom Parkplatz ist es nur ein Katzensprung bis zum Maisinger Seehof, der in bester Lage vor oder nach der Wanderung zu einer Einkehr einlädt. Wer sein Getränk am Seeufer verkosten möchte, muss nur den gut zwei Meter hohen Schutzdamm überwinden. In kalten Wintern friert der im Schnitt nur rund einen Meter tiefe Maisinger See rascher zu als andere Gewässer im Fünfseenland. Bei zuverlässiger Eisdecke tummeln sich neben Spaziergängern auch Eisstockschützen, Eishockeyspieler und Schlittschuhläufer auf dem See. Die offene Seefläche wird durch die zunehmende Verlandung jedoch immer kleiner.

Auf der offiziellen Wanderroute bleibt uns fortan der direkte Zugang zum Maisinger See verwehrt. Vereinzelt sind jedoch Abstecher in die umliegenden Wiesen und in den Schilfgürtel möglich. Nach Verlassen des Fallbachs, der uns ein Stück weit begleitet hat, zweigt ein Pfad nordwärts von der Hauptroute in Seerichtung ab – erkennbar an der meist ausgetretenen Spur im Schnee. Der Pfad leitet uns in Ufernähe durch die Schilfzone und den Waldgürtel bis nach Jägersbrunn. Diese landschaftlich reizvolle Variante ist jedoch nur praktikabel, wenn der Boden zuverlässig durchgefroren ist und die sich gebildeten Eisschichten tragen. Bei aufgeweichtem Boden würden wir uns rasch feuchte Füße holen und zudem unnötige Fußabdrücke im Naturschutzgebiet hinterlassen.

Genusswege mit Sonnenbonus

Die Hauptroute hingegen ist zwar weniger einsam, führt jedoch mit Blick auf das Karwendel- und Wettersteingebirge aussichtsreich in Richtung Aschering. Angrenzend freie Wiesen, soweit das Auge reicht. Nala freut sich über die Bewegungsfreiheit im Gelände, obwohl es bereits ihr zweiter Ausflug des Tages ist. Hin und wieder hat sie Glück, dass Nachbar Heiner sich die sportliche Hündin für einen Spaziergang ausleiht. Lustvoll

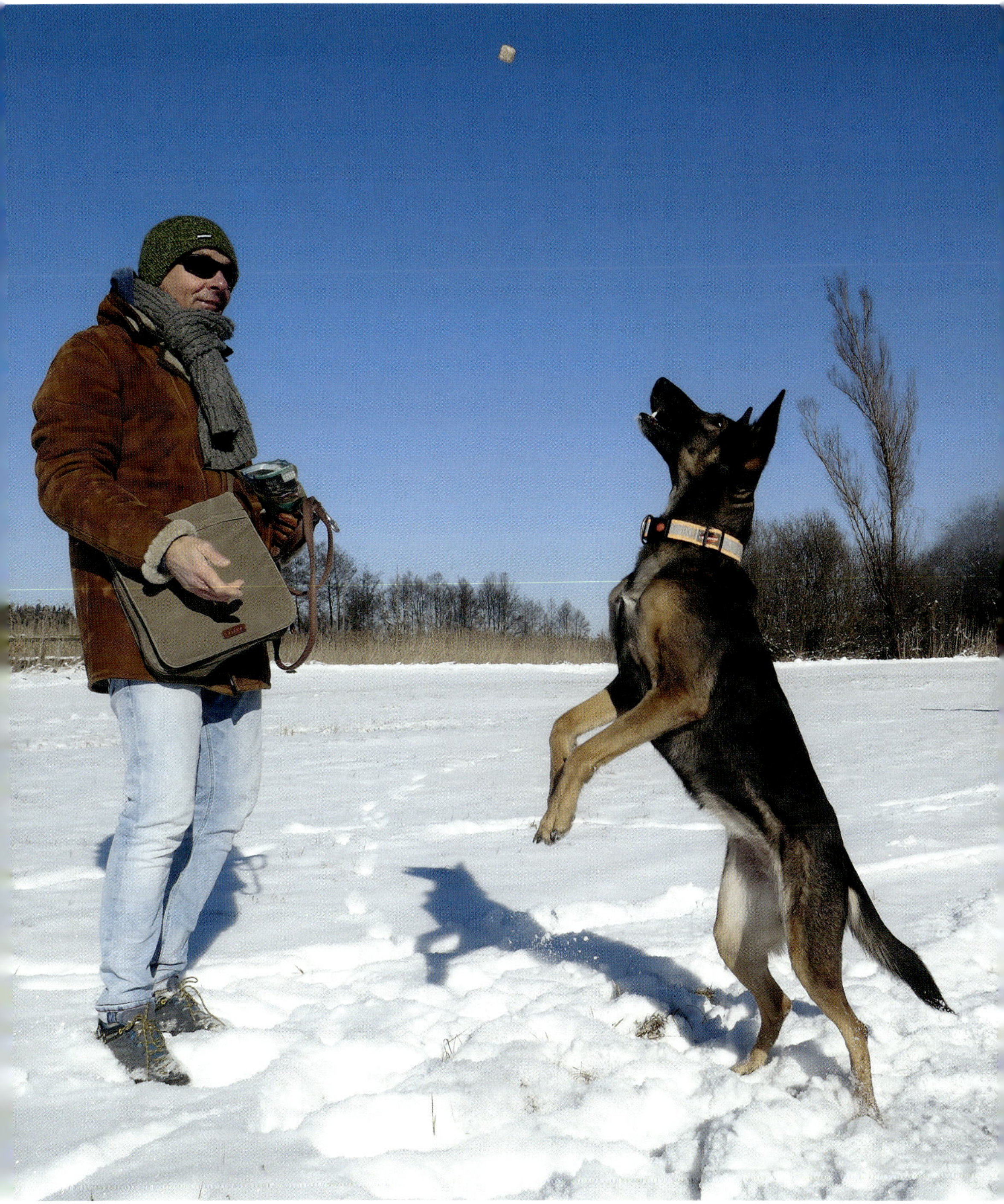

Nala wird das hochgeworfene Leckerli problemlos aus der Luft fischen.

jagt sie den Schneebällen hinterher, die ihr Ersatz-Herrchen in die Höhe wirft, um anschließend das wohlverdiente Leckerli in Empfang zu nehmen. Man spürt, dass die beiden ein eingespieltes Team sind. An einem Spritzbad im Wasser verspürt sie hingegen, unabhängig von den vorherrschenden Minusgraden, ebenso wenig Lust wie an einem Aufeinandertreffen mit anderen Vierbeinern.

Auch den kleinen Schlenker zur Wegkreuzung bei Aschering könnten wir über das schneebedeckte Feld abkürzen. Die einzige etwas längere Schattenpassage erwartet uns im Waldgürtel Richtung Jägersbrunn. Vor Erreichen des Weilers nutzen wir abermals die freien Wiesen für einen kleinen Extra-Abstecher. Dann geht es gemächlich zum Wanderparkplatz am Maisinger Seehof zurück.

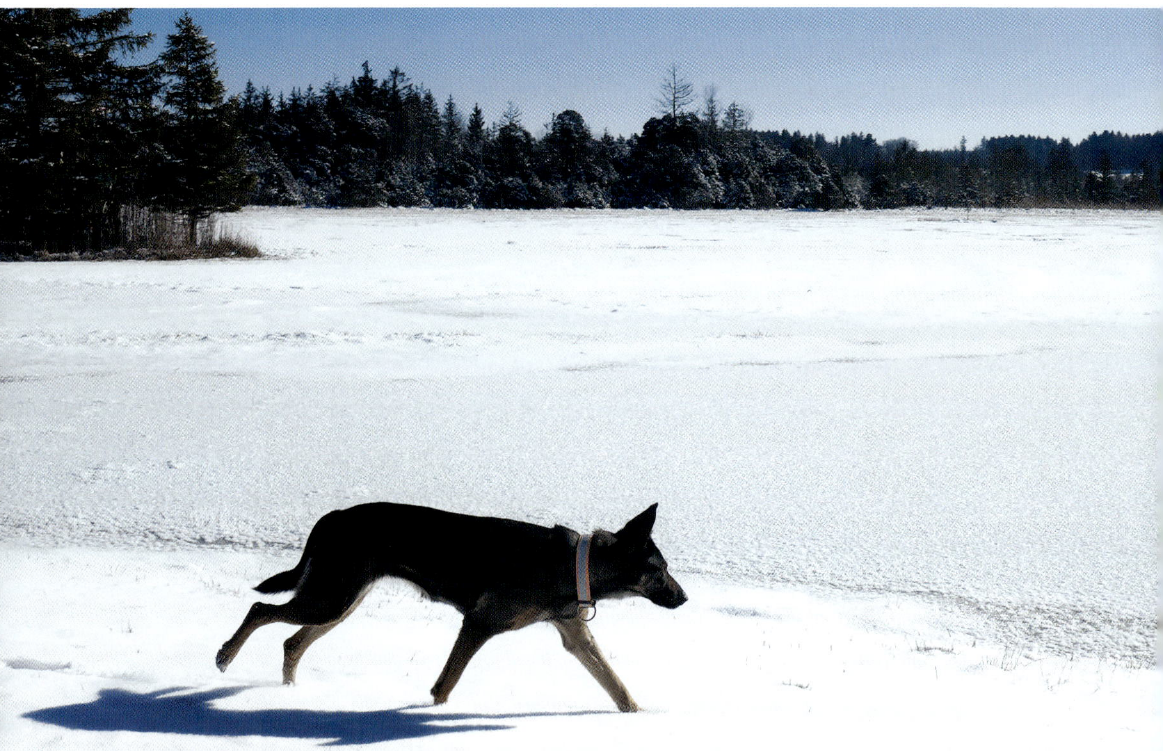

Mallorquinischer Schäferhund

*Der Mallorquinische Schäferhund ist sehr anhänglich und auf sein Herrchen/Frauchen fixiert, Zuwendung belohnt er mit dauerhafter Treue. Fremden gegenüber zeigt er sich eher skeptisch und ignorant. Und er zählt ganz bestimmt nicht zu den Hunderassen, die gerne mit Artgenossen spielen. Im Gegenteil, bei zu abrupter Annäherung droht dem anderen Vierbeiner Streit. Die Herkunft der Rasse ist nicht wirklich geklärt. Fest steht nur, dass er bis in die 1930er Jahre auf den Balearen verbreitet als Hüte- und Treibhund für Viehherden im Einsatz war. Für die Begehbarkeit steiler Bergpfade kommt ihm seine kräftige Muskulatur entgegen. Sein Fell ist entweder vollständig schwarz oder schwarz mit weißem Brustabzeichen.**

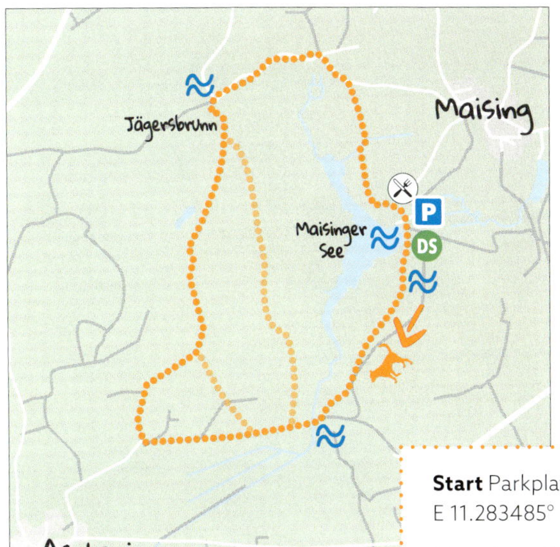

Bei frostigem Winterwetter sind auch Abstecher in Richtung Maisinger Seeufer möglich.

Start Parkplatz am Maisinger Seehof, N 47.981684°, E 11.283485°

Charakter Einfache und sonnige Genussstrecke mit Alpenblick auf breiten Wegen. Etwaige Abstecher in die Schilfzone sind nur bei gefrorenen Verhältnissen durchführbar.

Orientierung Die Routenführung ist klar und übersichtlich, auch wenn der Maisinger See bei der Umrundung kaum zu sehen ist.

Wasser am Wegesrand Maisinger See, Fallbach, Fischweiher in Jägersbrunn, Maisinger Bach

Dog Station Zwischen Maisinger Seehof und Maisinger See am Wegweiser

Hunde an die Leine Auf der wenig befahrenen Teerstraße bei Jägersbrunn

Einkehr
Maisinger Seehof, Tel. 08151/744242, Öffnungszeiten siehe www.maisingerseehof.de

Maisinger Seehof › Kreuzung bei Aschering › Jägersbrunn › Maisinger Seehof

Am Maisinger Seehof (Seezugang über den Schutzdamm) Wanderweg Richtung O (Ww. Aschering) › nach 1 km an der Fallbachbrücke geradeaus (Wegbiegung) › an der Kreuzung vor Aschering rechts (Ww. Jägersbrunn) › über Felder und eine Waldkuppe nach Jägersbrunn › rechts in das Teersträßchen Richtung Maising › nach 600 m rechts in den Wanderweg zum Parkplatz am Maisinger Seehof (Ww. Maisinger See)

Fischteiche als Wirtschaftszweig

Klosterweiherweg bei Bernried

Bernried gilt mit seinem um 1120 gegründeten Kloster zu den ältesten Siedlungsorten am Starnberger See. Die im relativ bescheidenen Stift wohnenden Augustiner-Chorherren hatten in den folgenden Jahrhunderten auch die Aufgabe, der Bevölkerung Arbeit zu verschaffen und in Härtefällen sozial beizustehen. Da die Viehzucht und der Feldanbau den Bedarf nicht deckten, entdeckte man den Fischfang als lohnende Einnahmequelle. Hierfür funktionierte man im hügeligen Umland die von der Würmeiszeit geschaffenen Tümpel in künstliche Weiher um.

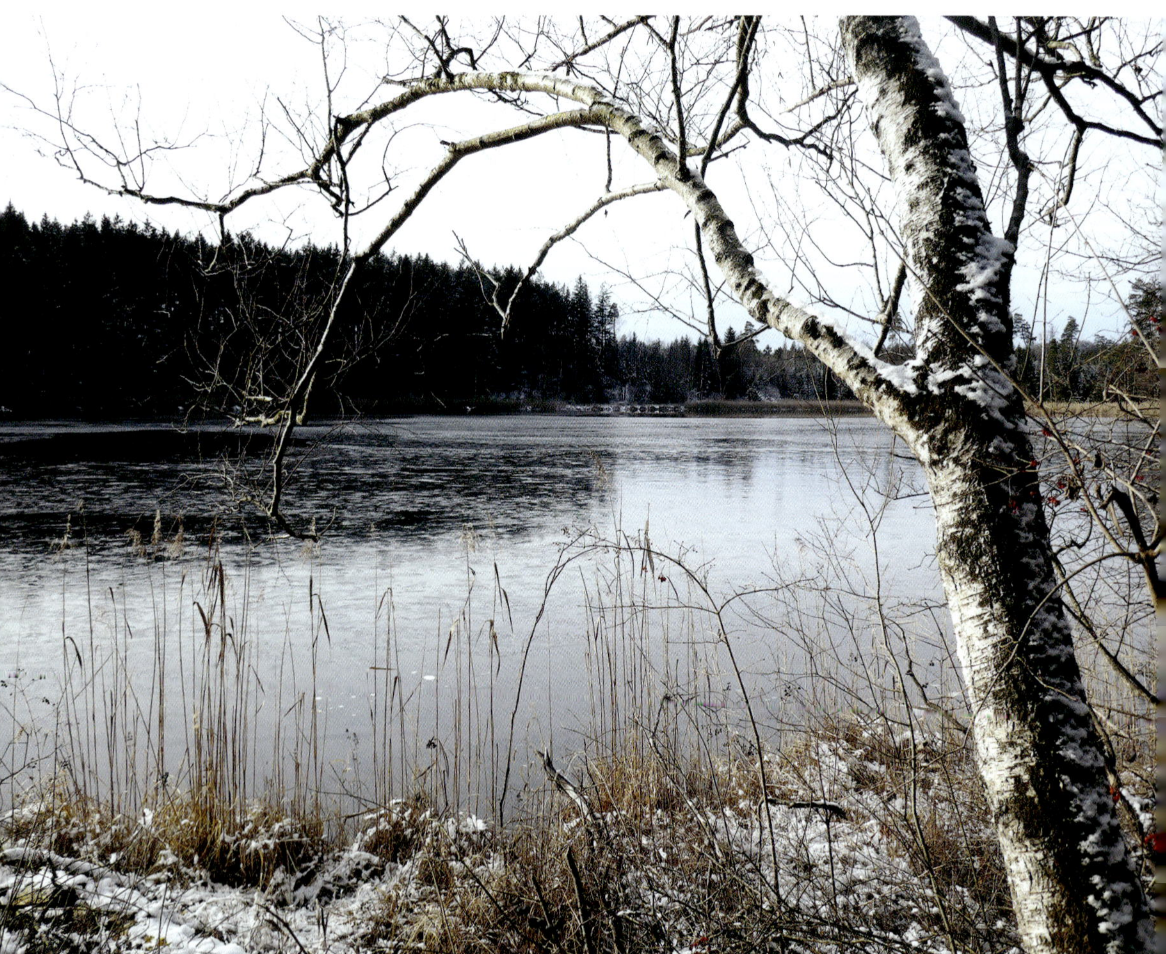

Am Ostufer des zugefrorenen Neusees

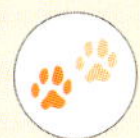

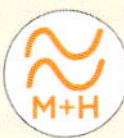

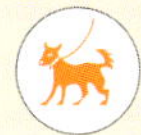

Der örtliche Tourismusverband hat die Fischweiher durch das Anlegen eines abwechslungsreichen Rundwegs für den Wanderer erschlossen. Und unsere Vierbeiner freuen sich über das überdurchschnittlich üppige Wasservorkommen entlang der Strecke. Ein Eldorado für Lisa und Woscha, Großpudel und Labradoodle, eine Mischung aus Königspudel und Labrador. Der Pudel war ja ursprünglich ein Wasser-Apportierhund für die Entenjagd, die Namensableitung vom altdeutschen Wort „puddeln" bedeutet „im Wasser planschen". Planschmöglichkeiten gibt es auf der Runde zur Genüge, und zwar nicht nur in den Weihern, sondern auch in diversen Bachläufen und Wassergräben, welche die Weiher teilweise miteinander verbinden.

Über den Neusee zum Gallaweiher

Das erste Gewässer erreichen wir am Neusee, der in einem Landschaftsschutzgebiet liegt. Der Wanderweg führt zum bewaldeten Südende des 500 Meter langen Sees. Wer einen kurzen Abstecher zum schilfbewachsenen Ostufer machen möchte, folgt dem abzweigenden Pfad in den Wald. In der kalten Jahreszeit bilden sich pittoreske Eisblumen auf der Wasseroberfläche; dann stören wir auch keine brütenden Vögel. Einheimische Wanderer erzählen uns, dass der See zwischendurch fast verlandet war und wieder ausgebaggert wurde. Am nördlichen Ende fließt durch den Teichablass, den sogenannten Mönch, ein Bach zum Auweiher ab, welchen wir auf dem Rückweg passieren. Durch herausnehmbare Staudammbretter und eine Abflussregulierung kann der Wasserstand für die Abfischung reguliert werden. Auch an den anderen Weihern finden wir entsprechende Vorrichtungen.

Etwa doppelt so große Ausmaße wie der Neusee hat der Gallaweiher. Der offizielle, bestens beschilderte Wanderweg leitet uns im großen Bogen zum Nordufer hin. Alternativ gibt es auch eine Route, die an der Ostseite des Weihers entlangführt. Am nördlichen Ausläufer des Gallaweihers hat sich, wie an einigen abgenagten Bäumen unschwer zu erkennen ist, eine Biberfamilie angesiedelt. Biber sind dämmerungs- und nachtaktiv, bei Bedrohung können sie, auf ihre messerscharfen Zähne vertrauend, durchaus aggressiv und für unsere Vierbeiner gefährlich werden. Vorsicht ist insbesondere im Mai geboten, wenn die Nager ihren Nachwuchs großziehen.

Dies nur zur Info für unser Pudel-Duo Woscha und Lisa, das am Tag des Ausflugs jedoch wenig Lust auf Wasser verspürt: Zum einen, weil der Gallaweiher größtenteils zugefroren ist; zum anderen, weil ihre Halterinnen Angst haben, dass das dünne Eis brechen könnte und ihren Lieblingen somit nur ein Ufer-Fotoposing erlauben. Der achtjährige Labradoodle Woscha scheint sich mit dieser Einschränkung leichter arrangieren zu können als der etwas ungeduldig wirkende Großpudel Lisa, der mit jugendlichem Elan am liebsten noch die Welt erobern würde.

Rückweg über den Auweiher

Vom Gallaweiher durchwandern wir eine weitläufige Wiese mit Pferdekoppeln und erreichen nach Unterquerung der Bahnlinie den Auweiher. Der Weiher wird heute relativ wenig befischt und gilt daher unter Anglerfreunden als Geheimtipp mit guter Aussicht auf einen veritablen Karpfen-, Wels- oder Zanderfang. Ein Ort der Meditation mit der Möglichkeit, geistliches Gedankengut zu verinnerlichen: „Stelle Dein Denken vor den Spiegel der Ewigkeit", beginnt der dritte Brief der Heiligen Klara von Assisi an Agnes von Prag, nachlesbar auf einem Schild am Seeufer. Für unsere Vierbeiner steht der praktische Nutzen, dass sie abseits der Fischerstege baden dürfen, im Vordergrund. Am Nordende es Auweihers fließt der Rötlbach

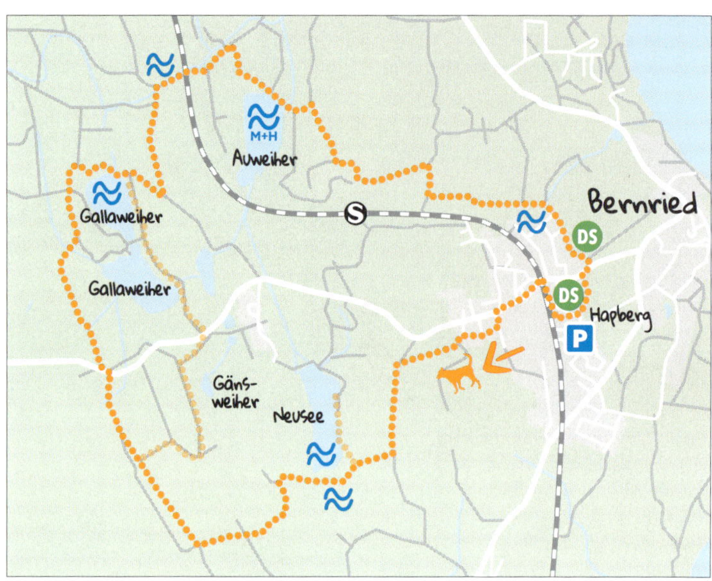

durch Geländegräben zum Starnberger See hinab.

Der gut zwei Kilometer weiter östlich gelegene Hausstatter Weiher ist deutlich kleiner und liegt bereits am Siedlungsrand von Hapberg. Wer die beschilderte Roseninsel-Aussicht genießen will, muss vom Wanderweg am östlichen Ortsrand einige Meter in Richtung des auftauchenden Starnberger Sees abweichen.

Labradoodle

Der Labradoodle ist eine Mischung aus Labrador Retriever und Pudel und gilt als Pionier der „Designer Dogs". Die ursprüngliche Zuchtabsicht bestand jedoch nicht darin, ein neues Vorzeigehaustier zu schaffen, sondern einen Blindenführhund. Wie bei anderen Zuchtrassen auch ist die Kreuzung aus gesundheitlichen Aspekten nicht ganz unbedenklich, vor allem Hüft- und Gelenkprobleme sind nicht auszuschließen. Als Vorteil erweist sich, dass der Hund nicht haart und somit auch für Allergiker geeignet ist. Das Fell- und Farbspektrum ist beim Labradoodle groß – als optisch besonders reizvoll erweist sich der Teddybär-Look, den nicht nur Kinder zu schätzen wissen. Also auch dank seines freundlichen und oft verschmusten Charakters ein geeigneter Familienhund, der allerdings Auslauf braucht und gefordert sein will.

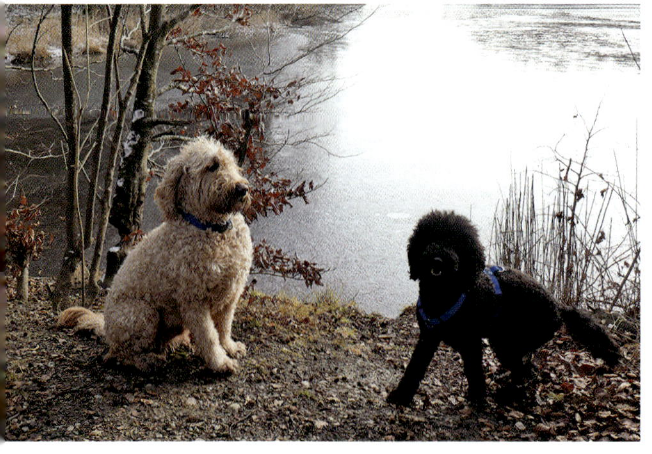

Die dünne Eisschicht auf dem Gallaweiher verwehrt den beiden Pudeln ein Bad.

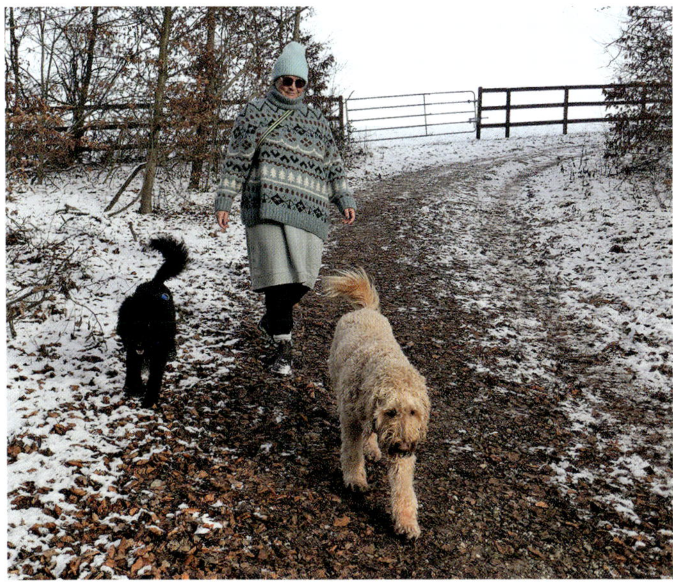

Lisa und Woscha in Nähe des Gallaweihers

ÖVM Regionalbahn (RB) über Tutzing (S6) nach Bernried

Start Parkplatz am Bernrieder Bahnhof, N 47.861528°, E 11.284314°

Charakter Leicht hügelige Rundwanderung mit vielen reizvollen Ausblicken auf die typische Moränenlandschaft. Man ist überwiegend auf guten Wirtschaftswegen unterwegs.

Orientierung Der Klosterweiherweg ist bestens beschildert. Wegvariante am Gallaweiher siehe Text

Wasser am Wegesrand An Neusee, Gallaweiher, Auweiher und Hausstatter Weiher; dazwischen diverse Bachläufe, darunter der Rotlbach zwischen Galla- und Auweiher

Dog Station Bahnhof Bernried, Wanderweg Roseninsel-Aussicht

Hunde an die Leine Passage an der Weilheimer Straße in Hapberg bzw. bei deren Überquerung Richtung Gallaweiher, Ortsbereich Hapberg

Bernried (Hapberg) › Neusee › Gallaweiher › Auweiher › Hausstatter Weiher › Bernried

Vom Bernrieder Bahnhof Fußweg entlang der Gleise nach N (Ww. Neusee) › an der Weilheimer Straße 300 m nach W und links in die Straße Am Sportplatz › rechts in den Hapberger Weg und über Wiesen in die Waldsenke am Neusee › nach einer Schleife durch den Wald wendet sich der beschilderte Wanderweg nach N und überquert die Weilheimer Straße › der Gallaweiher wird an dessen Nordufer erreicht › entlang von Pferdekoppeln Richtung SO, dann Richtung N › am Rötlbach entlang, Bahngleise unterqueren und durch Wald zum Auweiher › weiterhin beschildert zum Hausstatter Weiher › am Ortsrand von Hapberg mit Starnberger-Seeblick nach S › an der Weilheimer Straße rechts (Ww. Bahnhof) und links auf der Karwendel- und Bahnhofstraße zum Bahnhof von Bernried

Abstecher in das Naturschutzgebiet

Durch den Lauterbacher Wald zum Großen Ostersee

Aus der Vogelperspektive bilden die Osterseen ein Konglomerat aus insgesamt 24 Seen, wovon der Große Ostersee der größte ist. An dessen Westufer tauchen wir in das 1083 ha große Naturschutzgebiet ein, das durch seinen Toteisloch-, Niedermoor- und Faltenquellen-Charakter in die Liste der schönsten Geotope Bayerns aufgenommen worden ist. Zwischen 1. März und 15. Oktober herrscht hier strenges Wegegebot, und während der Badesaison bleibt das Wasser für unsere Vierbeiner tabu.

Wie gut, dass Ella so folgsam ist. Sie lässt sich weder von Wild, Ponys, anderen Hunden noch einem entgegenkommenden Traktor aus der Ruhe bringen und entfernt sich maximal ein paar Meter von ihrem Begleiter. Beste Voraussetzungen also für eine entspannte Wanderung, die abgesehen vom Wanderabschnitt am Osterseeufer insgesamt recht einsam verläuft. Und überall stoßen wir zu Ellas Freude auf Wasser!

Alpenblick am Streitberger Weiher

Bereits beim Waldanstieg zum Streitberger Weiher begleitet uns ein kleiner Bachlauf: Ella schaut mich – als ob sie um Erlaubnis fragen wollte – mit ihren treuherzigen Augen an und springt erst nach dezenter Aufforderung in das erfrischende Nass. Kurz darauf hat sie an einem Waldweiher abermals Gelegenheit zum erfrischenden Bad. Ella und ich haben ein stilles Abkommen: „Wenn du nicht in der Gegend strawanzt und in meiner Nähe bleibst, muss ich dich nicht an die Leine nehmen!" Auf diese Weise genießen wir beide die Wanderung noch mehr. Ich kenne ganz wenige Hunde, mit denen ein solcher Deal möglich ist. Auch zwischen unseren geliebten Vierbeinern und uns Menschen gibt es so etwas wie Telepathie oder stimmige Chemie (siehe Tour 26).

Der Streitberger Weiher liegt, größtenteils von Schilf umsäumt, etwas oberhalb des Waldweihers in einer Geländesenke am Weiler Streitberg, der nur aus einem Gehöft besteht. Über den See hinaus genießen wir den freien Bergblick in Richtung Benediktenwand. Der kleine Holzsteg in Ufernähe weist keine Verbindung zum Land auf. Ein Abstecher dorthin entlang des Schilfgürtels ist allenfalls „auf leisen Sohlen" mit wohlerzogenen Hunden durchführbar – am besten nach Passieren des Gehöfts vom Wiesenweg aus.

Schöner Uferweg am Großen Ostersee

Die angrenzenden Wald- und Wiesenwege bieten auf Grund der Abweichung von den beschilderten Routen einen hohen Wandergenuss mit wohltuender Stille. Bald wendet sich der Weg nach Süden, wir verlassen den Wald und blicken im freien Gelände auf das erweiterte Bergpanorama in Richtung Karwendelgebirge. Dann überqueren wir zweimal einen Teerweg und steigen durch den Wald in die Senke der Osterseen ab. Abermals findet Ella Abkühlung in einem Bachgraben. Zuweilen schreitet sie den Wasserlauf ab, als ob sie die thermischen Reize eines Kneippschen Fuß- oder besser: Pfotenbads auf sich wirken lassen wolle.

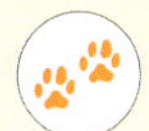
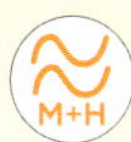

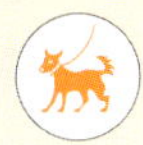

Nach Umgehung des mit Warnschildern und Zäunen abgeriegelten Guts Schwaig münden wir in das Naturschutzgebiet Osterseen. Die Schonung der empfindlichen Ufervegetation sowie der Moore mit ihren seltenen Tieren und Pflanzen steht hier im Vordergrund. Wir folgen dem Seeweg in Richtung Lauterbacher Mühle, der in diesem Abschnitt mit dem Prälatenweg identisch ist. Nach der Ruhe im Lauterbacher Wald müssen wir uns hier vor allem an Schönwetter-Wochenenden auf einigen Trubel einstellen, auch Radfahrer sind unterwegs. Landschaftliche Schönheit zieht halt die Menschen an! An diesem frühlingshaften Freitagvormittag treffen wir jedoch nur vereinzelt auf Spaziergänger und Ponyreiterinnen. Da Ella im Großen Ostersee – dessen malerisches Ufer wir zweimal erreichen – nicht ins Wasser darf, nutzt sie den Kohlbach für ihre bestimmt sechste Abkühlung des Tages.

Die Privatklinik Lauterbacher Mühle liegt in paradiesischer Lage mit privilegiertem Blick auf die Osterseen. Hinter dem Parkplatz verläuft eine Teerstraße, der wir aufsteigend in Richtung Oberlauterbach folgen. Alternativ zur Straße können wir auch auf dem parallel verlaufenden Kiesweg zum Gabelchristhof gelangen, indem wir nach 100 Metern kurz der Wanderbeschilderung folgen und dann links vom Prälatenweg abzweigen. Am

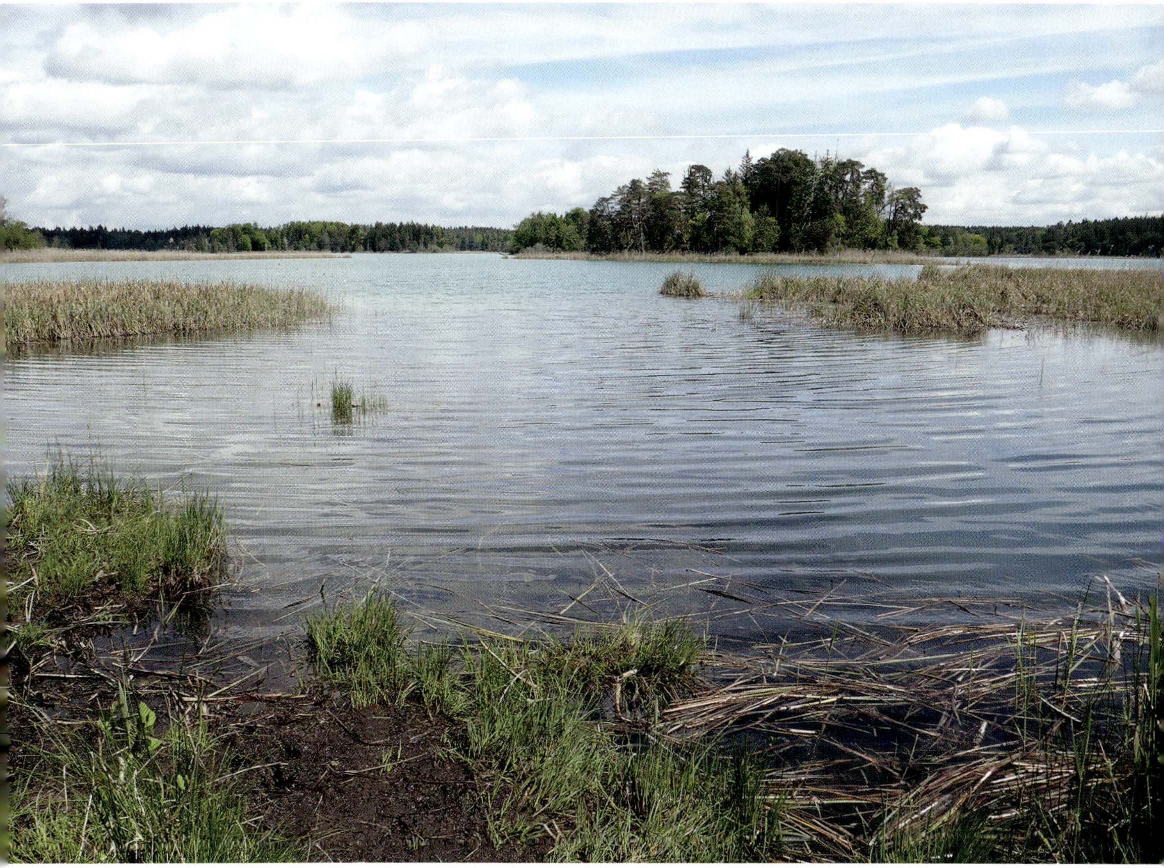

Der Große Ostersee liegt inmitten des Naturschutzgebietes ...

Gabelchristhof tauchen wir wieder in schönen Mischwald ein. Der Weg steigt an und dreht sich um gut 90 Grad in Richtung eines dunklen Bachtälchens. Nach kurzem Anstieg erreichen wir den Rohrmoser Weiher, der von Schilf zugewachsen und an den meisten Stellen unzugänglich ist. Dank der vielen Bachläufe am Wegesrand macht Ella an diesem Tag jedoch hinsichtlich ihrer Badeeinheiten das Dutzend noch voll.

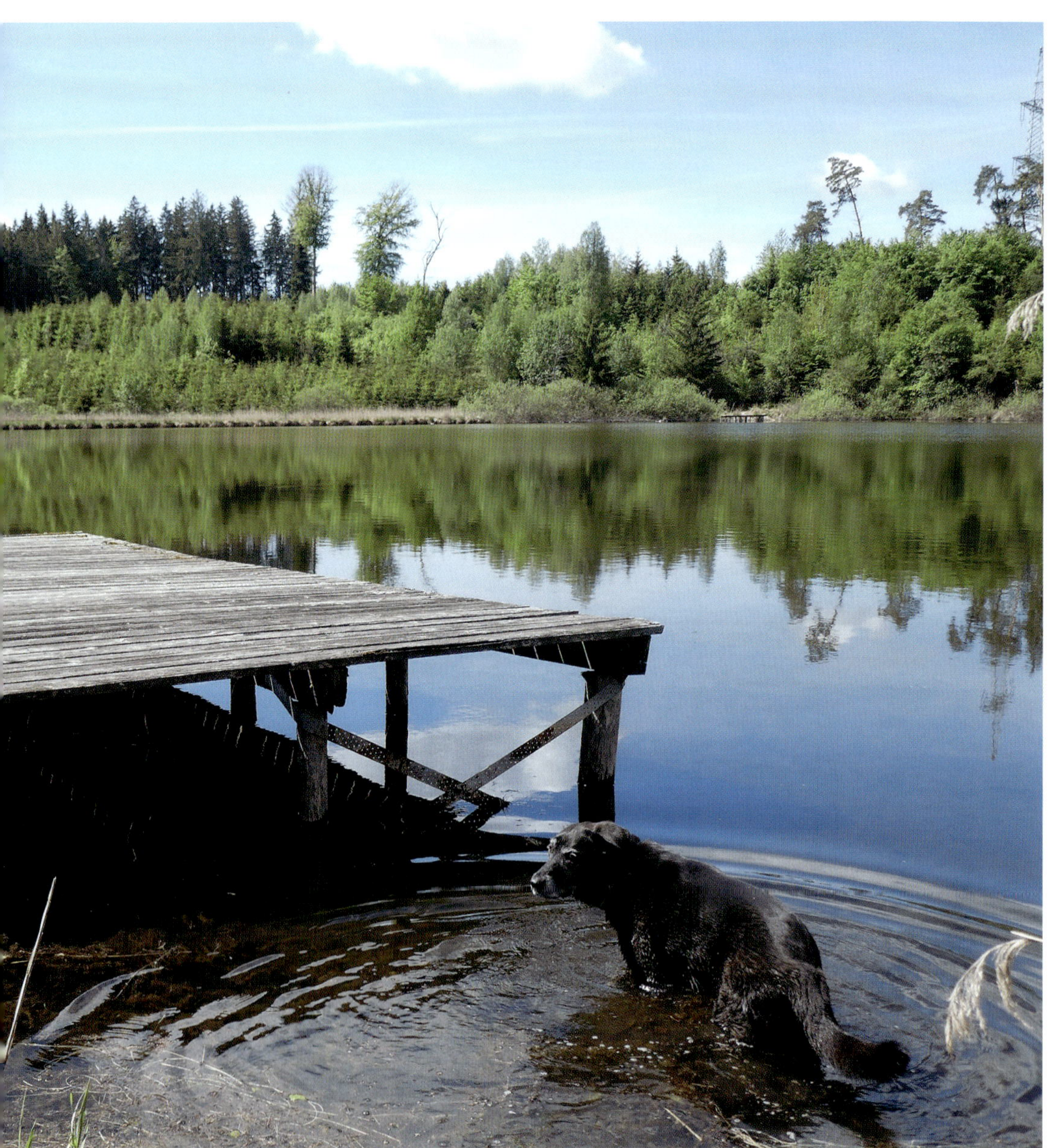

... aber im Streitberger Weiher ist für Ella eine kurze Erfrischung drin.

Gehzeit 3 Std. • **Strecke** 9,5 km • **Höhenmeter** 150

20

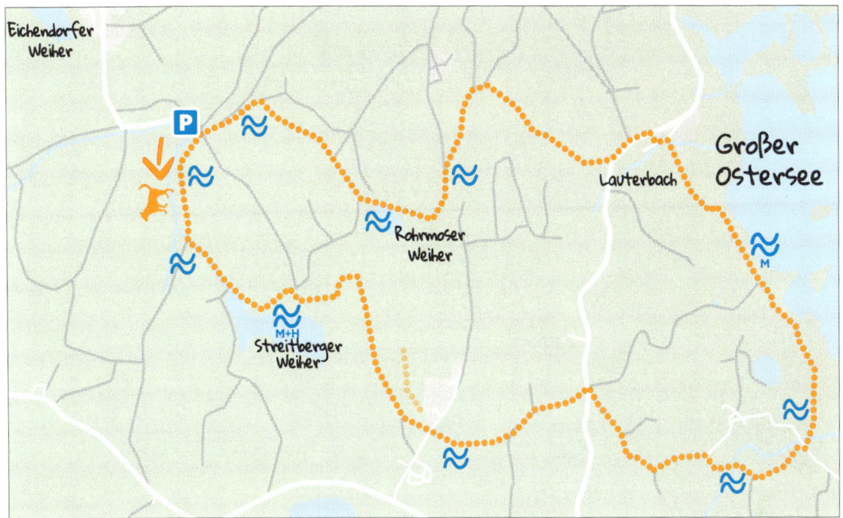

Start Wanderparkplatz für die Pollingsrieder Kirche bei Tradfranz, N 47.791913°, E 11.262829° (Anfahrt über Hohenberg und Eichendorf)

Charakter Anregende Rundtour auf ruhigen Wald- und Wiesenwegen im Lauterbacher Wald, der von einigen Weihern und Bachgräben durchsetzt ist. Am Großen Ostersee wandern wir durch das vielbesuchte Naturschutzgebiet.

Orientierung Im Osten begrenzt der Große Ostersee die Route. Im Lauterbacher Wald ist es orientierungsmäßig nicht einfach, da wir häufig von den beschilderten Wanderzielen abweichen.

Wasser am Wegesrand Waldweiher, Streitberger Weiher, Kohlbach, Großer Ostersee, Rohrmoser Bach, Rohrmoser Weiher sowie diverse Bachläufe

Hunde an die Leine Im NSG Osterseen, Teerstraße bei Lauterbach

Tradfranz › Streitberger Weiher › Großer Ostersee › Lauterbach › Rohrmoser Weiher › Tradfranz

Vom Wanderparkplatz nicht dem gelben Straßenschild „Streitberg" folgen, sondern den weiter rechts verlaufenden Forstweg wählen (Ww. Hohenkasten) › nach 600 m erreichen wir einen schönen Waldweiher und kurz darauf den Streitberger Weiher › am Weiler Streitberg ein kurzes Stück geradeaus, dann rechts in den Wiesenweg › der Wiesenweg wendet sich nach O und leitet uns dann nach rechts in den Wald › an der Y-Kreuzung im freien Gelände (Blick auf ein Gehöft) links › das Asphaltsträßchen überqueren und geradewegs absteigend in den Wald › bei Oberlauterbach abermals ein Asphaltsträßchen überqueren und an der Weggabelung rechts halten › das Gut Schwaig rechts umwandern bis zur Einmündung in das NSG Osterseen › auf dem Lauterbacher Seeweg zur Lauterbacher Mühle › am Parkplatz der Privatklinik 200 m links zum Gabelchristhof und rechts in den Wald › nach dem Anstieg auf dem Hauptweg bleiben, im Bogen in ein kleines Bachtälchen und aufsteigend zum Rohrmoser Weiher › am nördlichen See-Ende kurz links und rechts in den Wanderweg › an der T-Kreuzung links nach Tradanz

Frischluftoase am quirligen Fluss

Im Würmtal zwischen Gauting und Stockdorf

Neben der Isar ist die Würm der einzige Fluss, der das gesamte Stadtgebiet von Süd nach Nord durchfließt. Er hat sich infolge der Würmeiszeit, der letzten Kaltzeit im Alpenraum, vom Starnberger See – der bis 1962 noch Würmsee hieß – durch das schluchtartige Mühltal, das Reismühler Feld und das Grubmühler Feld seinen Weg gebahnt. Bei Gauting wirkt die Würm noch sehr naturbelassen, sie windet sich durch paradiesische Winkel und beeindruckt durch eine überraschend starke Strömung. Schön, dass ein erheblicher Teil unserer Route unmittelbar an ihrem Ufer verläuft!

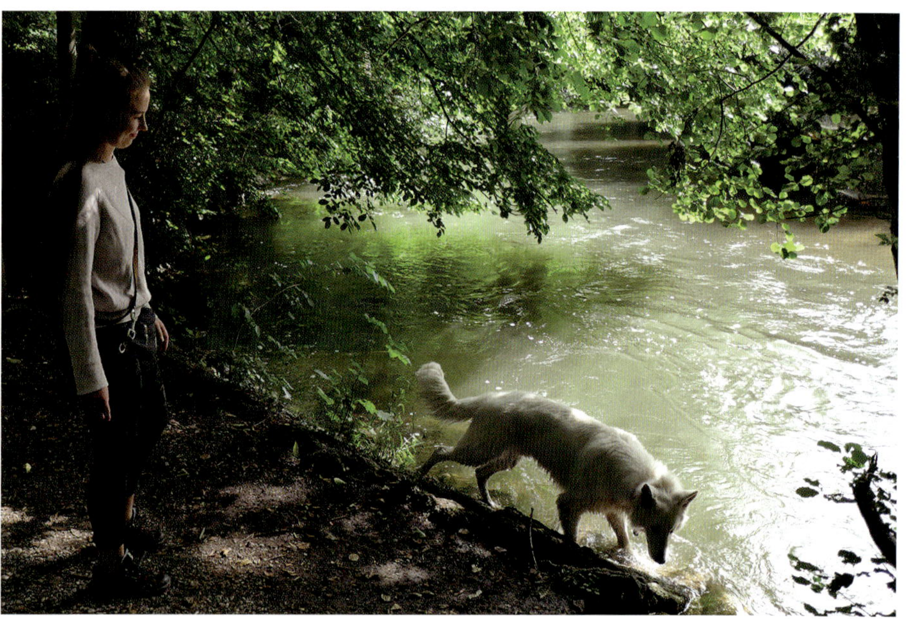

Isi und Yanu am malerischen Würmufer

Bei aller Begeisterung sollten wir im Landschaftsschutzgebiet Würmtal die Vogelbrutzeiten von April bis einschließlich Juli respektieren und unsere Vierbeiner in dieser Periode an die Leine nehmen. Gut, dass wir bei unserem Würmspaziergang bereits August haben und Isis Lieblingshund Yanu sich an der einen oder anderen Stelle frei herumlaufend erfrischen kann. Nachteil des Wasserbads: Die Schönheit des frisch gebürsteten Fells geht ein wenig verloren ...

Auftakt im Schlosspark Fußberg

Doch bevor wir an das Würmufer gelangen, erkunden wir noch den Schlosspark Fußberg,

Weißer Schweizer Schäferhund

Dass es den Weißen Schweizer Schäferhund (Berger Blanc Suisse) überhaupt noch gibt, ist ausländischen Züchtern zu verdanken; hierzulande war die weiße Farbe – die ihn vom Wolfsgrau deutlich abhebt – verpönt. Im Lauf der Jahre hat er sich charakterlich vom Deutschen Schäferhund weit entfernt; erst 1991 wurde der Weiße Schweizer Schäferhund in der Schweiz als neue Rasse anerkannt. Er gilt als ausgezeichneter Hütehund mit Treue und Nervenstärke sowie aufmerksamer Wachhund mit ausgeprägter Kinderliebe. Sein reinweißes Fell, seine dunklen mandelförmigen Augen und seine dreieckigen, stehenden Ohren wirken nicht nur auf Kinder anziehend. Fremden gegenüber reagiert er häufig zurückhaltend, ist dabei aber weder aggressiv noch ängstlich. Trotz seiner Größe und seines muskulösen Körpers wirkt der Hund dank seiner geschmeidigen Bewegungen elegant. Er liebt ausgedehnte Spaziergänge und würde auch Hundesport wie Agility nicht verschmähen. Auch als Blindenführ- und Lawinenrettungshund wäre er geeignet.

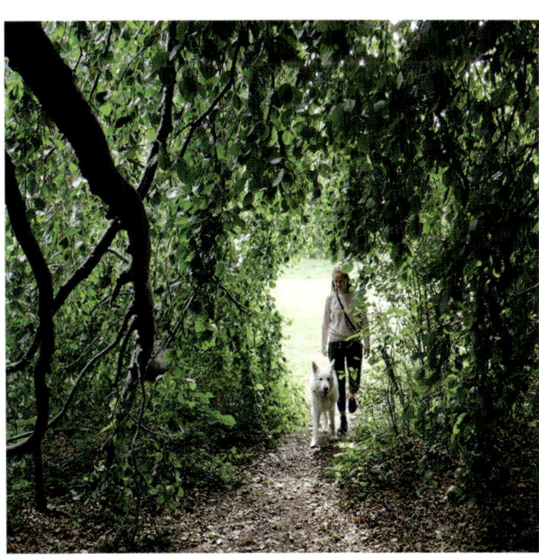

Unter dem beeindruckenden Blätterdach der Hängebuche im Schlosspark von Fußberg

der nach Vorbild eines englischen Landschaftsparks angelegt wurde. Ein Hingucker ist die imposante Hängebuche mit ihren auf den Boden reichenden, überhängenden Ästen; unter ihrem Blätterdach fühlt man sich geborgen wie in einem gemütlichen Zelt. Zweifelsfrei ein romantisches Plätzchen, ebenso wie das kleine Wiesental innerhalb der Anlage. Rotbuchen, Birken, Erlen, Eschen, Bergahorne, eine Gurkenmagnolie und eine Schwarznuss sind ebenfalls im Park anzutreffen. Zur Schlossanlage gehören auch das Hauptgebäude, die Remise und das Salettl, in dem heute das Schlosscafé Ristorante Gennaro untergebracht ist. Sie liegt exakt an einer ausgeprägten Würmschleife und war einst wohl zu Wehrzwecken errichtet worden.

Unmittelbar am Wasser der Würm

Bis zum Wendepunkt am Ortsrand von Stockdorf wandern wir, von einem kurzen Abschnitt bei Grubmühl abgesehen, stets am malerischen Ufer der Würm entlang. Der Fluss wirkt auf den ersten Blick naturbelassen, im Vergleich zum 19. Jahrhundert, als er noch in zahlreichen Seitenarmen vor sich hin mäanderte, hat er sich dennoch stark verändert. Jenseits des Weges entdecken wir einstige Strudellöcher, die heute seltenen Pflanzen und Tieren wertvolle Biotope bieten.

Yanu nutzt fast jede Gelegenheit, sich in der sprudelnden Würm zu erfrischen; schwimmen muss nicht unbedingt sein, aber für ein Kneippsches Pfotenbad soll es mindestens reichen. Der zweijährige Rüde zeigt sich anderen Spaziergängern gegenüber als beständig menschenfreundlich, auch fremden Hunden gegenüber ist er nie aggressiv. „Ich würde ihn als sensibel, vorsichtig und gelehrig bezeichnen", zählt Isi drei wesentliche Charaktereigenschaften ihres geliebten Vierbeiners auf. Dank seiner Lernwilligkeit ist es nicht schwierig, Yanu beispielsweise das

Bellen auf Kommando beizubringen. Er wird jeden Tag ausgeführt und ist somit gut ausgelastet. „Er kommt nach dem Spaziergang heim, legt sich in eine Ecke, schläft und ist glücklich", beschreibt Isi sein schönes Hundeleben.

Anstatt denselben Weg an der Würm zurückzugehen, weichen wir auf einen schönen Pfad entlang des Bahngleises auf und kehren im Bogen über eine schöne Wiese zum Fluss zurück. Ein Abschlussbad vor Erreichen des Parkplatzes kann ja nicht schaden

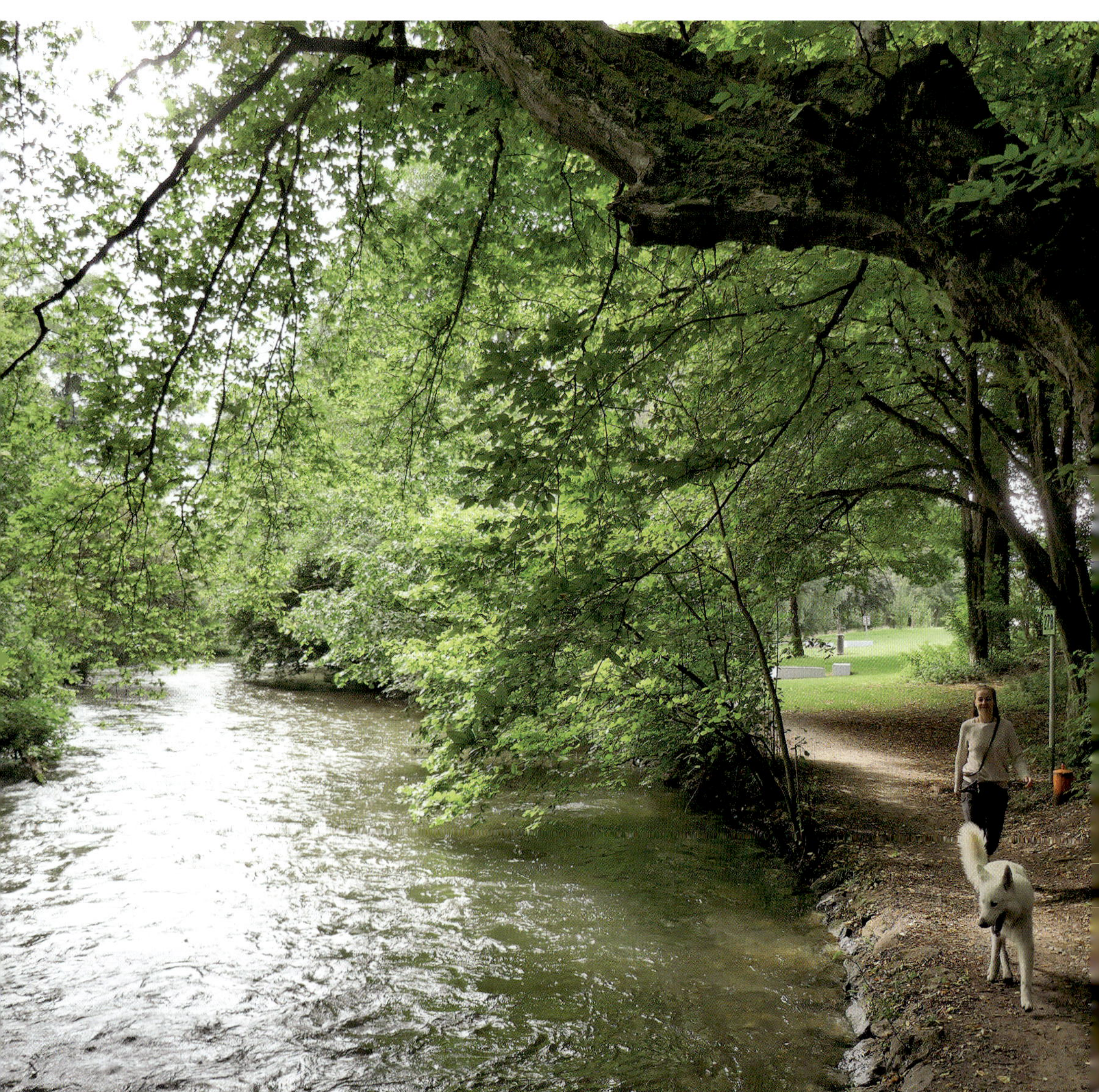

Teilweise führt der Wanderweg unmittelbar an das Ufer der Würm heran.

Pferde- und Hundeliebhaberin – mit oder ohne Kutsche, die sie ein- bis zweimal pro Woche ausfährt – entlang der Strecke während unserer Wanderung begegnen.

Wer einen Abstecher zum Gasthaus Manthaler machen will, wandert an der Pfad-Abzweigung bei Harkirchen und der folgenden Kreuzung geradeaus weiter in die Bachsenke hinab. Die sympathischen Wirtsleute sind durchaus hundefreundlich, doch um ein Anleinen unserer Vierbeiner kommen wir angesichts frei herumlaufender Hühner dann doch nicht herum.

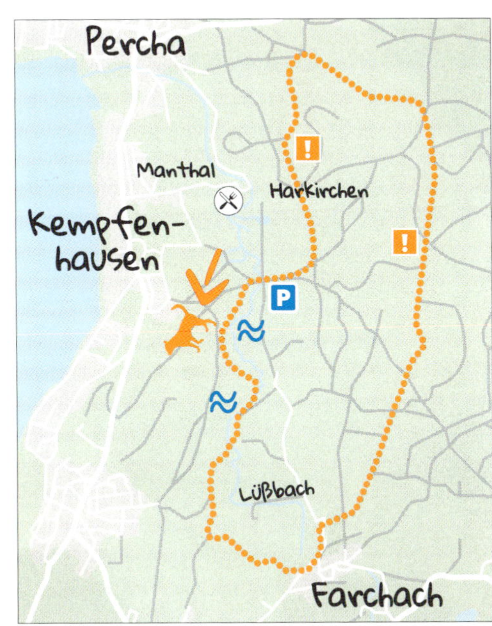

Start Parkplatz Manthaler Hammerweg, N 47.982703°, E 11.376364°

Charakter Bis auf einen kurzen Abschnitt bei Harkirchen verläuft die Rundtour mit kurzen Steigungen auf bequemen Forstwegen. Der südliche Bereich liegt fast komplett in der Sonne.

Orientierung Bei Beachtung weniger Richtungswechsel einfach

Wasser am Wegesrand Weiher und Lüßbach im Taleinschnitt südlich vom Wanderparkplatz

Hunde an die Leine Im Ortsgebiet von Farchach und Harkirchen

Einkehr
Gasthaus Manthaler, Tel. 08151/5566391, Mo. Ruhetag

Manthaler Hammerweg › Lüßbachtal › Farchach › Harkirchen › Manthaler Hammerweg

Vom Wanderparkplatz die Kempfenhausener Straße und die Bachbrücke überqueren und links am Weiher vorbei Kiesweg nach S › an den folgenden Y-Kreuzungen rechts (links Verbotsschild) und links nach Martinsholzen › im Weiler die Bachbrücke überqueren und rechts am Lüßbach entlang › nach 400 m an der Weggabelung rechts und über freie Wiesen nach S › am Abzweig links über eine kleine Anhöhe nach Farchach (Berger Weg) › im Ort nach 400 m Richtung O links in die Straße Schlemmerhof abbiegen › nach 500 m an der Kreuzung rechts (Wangener Straße) › gut 3 km stets auf dem Hauptweg nach N durch den Wald › ! an der Y-Kreuzung rechts; Radschild; ansonsten klare Wegführung) › nach Einmündung in die geteerte Harkirchener Straße an der Kreuzung links (Autoverbots-Schild) › an der Kreuzung links und an der Y-Kreuzung sogleich links › ! nach 700 m links in den Pfad abzweigen › in Harkirchen rechts und nach 100 m links › an der T-Kreuzung rechts zum Wanderparkplatz

Badeeinheit am Georgenstein

Im Isartal zwischen Baierbrunn und Hohenschäftlarn

Ebenso wie zwischen Solln und Pullach (siehe Tour 2) zeigt sich das Isartal auch zwischen Baierbrunn und Schäftlarn von seiner schönen, wilden Seite. Das Netz an malerischen Trampelpfaden ist so unerschöpflich, dass sich die Route beliebig fortsetzen ließe – ein Traum für den naturverbundenen Spaziergänger! Auch Yvonnes Boston Terrier Lotte genießt den Ausflug hier in vollen Zügen, sei es beim Balanceakt auf querliegenden Baumstämmen oder bei der Badeeinheit im erfrischenden Isarwasser.

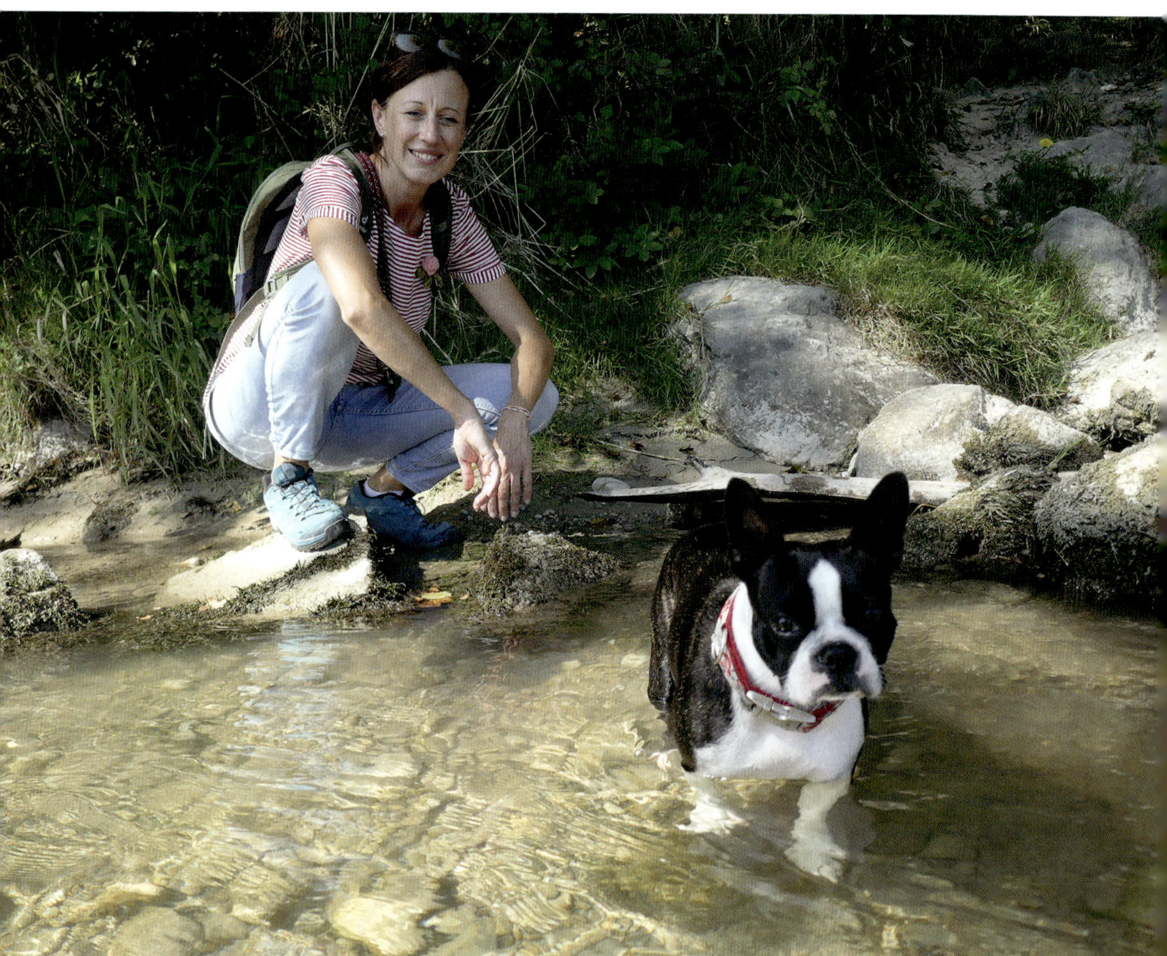

An einer seichten Stelle am Georgenstein lässt Yvonne ihre Lotte in der Isar baden.

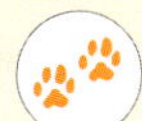

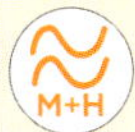

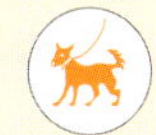

Der Einstieg in das Isartal erfolgt auf der Baierbrunner Burgstraße, die in einer S-Schleife an den Rand der Siedlung führt. „Wegen Hangrutschgefahr Benutzung des Fußweges zur Isar auf eigene Gefahr", lesen wir auf dem Schild. Hangrutsche entstehen allenfalls im Zuge von Starkregen, und in diesem Fall raten wir von der Begehung der dann glitschig-schmierigen Pfade ohnehin ab.

Abstieg zum Georgenstein

Bis auf die erste etwas steilere Passage verläuft der Abstieg in das Isartal auf dem geschmeidigen Pfad moderat und genussreich. Da es schade wäre, auf unserer Isartalrunde auf die Tuchfühlung zum Wasser zu verzichten, ist der überschaubare Abstecher zum Georgenstein von der ersten großen Wegkreuzung aus eigentlich obligatorisch. Um die teils übereuphorisierten Radfahrer zu meiden, empfehlen wir ein Ausweichen auf den parallel verlaufenden Pfad, der etwas unterhalb wieder auf die Hauptroute zurückführt.

Bereits vor Erreichen des Georgensteins passiert der Weg das Isarufer nebst direktem Zugang zum Wasser. Lotte lässt sich nicht zweimal bitten und springt dem Planschvergnügen mit Freude entgegen. Dabei ist die Strömung für einen so kleinen Hund nicht zu unterschätzen. Dennoch stürzt sie sich nach einem Stöckchenwurf unerschrocken in die Fluten, um dann ein wenig abzutreiben und mit hektischen Schwimmzügen zurück an das Ufer zu gelangen. Als ob ihr Frauchen irgendetwas dafür könnte, knurrt Lotte sie – wieder trockenen Boden unter den Pfoten – beherzt an, als wolle sie zur Beschwerde vorbringen: „In welche Gefahr hast Du mich da begeben? Und warum hast Du mich nicht gerettet?" Am Georgenstein, ein Naturdenkmal, das als einstiger Schrecken der Flößer mit seiner Felsnase fünf Meter hoch aus dem Wasser ragt, gibt es ein kleines Kiesbett, von dem es etwas flacher und weniger reißend in die Isar geht.

Über die Schäftlarner Birg zur Isarhochleite

Nach diesem kurzen Schrecken ist Lotte sofort wieder in ihrem Element und erkundet die nähere Umgebung lustvoll und spielerisch. Was sie liebt, sind Baumstämme: Unter Anleitung von Yvonne springt sie auf und balanciert auf ihnen – auch über Abgründe; Wenden in luftiger Höhe ist kein Problem! –, um sich nach der Übung das verdiente Leckerli abzuholen. Dieses Ritual soll sich während der Wanderung das eine oder andere Mal wiederholen, schließlich will Lotte gefordert sein!

Der Weg führt uns durch ein Seitental aus dem Isartal heraus. Wir stoßen auf den Abzweig zum 3,5 Kilometer entfernten Kloster Schäftlarn, dessen Besuch bei Nutzung der S-Bahn von Ebenhausen eine lohnende Alternative darstellt. Ebenso bietet sich von der folgenden Weggabelung, von der unser Rückweg über die Isarhochleite erfolgt, der Abstecher zur nur wenige hundert Meter entfernten Schäftlarner Birg an. Die ehemalige Wehranlage stammt aus der Keltenzeit und galt mit ihren meterhohen Erdwallen für die berittenen Feinde lange Zeit als uneinnehmbar. Man vermutet, dass im Jahr 900 während des Ungarn-Einfalls die Mönche des nahen Klosters und die Landbewohner hier Schutz gesucht haben.

Der Rückweg nach Baierbrunn bietet einen würdigen Abschluss unserer kurzweiligen Isarexkursion und ist durch den Pfadverlauf entlang der ausgeprägten Hangkante mit schönen Isartalblicken auch orientierungsmäßig einfach zu bewältigen.

23

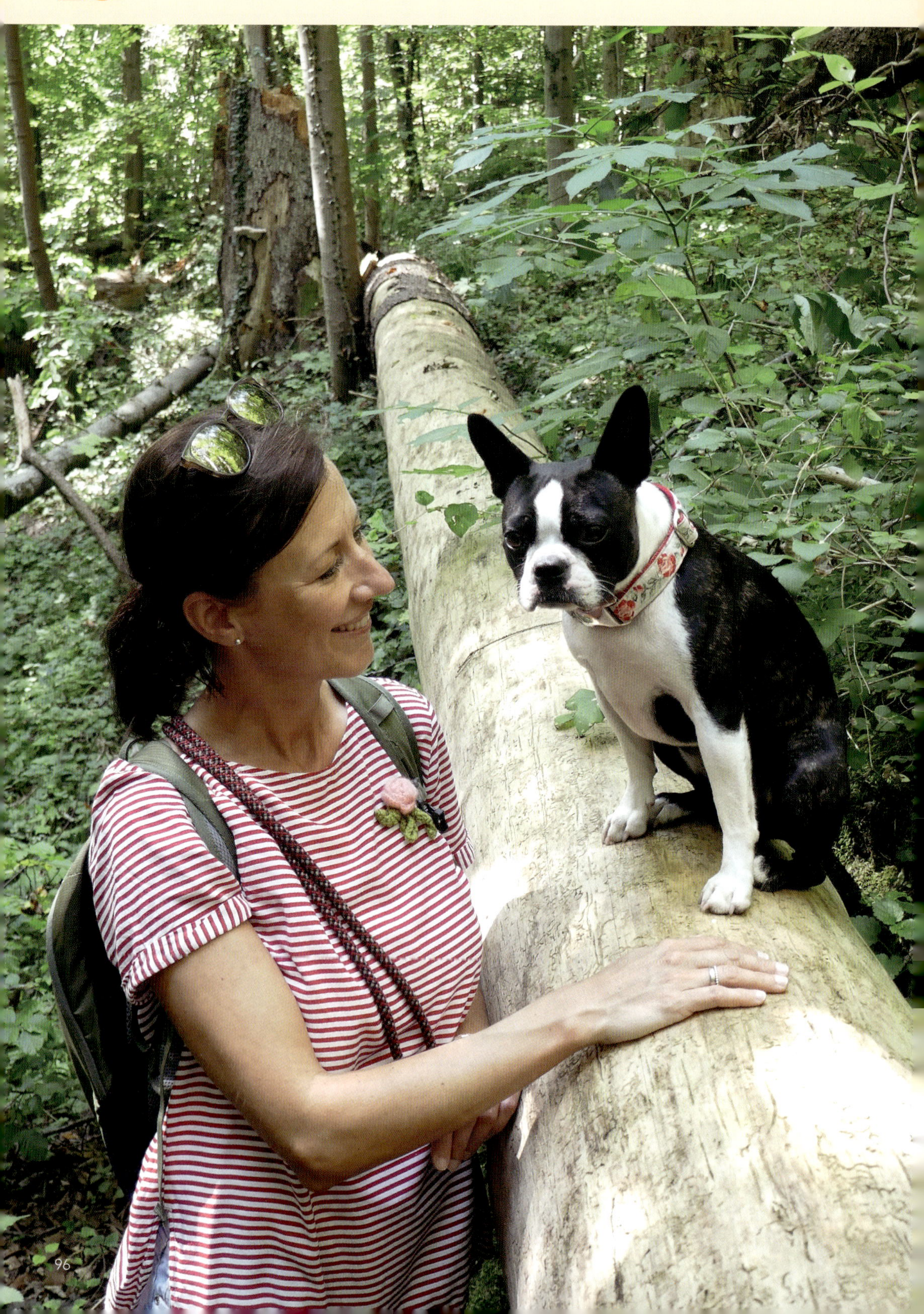

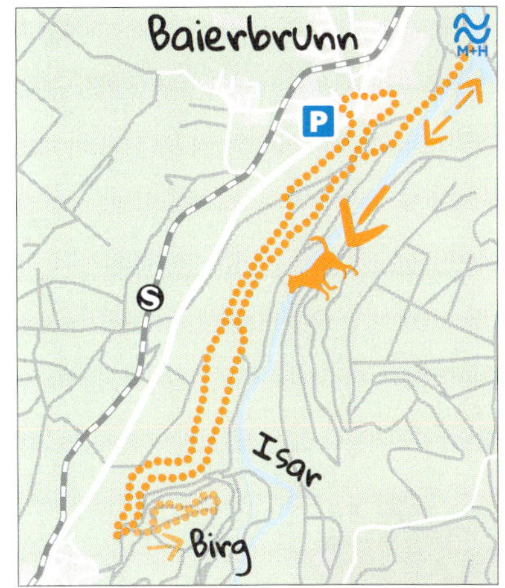

Boston Terrier

Der Bosten Terrier ist eigentlich gar kein Terrier, sondern eine Dogge, um gleich mit dem „Wadlbeißer"-Image aufzuräumen. Er verhält sich nicht nur den Menschen, sondern auch anderen Tieren – auch Katzen! – gegenüber sozial und ist zwar wachsam, aber nicht aggressiv. Nur bei Rüden kommt das Terrier-Erbe bei der Revierverteidigung gegenüber Artgenossen mitunter zum Vorschein. Ein gewisser Jagdtrieb in freier Wildbahn ist ebenfalls nicht ausgeschlossen. Sein temperamentvolles Wesen spiegelt sich auch in seiner ausdrucksstarken Mimik wider, die meist gute Laune verbreitet. Seine ausgeprägte Sensibilität verleitet ihn dazu, auf Stimmungen des Herrchens/Frauchens entsprechend zu reagieren. Gerne ist er zu Späßen und Spielen aufgelegt, bei Spaziergängen nur vor sich hin zu trotten, ist nicht sein Ding. Was sein Äußeres angelangt, so ist sein quadratischer, im Verhältnis zur Körpergröße massiver Kopf mit kurzer Nase und den aufgestellten „Fledermausohren" charakteristisch.

ÖVM S7 nach Baierbrunn (Bahnhofstraße 500 m nach O zur Burgstraße)

Start Reichentalstraße am südlichen Ortsrand von Baierbrunn, N 48.017737°, E 11.485922°

Charakter Schattige Wanderung im Isartal, wechselweise auf malerischen Pfaden und Forstwegen mit kleineren Anstiegen. Nach Starkregen nicht zu empfehlen!

Orientierung Auch wenn die Isar nur beim Abstecher zum Georgenstein sichtbar wird, dient das Flusstal als perfekte Orientierung. Der Rückweg verläuft meist direkt entlang der Hangkante (Hochleite).

Wasser am Wegesrand Zugänge zur Isar auf dem Weg zum Georgenstein (Abstecher)

Hunde an die Leine Im Ortsbereich von Baierbrunn

Baierbrunn › Georgenstein › Hohenschäftlarn (Birg) › Baierbrunn

Von der Reichentalstraße zur B 11 (Wolfratshauser Straße) und rechts in den Ort › nach gut 100 m rechts in die Burgstraße › am Ende der Straße in den Fußweg Richtung Isartal (Schild Privatweg) › der bequeme Pfad mündet nach 500 m in eine Wegkreuzung › dem Forstweg links abwärts Richtung Isar folgen › nach 100 m links in den Pfad, der etwas unterhalb wieder zum Forstweg zurückführt › 600 m nach NO zum Georgenstein (Wendepunkt) › zurück zur Wegkreuzung und dort geradeaus in den aufwärts führenden Pfad › auch dieser Pfad leitet uns zum Forstweg zurück › leicht ansteigend auf dem Forstweg am beschilderten Abzweig Kloster Schäftlarn vorbei zur folgenden Wegkreuzung an der Birg (kurzer Abstecher möglich) › rechts aufwärts im Bogen nach N › nach 400 m rechts in den abzweigenden Pfad, der stets an der Hangkante entlang Richtung Baierbrunn führt › der Pfad (Wegabzweig nach links ignorieren) endet nach kurzem steilem Abstieg über Wurzeln an einem Zaun, hier scharf links am Zaun entlang zum Radweg › rechts auf dem Radweg zur Reichentalstraße

Der skeptische Blick täuscht. Lotte balanciert eigentlich gerne auf Baumstämmen.

Wo die Loisach in die Isar mündet

Im Naturschutzgebiet Pupplinger Au bei Wolfratshausen

Mit dem Hund im Naturschutzgebiet unterwegs zu sein, bedeutet immer ein hohes Maß an Sensibilität und Verantwortungsbewusstsein für die Hundehalter*innen im Gelände. Vierbeiner mit Jagdtrieb, die sich durch jedes Rascheln im Gebüsch zu Reißaus-Aktionen ins Gelände animiert fühlen, sind hier fehl am Platz. Besonders viel Rücksichtnahme ist in den Frühjahrs- und Sommermonaten während der Vogelbrutzeit angesagt. Vollkommen entspannt ist die Wanderung in der Regel mit gutmütigen Hunderassen wie dem Elo, wie Quasti, ein Vertreter seiner Zunft, eindrucksvoll belegt.

Die Wanderung beginnt im nördlichen Teil von Wolfratshausen unmittelbar an der Loisach. Jenseits der Bachbrücke spazieren wir rund einen Kilometer weit durch die verkehrsberuhigte Straße Am Isarspitz in Richtung des Naturschutzgebietes Isarauen und können uns hier für die Notdurft des Hundes ein Säckchen aus dem Dog-Behälter ziehen.

Wildflusscharakter im Naturschutzgebiet

Das Naturschutzgebiet grenzt an die Kläranlage an und ist durch die Informationstafel nicht zu übersehen. Von hier geht es geradewegs in den Auwald. An den folgenden Weggabelungen halten wir uns links. Wir erreichen das Ufer der Loisach und wundern uns über die relativ hohe Fließgeschwindigkeit des Wassers. An Baden ist hier nicht zu denken, wohl aber können unsere Vierbeiner an geeigneter Uferstelle ihren Durst stillen. Im weiteren Verlauf wird der Pfad etwas unwegsamer; mit Ausweichmanövern vor natürlichen (Ast-) Hindernissen ist er dennoch problemfrei zu bewältigen.

Landschaftlicher Höhepunkt ist die Mündung der Loisach in die nicht minder reißende Isar. An der anderen Flussseite breiten sich große Kiesbänke mit beeindruckender Schwemmholzfracht aus, ein im Frühjahr und Sommer schützenswertes Vogelbrutparadies für Fluss-Seeschwalbe oder Flussregenpfeifer. Mit Blickrichtung Süden zeigt sich die Isar wild und ursprünglich wie kaum an einem anderen Ort. Neben den zwei markanten Wasseradern fließen kleinere Flussableger durch das knapp zwei Kilometer breite Tal, um im Auwald wertvolle Biotope für Flora und Fauna zu hinterlassen.

Wir folgen dem anfangs verwunschenen Pfad parallel zur Isar in südliche Richtung und genießen immer wieder schöne Ausblicke in die homogene Flusslandschaft. An diversen Weggabelungen halten wir uns jeweils links, um uns nicht vom Flussufer zu entfernen; rechts abzweigende Varianten führen auf den Hauptweg und südwärts zum Klärwerk zurück. Unterwegs mache ich Bekanntschaft mit Quasti, einem Elo. Er ist mit seiner Familie – auch ein kleineres Kind ist dabei – unterwegs und spaziert mustergültig im Schritttempo seiner menschlichen Begleiter über das leicht wurzelige Terrain. Eine Leine benötigt er als vorbildliches Gruppenmitglied nicht. Selbst Aufforderungen zu diversen Fotoshootings lässt er gelassen über sich ergehen.

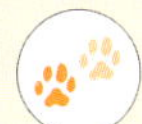   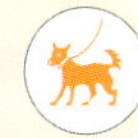

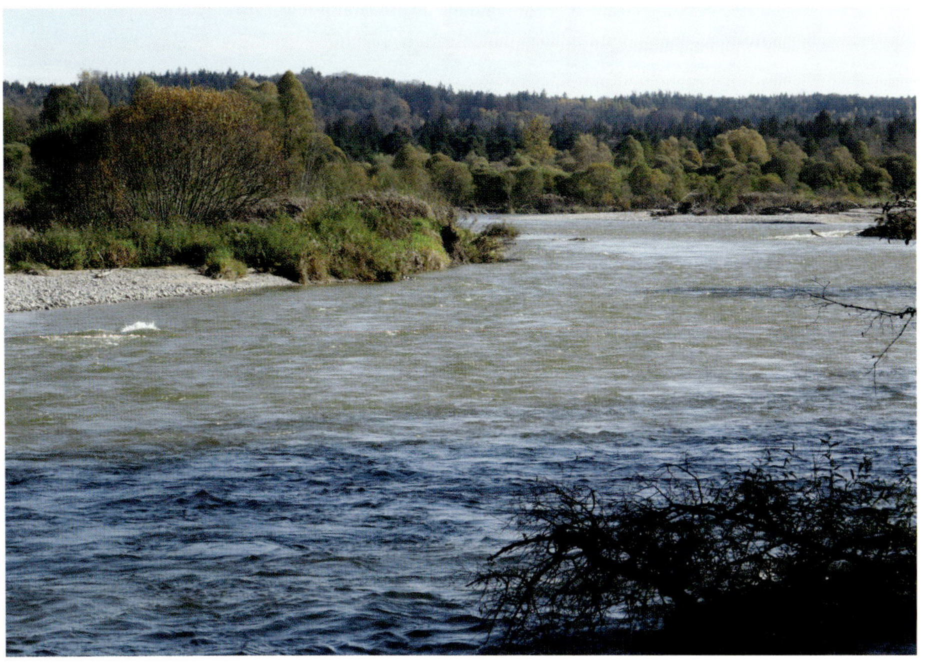

Die wilde Isar nahe der Einmündung der gleichfalls reißenden Loisach

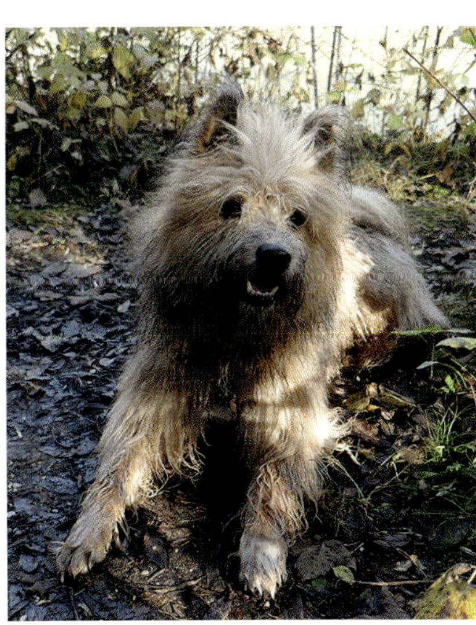

Elo (Eloschaboro)

Elo ist die Kurzform von Eloschaboro, eine Züchtung aus den Rassen Bobtail, Chow Chow und Eurasier. Hintergrund der Züchtung war die Absicht, den perfekten Familienhund zu schaffen, der nicht nur Kindern, sondern auch Katzen gegenüber wohlgesonnen ist. Fremder Besuch wird zwar nicht überaus herzlich, aber auch nicht scheu oder mit aggressivem Bellen empfangen. Der Elo ist gelassen und entspannt, nichts scheint ihn aus der Ruhe zu bringen. Auch nicht herumwuselnde Tiere im Unterholz, weshalb er sich mangels Jagdtrieb bestens für eine Wanderung in einem Naturschutzgebiet eignet. Ohne konsequente Erziehung können seine positiven Charaktereigenschaften durch einsetzende Dickköpfigkeit und Eigenbrötlerei jedoch in den Hintergrund geraten. Wie viele andere Rassen liebt auch der Elo ausgedehnte Spaziergänge.

24 **Gehzeit** 2 ½ Std. • **Strecke** 7 km

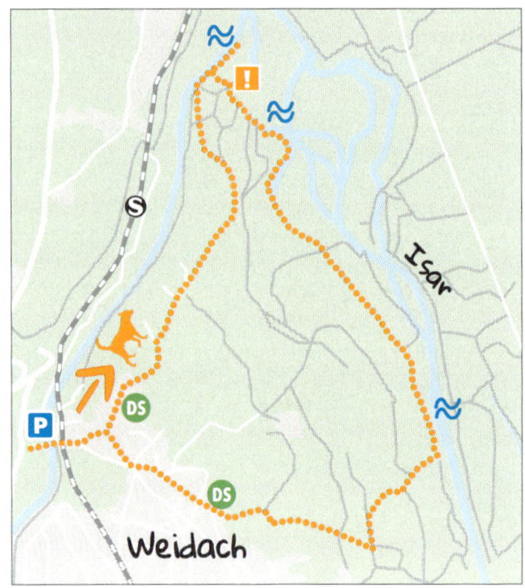

ÖVM S7 nach Wolfratshausen, 600 m über den Mühlpointweg zur Weidacher Hauptstraße

Start Parkplatz Schlederleiten an der Weidacher Hauptstraße (Wolfratshausen), N 47.921234°, E 11.423185°

Charakter Im Mündungsgebiet der Loisach in die Isar wandern wir auf verschlungenen Pfaden durch das Naturschutzgebiet. Richtung Zivilisation sind die Wege solide und im Weidacher Wohnbereich sind wir auf Teerstraßen unterwegs. Für Hunde mit Jagdtrieb ist diese Tour im NSG nicht geeignet.

Orientierung Unsere Route führt im Bereich des Naturschutzgebietes Isarauen überwiegend am oder in Nähe der Flussufer von Loisach und Isar entlang.

Wasser am Wegesrand Loisach und Isar führen viel Wasser und sind strömungsbedingt nur an ausgewählten Stellen bequem zugänglich.

Dog Station In der Straße Isarspitz und in der Franz-Geiger-Straße

Hunde an die Leine Bei Unfolgsamkeit im Naturschutzgebiet Isarauen, im Siedlungsgebiet von Weidach

Weidach (Wolfratshausen) › Naturschutzgebiet Isarauen › Loisach-Isar-Mündung › Weidach

Vom Parkplatz auf der Weidacher Hauptstraße ostwärts die Loisach überqueren und links in die Straße Isarspitz (Schild Kläranlage) › am Klärwerk geradewegs in das Naturschutzgebiet Isarauen (Infotafel) › an den Weggabelungen jeweils links › der anfangs solide Pfad führt uns an das Loisachufer und wird im weiteren Verlauf etwas unwegsamer › im Mündungsbereich von der Loisach in die Isar markanter Richtungswechsel nach S › ! auf einer Strecke von 2 km an Pfadverzweigungen, sofern es sich nicht um Stichwege zum Wasser (= Sackgasse) handelt, stets die linke Variante wählen › der Pfad wird zunehmend solider und führt parallel zur Isar nach S › an der direkt am Fluss installierten Sitzbank rechts auf dem breiteren Weg das Ufer nach W verlassen › 400 m auf dem Hauptweg bleiben, an der T-Kreuzung links › nach 200 m scharf rechts abbiegen › am Waldrand geradeaus in den Wiesenweg › im Siedlungsgebiet von Weidach auf Franz-Geiger-Straße und Leitenweg nach W › an der Straßenkreuzung halbrechts in den Mühlpointweg und auf der Straße Am Isarspitz zurück zum Parkplatz

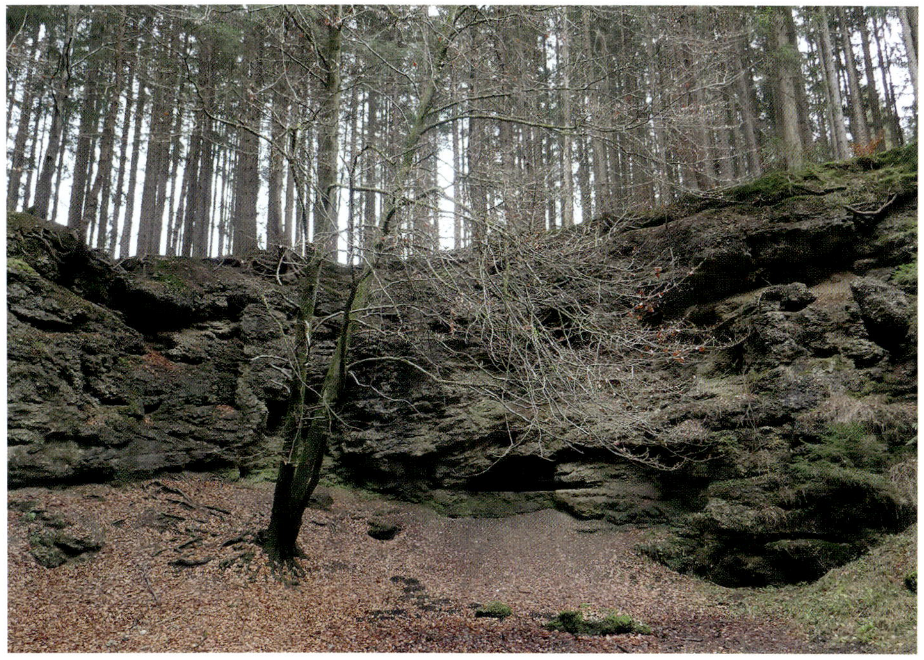

Die imposanten Nagelfluhfelsen im Gleißental

In der glazialen Abflusszone

Von Deisenhofen in das Gleißental

Zwischen dem Deininger Weiher und Deisenhofen bildet das Gleißental auf acht Kilometern Länge einen tiefen Geländeeinschnitt – geformt von einem mächtigen Gletscherbach gegen Ende der Würmeiszeit vor rund 15.000 Jahren. Der heutige Gleißenbach hingegen versickert bereits wenige hundert Meter nach Abfluss aus dem Deininger Weiher und ist auf unserer Wanderung nicht sichtbar. Dafür hat im Deisenhofener Ortsbereich der Hachinger Bach ausreichend Erfrischungspotential, und das Gleißental ist nicht nur durch seine als Geotop ausgewiesenen Nagelfluhfelsen einen Ausflug wert.

Besonders lohnend ist die Wanderung im Winterhalbjahr, weil das Tal durch den geringen Lichteinfall dann besonders mystisch wirkt und nur wenige Radfahrer unterwegs sind. Da sie abseits der Kreuzpullacher Felder und Wiesen eher schattig verläuft, ist sie zum Sonne tanken nur bedingt geeignet.

Auftakt am Hachinger Bach

Unseren Vierbeinern ist das Wetter ohnehin egal – Hauptsache, raus! Wenn es um das Wasserbad geht, sind die Temperaturen für die meisten Hunde ohnehin zweitrangig. Vom Parkplatz sind es nur wenige Schritte

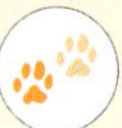

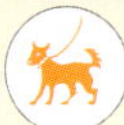

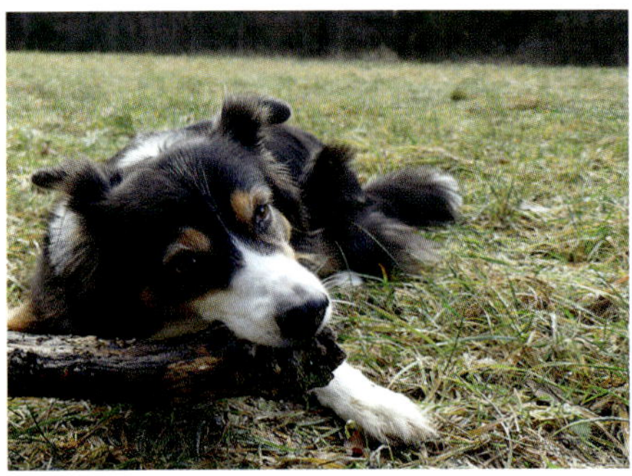

Zwei Lieblingsbeschäftigungen von Fiebi: auf Holzstücken herumknabbern ...

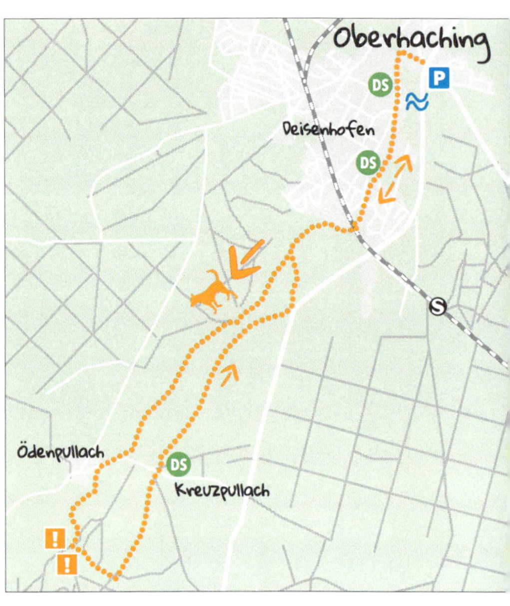

bis zum Hachinger Bach, der uns anfangs begleiten wird. Neben der Würm, der Isar und den Bachläufen im Englischen Garten gehört er zu jenen Flüssen im Stadtgebiet von München, die für unsere Hunde frei zugänglich sind. Für „Wasserratten" wie Fiebi somit ein sehr gelungener Einstieg der Wanderung. Die Grundwasserquelle befindet sich knapp einen Kilometer weiter südlich. Doch bevor wir sie erreichen, zweigen wir in die Wohnsiedlungsstraßen Unteres und Oberes Gleißenbachtal ab und verlieren den Bach aus den Augen.

Faszination Gleißental

Jenseits der Bahnunterführung tauchen wir in das sich zunehmend verengende Gleißental ein, das mit den dick bemoosten Baumwurzeln und -stämmen beinahe märchenhaft wirkt. Fiebi, unser mustergültiger Vorzeige-Australian-Shepherd, findet immer wieder Baumstümpfe und querliegende Äste, um sie federleicht mit einem Sprung zu erklimmen – stets in der freudigen Erwartung einer Belohnung in Form eines Leckerlis. „Nein, dieses Mal nicht!" muss ihr Frauchen Elfi den Übereifer ihrer Lieblingshündin gelegentlich bremsen. Verstärkt wird der mystische Eindruck im Gleißental durch die zerklüfteten Nagelfluhfelsen, die sich dem faszinierten Wanderer wie in einem natürlichen Amphitheater im Halbrund präsentieren. Ebenso wie das Tal selbst eine eindrucksvolle Hinterlassenschaft der Würmeiszeit!

Wir passieren einen Amphibienteich, der zur Erhaltung von heimischen Fröschen, Kröten, Bergmolchen und Libellen angelegt wurde. Für Hunde gilt: Am Ufer ohne Betreten des Abdeckvlieses vorsichtig zu trinken, ist tolerierbar, in den Teich zu springen oder gar zu schwimmen, hingegen nicht. Denn es besteht die Gefahr, dass die Hundekrallen lebensnotwendige Pflanzen oder auch den Laich zerstören. Das zur Trinkwasserversorgung angelegte Überlaufbecken weiter südlich ist gar nicht zugänglich.

Insgesamt wandern wir rund vier Kilometer im Talgrund des Gleißentals nach Süden. Einen Kilometer nach Überquerung der Verbindungsstraße zwischen Ödenpullach und Kreuzpullach ist an einem Jägerstand unsere Aufmerksamkeit gefragt: Hier verlassen wir das Tal auf einem links abzweigenden Waldweg und steuern in weitem Bogen Kreuzpullach an. Der Ort hat mit der Heiligkreuz-Kirche und dem benachbarten Benefiziatenhaus eine vorrangig von Wallfahrern angesteuerte kulturelle Sehenswürdigkeit zu bieten. In Nähe der Nagelfluhfelsen gelangen wir dann wieder in das Gleißental zurück.

ÖVM S 3 nach Deisenhofen, ca. 900 m zu Fuß in das Gleißental

Start Parkplatz in der Kybergstraße, Deisenhofen, N 48.025771°, N 11.594596°

Charakter In anfänglicher Begleitung des Hachinger Bachs führt die Route in das Gleißental (hier sind auch Radfahrer unterwegs) und später steil aus dem schattigen Tal hinaus. In einer Schleife geht es nach Kreuzpullach über Felder und durch Wälder nach Deisenhofen zurück.

Orientierung Hachinger Bach im Ortsgebiet von Deisenhofen, Gleißental als tief eingeschnittener Geländeabschnitt

Wasser am Wegesrand Hachinger Bach, Amphibienteich im Gleißental (nicht zum Baden geeignet)

Dog Station Im Ortsgebiet von Deisenhofen, z. B. in Parkplatznähe (Kybergstraße), am Hachinger Bach sowie in der Straße Vorderes und Hinteres Gleißental, in Kreuzpullach östlich der Wallfahrtskirche

Hunde an die Leine Beim Start an der Kybergstraße, an der Querstraße im Gleißenbachtal, im Ortsgebiet von Kreuzpullach, bei der Annäherung an die Dietramszeller Straße

Deisenhofen › Gleißental › Kreuzpullach › Gleißental › Deisenhofen

Am Wanderparkplatz die Kybergstraße überqueren und jenseits der Bachbrücke am Hachinger Bach entlang nach S › auf der Straße Hinteres Gleißenbachtal durch die Wohnsiedlung › am Abzweig Gleißentalstraße geradeaus durch den Bahndamm (Tunnel) und etwas rechts haltend 400 m nach W › an der T-Kreuzung links in das Gleißental › nach 3 km an der geteerten Querstraße wenige Meter links und rechts in den Wanderweg › ! nach 1 km hinter dem Jägerstand links in den unscheinbaren Waldweg abzweigen › ! der Weg wendet sich kurz nach links (Gegenrichtung) und führt in einer S-Schleife zuletzt als Hohlweg den Hang hinauf › an der Geländekante die Querwege ignorieren und geradeaus am Futtertrog vorbei nach O › nach 300 m an der Kreuzung (zuvor Linksabzweig ignorieren) links › Forst- und Güterweg 1 km nach Kreuzpullach › im Ort wenige Meter nach rechts und östlich der Wallfahrtskirche Heilig Kreuz über ein freies Feld in den Wald › mit Erreichen der befahrenen Dietramszeller Straße umgehend halblinks in den Wald › 600 m später nahe der Nagelfluhfelsen Einmündung in die Weggabelung im Gleißental › hier wahlweise auf der Route des Hinwegs zum Parkplatz zurück oder alternativ: geradewegs in den Pfad, der im Linksbogen zu einem Hohlweg wird, an der Kreuzung rechts, nach wenigen abermals rechts, Wegspuren am Waldrand entlang Richtung Deisenhofen, am Schild „Landschaftsschutzgebiet" wenige Meter in das Gleißental absteigen und links Richtung Bahndammtunnel

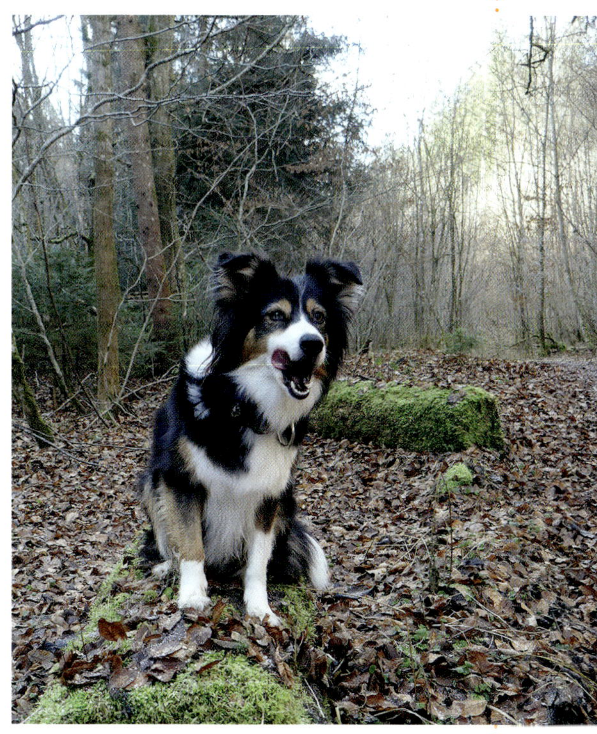

... und sich auf Baumstämmen posieren.

Ausflug zur Loisachschleife

Rundweg östlich von Eurasburg und Beuerberg

Die Chemie zwischen Ella und mir hat von Anfang an gestimmt. Vielleicht liegt das an der Naturverbundenheit, die uns miteinander vereint. Fremden Menschen gegenüber gibt die ängstliche Hündin durchaus mal ein mürrisches Knurren zum Besten. Man muss bei ihr schon wohlgelitten sein, wenn sie während einer nächtlichen Wildschweinjagd, bei der Schüsse fallen, mit ihren Pfoten die Türklinke öffnet und im Bett auf Kuschelkurs geht. In diesen Momenten möchte der große Beschützerhund ausnahmsweise mal selbst beschützt werden.

Die elfjährige Ella ist im Isartal bei Irschenhausen aufgewachsen, doch die Route zwischen Eurasburg und Beuerberg im Loisachtal ist ihr neu. Bei der Abholung ahnt sie bereits, dass ein ausgedehnter Spaziergang naht – und das liebt sie! Trotz der offenkundigen Vorfreude fällt ihr der Sprung in das Auto altersbedingt aber nicht mehr so leicht.

Von Baierlach zur Beuerberger Loisachschleife

Unsere Wanderung beginnt im Eurasburger Ortsteil Baierlach unmittelbar am Loisach-Isar-Kanal, Parkmöglichkeiten gibt es am Rand der Siedlungsstraße Weiherwiese. Der Kanal wurde in den 1920er Jahren südlich der Beuerberger Stauwehr errichtet, um die Hochwassergefahr für Wolfratshausen zu bannen. Dort mündet er dann oberhalb des Hauptflusses in die Isar (siehe Tour 24). Auslöser dieser bereits in den 1920er Jahren durchgeführten Baumaßnahmen war das Walchenseekraftwerk, das auch mit Isarwasser gespeist wird und somit einen erhöhten Wasserabfluss vom Kochelsee auslöst. Wir folgen dem Kanallauf zwei Kilometer weit nach Beuerberg auf dem aussichtsreichen Dammweg. Ella ist eine echte Wasserratte und nutzt an diesem heißen Maitag immer wieder die Gelegenheit, über die Wiesenböschung an das Ufer zu gelangen, um ein kühles Bad zu nehmen. Noch lieber ist es der Hündin, wenn sie einen Stock aus den Fluten fischen darf. Die Strömung ist zwar nicht allzu stark, weniger kräftige Hunde müssen jedoch aufpassen, nicht abgetrieben zu werden.

Der Dammweg endet an der Straße Anglberg, die rechts über die Loisach nach Beuerberg führt (Abstecher zum Gasthaus zur Mühle, das unter Denkmalschutz steht) und links auf unserer Route den Loisach-Isar-Kanal überquert. Etwas weiter südlich passieren wir das Beuerberger Stauwehr, von dem sich ein Postenkartenblick auf die Kirche St. Peter und Paul, eine ehemalige Augustiner-Chorherren-Stiftskirche, ergibt. Die Kirche ist von einem stattlichen Klosterareal umgeben, wo mitunter Ausstellungen, Workshops und Führungen stattfinden. Einen Klosterladen gibt es auch.

Ella hat für die Klosteranlage naturgemäß keinen Blick, aber unsere Fotopausen wartet sie ebenso geduldig ab wie die tägliche Mahlzeit, die ihr gewöhnlich in der Früh kredenzt wird. Dafür gönnt sie sich jenseits der Schleuse – am Beginn der Loisachschleife – abermals ein Erfrischungsbad; das gestaute Wasser ist tief genug, dass auch ihre menschlichen Begleiter hier genussvoll schwimmen könnten. Eine Sitzbank lädt zum Verweilen ein.

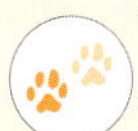

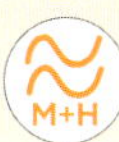

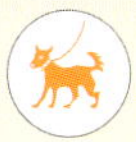

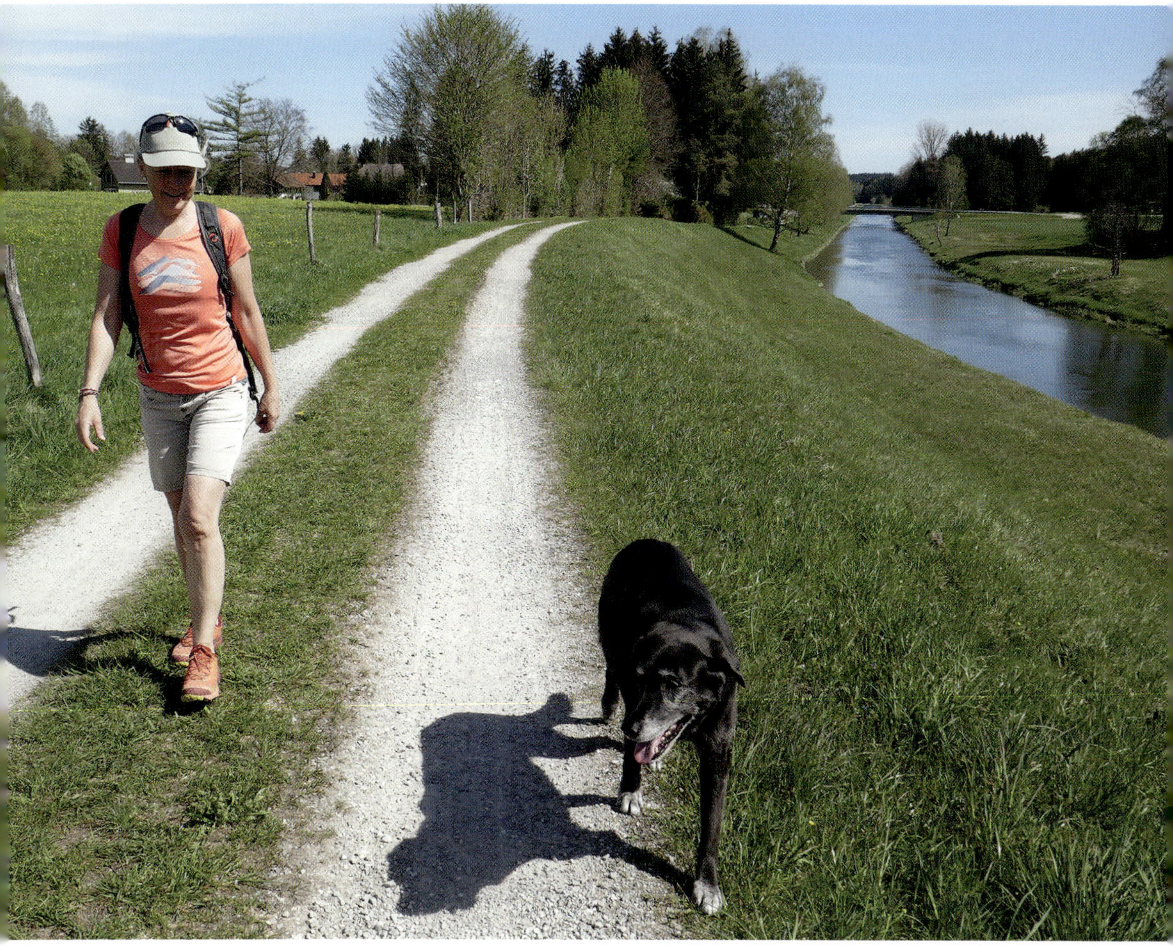

Von Eurasburg führt ein schöner Wanderweg an der Loisach entlang nach Beuerberg.

Rückweg über das Gut Waltersteig

Der Uferweg führt entlang der Loisachschleife gut einen Kilometer weit bis zur St2064 – wer die malerische Flusslandschaft bis zum Schluss genießen will, läuft die Strecke bis zur Brücke aus und kehrt dann wieder ein Stück weit zurück. Etwa auf halber Strecke verlassen wir das Flusstal nach Norden und visieren den Teich des Fischervereins Geretsried an. Ähnlich wie beim Bernrieder Kloster (siehe Tour 19) wurden auch in der Umgebung des Beuerberger Klosters Fischteiche für die eigene Verpflegung angelegt. Da keine Angler vor Ort sind, nutzt Ella die Gunst der Stunde für ein weiteres Erfrischungsbad. Im angrenzenden Wald folgt dann ein quirliger Moorbach für eine weitere kleine Spritzeinheit.

Ella ist ein neugieriger Charakter, fast alles muss erschnüffelt und erkundet werden. Mangels Jagdtrieb kann bei der Durchquerung der Waldpassagen auf ein Anleinen verzichtet werden. Aufmerksam achtet die Hündin darauf, dass ihre Begleiter auch wirklich

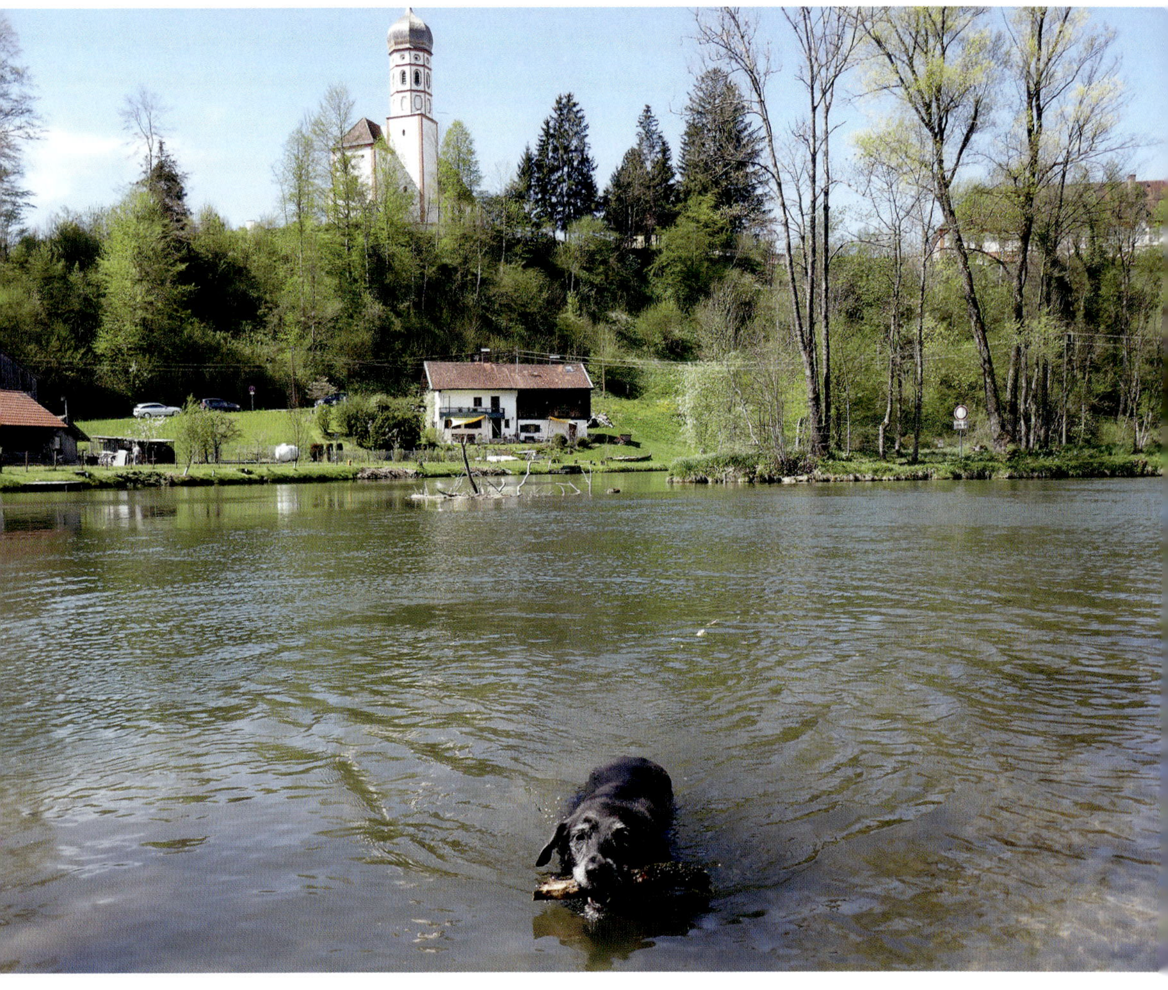

An der Loisachschleife bei Beuerberg ist Baden für Hund und Frauchen/Herrchen ein Genuss.

zusammenbleiben. „Den Behüte-Instinkt hat sie von ihrer Mutter, einer Schäferhündin, geerbt", erzählt ihr Frauchen Birgit, die ihren Vierbeiner während der gesamten Wanderung entspannt neben uns herlaufen lässt und die Situation auch ohne Leine mit einfachen Kommandos jederzeit im Griff hat. Ellas Vater war übrigens ein Mischlingshund aus Bearded Collie und Labrador.

Nach Überqueren einer Teerstraße wandern wir am Gut Waltersteig vorbei. Wer hier zur Adventszeit spazieren geht, kann sich einen unbehandelten Christbaum zum Mitnehmen selber schlagen und sich anschließend am Lagerfeuer mit Wildgulasch und Glühwein aufwärmen. Angesichts der absehbaren Schlussstrecke über Unterherrnhausen bis zum Ausgangsort wäre ein Baumtransport durchaus in Erwägung zu ziehen. Für jeden geschnittenen Baum wird ein neuer nach ökologischen Richtlinien nachgepflanzt. Das Gras zwischen den Bäumen wird von einer Schafherde kurzgehalten, doch an diesem Maitag ist von den Tieren noch nichts zu sehen.

Start An der Weiherwiese bei Baierlach (Eurasburg), N 47.850613°, E 11.415654°

Charakter Zwischen Eurasburg und Beuerberg flache und sonnige Route entlang der Loisach, nach Verlassen des Flusstals wird das Gelände leicht hügelig und führt abschnittweise durch den Wald.

Orientierung Loisach-Kanal und Loisach auf dem Hinweg, und auch auf dem Rückweg ist bei Beachtung weniger klarer Wegabzweigungen die Richtung nicht zu verfehlen.

Wasser am Wegesrand Loisach-Isar-Kanal, Loisach bei Beuerberg, Teich Fischerverein Geretsried, Bachläufe im Wald

Dog Station Am Wegbeginn Loisach-Isar-Kanal, an der Brücke bei Beuerberg

Hunde an die Leine Kurzer Asphaltabschnitt mit wenig Verkehr am südlichen Wendepunkt, Straße bei Unterherrnhausen (weglose Umgehung möglich)

Einkehr Gasthaus zur Mühle, Loisachweg 47a, Beuerberg, Tel. 08179/8832, www.pensionzurmuehle.de

Baierlach (Eurasburg) › Beuerberg › Hofstätt › Gut Waltersteig › Unterherrnhausen › Baierlach

Von der Weiherwiese (Anwohnerstraße) am südöstlichen Rand von Baierlach den Weg entlang des Loisach-Isar-Kanals nach S folgen › an der Straßenbrücke bei Beuerberg den linken Brückenteil überqueren und rechts in den Uferweg › Übergang in einen schönen Wanderweg entlang der Loisach › in der S-Schleife des Flusses das Loischtal links auf breitem Weg verlassen › nach kurzem Anstieg an der Wegkreuzung rechts › nach Passieren des Fischweihers wendet sich der Weg nach S › an der Teerstraße bei Hofstätt links nach N › nach 600 m dem halblinks abzweigenden Weg in den Wald folgen › stets auf dem Hauptweg zu einer Querstraße und diese geradeaus überqueren (Schild Gut Waltersteig) › das Gutsgelände passieren und in NW-Richtung nach Unterherrnhausen › auf der Unterherrnhauser Straße zur Loisachbrücke absteigen › jenseits der Loisach wenige Meter zum Ausgangspunkt zurück (alternativ die Unterherrnhauser Straße auf dem abzweigenden Weg verlassen und erst parallel zur Straße, dann weglos über die Wiese zur von Weitem sichtbaren Brücke absteigen)

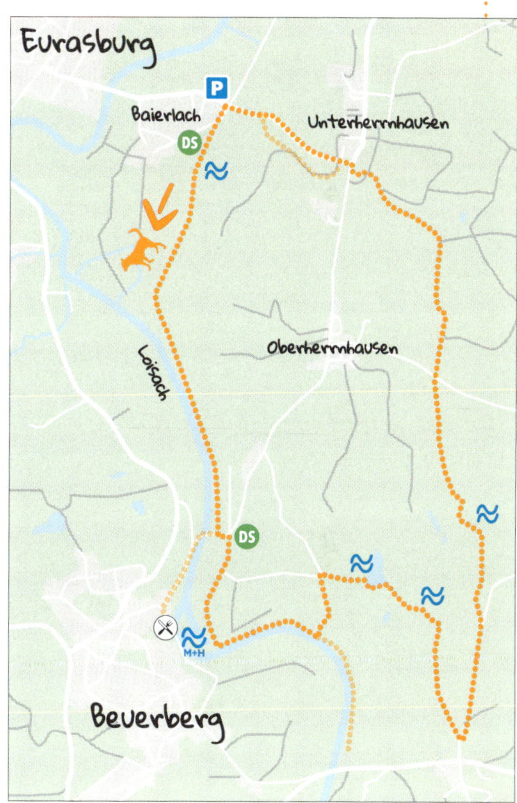

Regeln im Naturschutzgebiet

Von Dietramszell zum Kirchsee

Zahlreiche Bachgräben durchziehen den Zeller Wald in allen Himmelsrichtungen. Gut, dass uns die Wegweiser zielsicher durch das dicht bewaldete Gelände leiten. Und noch besser, dass im Naturschutzgebiet Ellbach- und Kirchseemoor nachvollziehbare Regeln für das Miteinander von Hundebesitzern mit anderen Spaziergängern bestehen. Am Kirchsee begegne ich Finn, einen gleichermaßen entspannten wie verspielten Bearded Collie. Sein Lieblingsspielobjekt: ein Fichtenzapfen.

Die am Rand des Zeller Waldes gelegene Gnadenkapelle Maria Elend verdankt ihre Erbauung gemäß einer Dorfsage einer Rettungsaktion im Dreißigjährigen Krieg, als sich ein Flüchtender in letzter Minute nach Anruf der Muttergottes in einem Erdloch vor den feindlichen Raubrittern verstecken konnte. Das bekannte Deckenfresko von Johann Sebastian Troger im Inneren der Kapelle kann jedoch nur an schönen Wochenenden besichtigt werden.

Südlich der Gnadenkapelle tauchen wir in den Zeller Wald ein; unter ständigen Richtungswechseln und mit mehrfachen Aufs und Abs führt die Route kurzweilig durch das Gehölz. Das unübersichtliche Gelände wurde im 17. und 18. Jahrhundert den übermächtigen Schweden zum Verhängnis, als sie von den ortskundigen Isarwinkler Bauern in einen blutigen Schlucht-Hinterhalt gelockt und anschließend vertrieben wurden. Im März ist der Waldboden an einigen Stellen von Tausenden Märzenbecher-Blüten bedeckt. Die hübsche Blume ist anhand ihrer weißen, glockenartigen Blüte leicht zu identifizieren.

Rücksichtnahme im Ellbach- und Kirchseemoor

Am Kogl-Gehöft öffnet sich ein schönes Bergpanorama mit Blick auf die Tölzer Berge: Hinter den Ausläufern des Zwiesels lugt die Zugspitze hervor. Auf dem Weg zum Kirchsee ändert sich der Charakter der Wanderung abrupt: Wir wandern durch die Feuchtwiesen am Ellbach- und Kirchseemoor, das bereits seit 1940 unter Naturschutz steht. Am Südhang des Waldmeister-Buchenwalds erreichen wir den Nordwestausläufer des Kirchsees mit einer einladenden Badenische inklusive Sitzbank – bestens geeignet für die wohlverdiente Rast! An diesem idyllischen Ort hat die Gemeinde Sachsenkam ein Hinweisschild zwecks Verkündung der Verordnung aufgestellt, dass man seinen Vierbeiner – insbesondere, wenn andere Menschen oder Tiere in der Nähe sind – anzuleinen hat, sofern er nicht gehorcht. Im Umkehrschluss bedeutet dies, dass für den wohlerzogenen Hund keine Leinenpflicht besteht.

Finn, ein sechsjähriger Bearded-Collie, ist wohlerzogen. „Er ist eine sehr treue Seele und absolut folgsam", schwärmt Barbara von ihrem Lieblingstier. Während sie mit ihrer Begleiterin auf der Holzbank mit Seeblick die warme Herbstsonne genießt, knabbert der Hund in Liegestellung erwartungsvoll an einem Fichtenzapfen herum. Bei jeder kleinsten Annäherung ist er gewillt, den Zapfen mit einem freudigen Winseln an seinen potentiellen Spielpartner zu übergeben, getreu dem Wunsch: „So werf ihn doch endlich, damit ich gefordert werde!" Auch mich als Fremden versucht er wiederholt mit unwiderstehlichem Hundeblick zu animieren. „Für Finn ist jeder Mensch viel interessanter als andere Hunde", freut sich Barbara über die Treue ihres Hütehundes. Wirft man den Zapfen in die Höhe, so fängt Finn ihn grazil im Flug auf, um ihn dann in Sekundenschnelle wieder seinem Spielpartner übergeben zu wollen. Zwischen den Flug- und Fangeinheiten folgt ein Sprung in den See, denn Finn schwimmt auch wahnsinnig gerne.

Rückweg über Schwarzes Kreuz und Grüne Marter

Oberhalb der Wasserwacht- und Fischerhütte verlassen wir den Kirchsee wieder. Der Forstweg führt uns in weitem Bogen zu einer Waldlichtung, an welcher der Abzweig nach Dietramszell erfolgt. Nach der Steigung biegen wir am Wegabzweig – Achtung, hier kein Wegweiser! – rechts ab. Somit stoßen

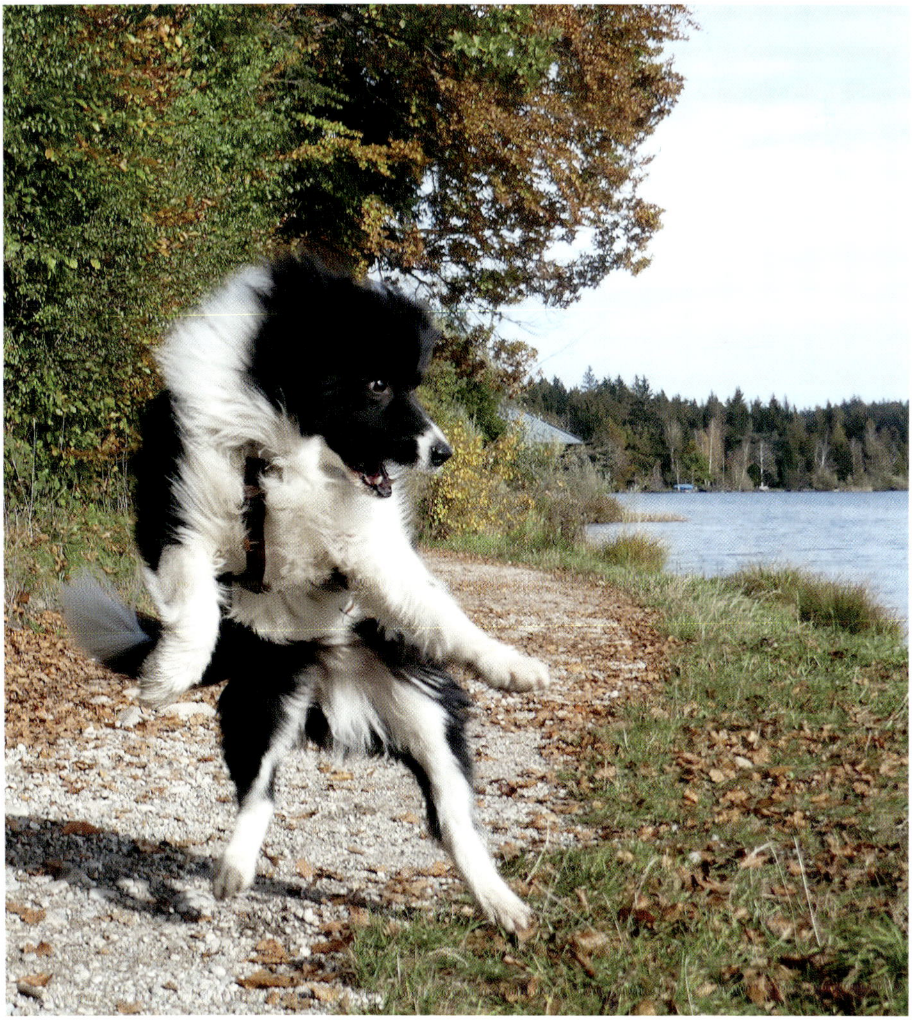

Finn in Spiellaune am Kirchseeufer

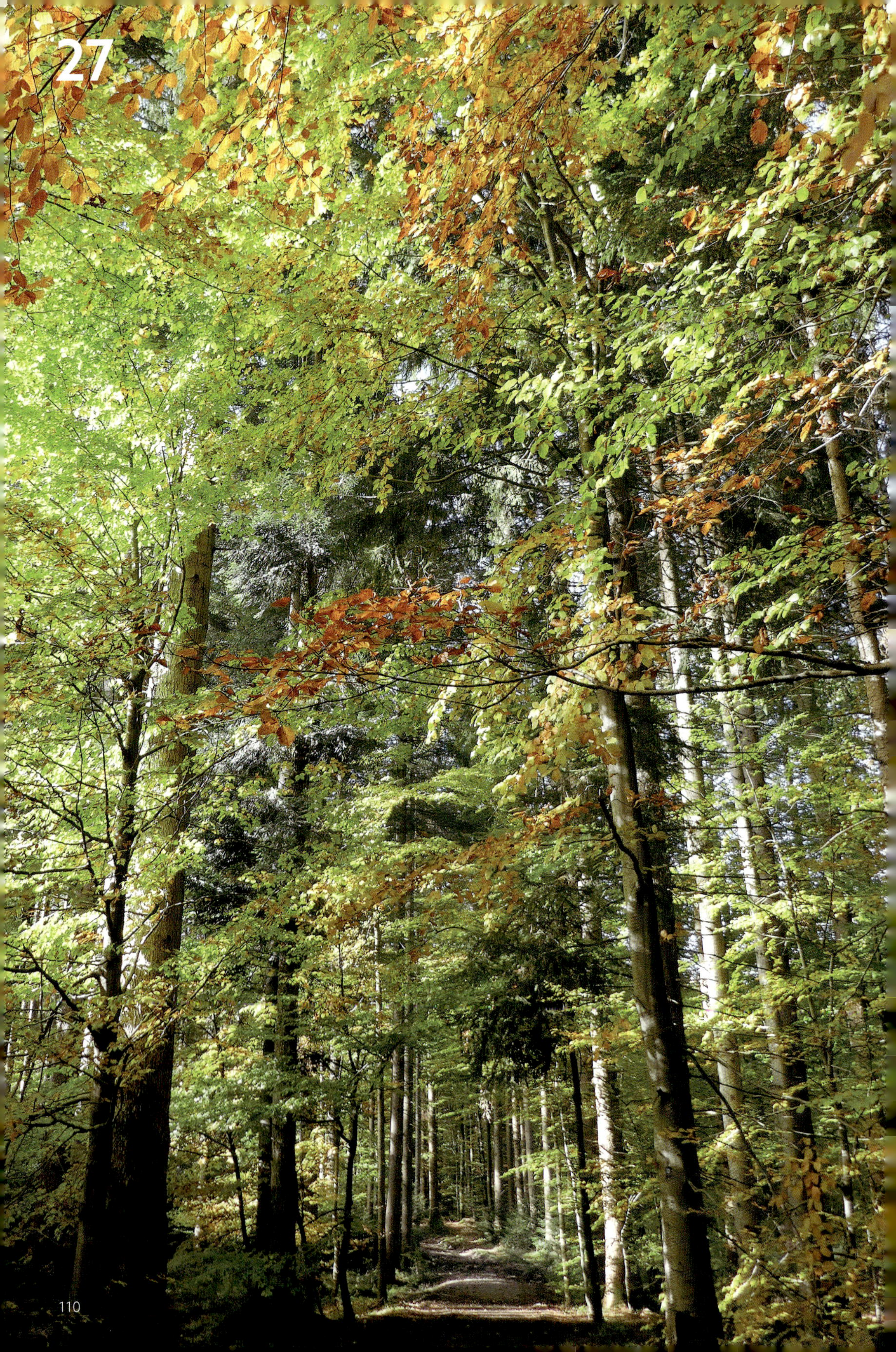
27

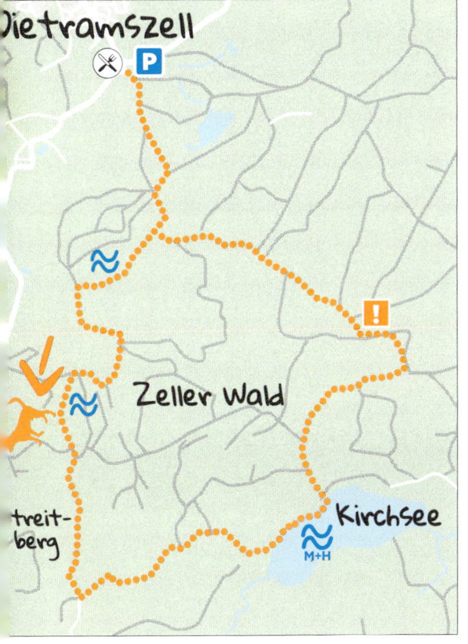

Start Parkplatz neben der Klosterschänke (Pfarramt Am Weiherfeld), N 47.848785°, E 11.597412°

Charakter Die Wanderung verläuft meist durch weitläufiges Waldgelände, aussichtsreich sind die Passagen am Streitberg und am Kirchsee. Unterwegs immer wieder kurze Anstiege

Orientierung Die gute Beschilderung (bis zur Elendkapelle Wanderweg D3, bis zum Abzweig vor dem Köglweiher „Bad Tölz", ab Fischerhütte „Dietramszell") leitet uns zielsicher durch das oft unübersichtliche Gelände.

Wasser am Wegesrand Bachläufe im Zeller Wald, Kirchsee

Hunde an die Leine Im NSG Ellbach- und Kirchseemoor, sofern die Vierbeiner nicht folgsam sind.

Einkehr Klosterschänke, Dietramszell, Klosterplatz 2, Tel. 08027/904500, Mo./Di. Ruhetag, www.klosterschaenke-dietramszell.de

Dietramszell › Maria Elend › Streitberg › Kirchsee › Schwarzes Kreuz › Grüne Marter › Maria Elend › Dietramszell

Vom Parkplatz dem ansteigenden Kiesweg nach S folgen (kein Ww.) › die Gnadenkapelle Maria Elend passieren und halbrechts in den Wald (Ww. Bad Tölz) › an den folgenden Weggabelungen (Abzweig zum Kirchsee ignorieren!) in stetem Auf und Ab durch den Wald in Richtung Bad Tölz › zuletzt steiler Anstieg zum Gehöft Kogl 1 (Streitberg) und geradewegs auf dem Teerweg absteigen › an der Weggabelung links Richtung Kirchsee › Uferweg am Kirchsee nach O und nach der Fischerhütte an der Weggabelung links (Schild Dietramszell) › nach 300 m steil aufwärts und an der folgenden Lichtung links (Übergang von Wanderweg S3 in D3) › ! nach dem Anstieg am höchsten Punkt rechts abzweigen (hier kein Wegweiser!) › nach 300 m (Rechtsabzweig ignorieren) am Schwarzen Kreuz halblinks in den Trampelpfad › an der Kreuzung geradeaus, den Funkmast passieren und nach W zur Grünen Marter › stets auf dem absteigenden Hauptweg bleiben › kurz vor Erreichen der Elendkapelle Einmündung in die Route des Hinweges und zum Parkplatz zurück

wir nach kurzem Abstieg unmittelbar auf das Schwarze Kreuz, dessen Bildstock an das letzte Haberfeldtreiben im Tölzer Land (1886) erinnert. Hier also wurden unter freiem Himmel fast 200 Jahre lang über Diebe, Betrüger und andere Delinquenten gerichtet! Erwähnenswert ist, dass diese vom Volk zur Selbstjustiz ins Leben gerufene Tradition auf der Willkürherrschaft von Schweden und Österreichern vergangener Jahrhunderte beruht. Nicht weniger gruselig erscheint die Anno-Domini-Mordtat-Sage, die mit der nur gut einen Kilometer entfernten „Grünen Marter" – eine Gedenksäule mit drei Bildtafeln – in Verbindung gebracht wird. Düsternis und die urmenschliche Angst vor dem Unbekannten werden hier geweckt.

Frühherbstliche Stimmung im Zeller Wald

Unterwegs im Wasserquellgebiet

Rundtour zwischen Mangfall und Taubenberg

Der Taubenberg ist eines von drei Münchner Trinkwasser-Reservoirs, und dies bereits seit 1883. „Ein Naherholungsgebiet von außerordentlicher Schönheit und ein Naturparadies", schwärmen die Münchner Stadtwerke angesichts schier unerschöpflicher Quellen. Fiebi, meine Lieblingshündin, genießt die Mischung aus Wiese, Wald und Wasser auch in vollen Zügen. Vier menschliche Begleiter sind an diesem Tag mit von der Partie.

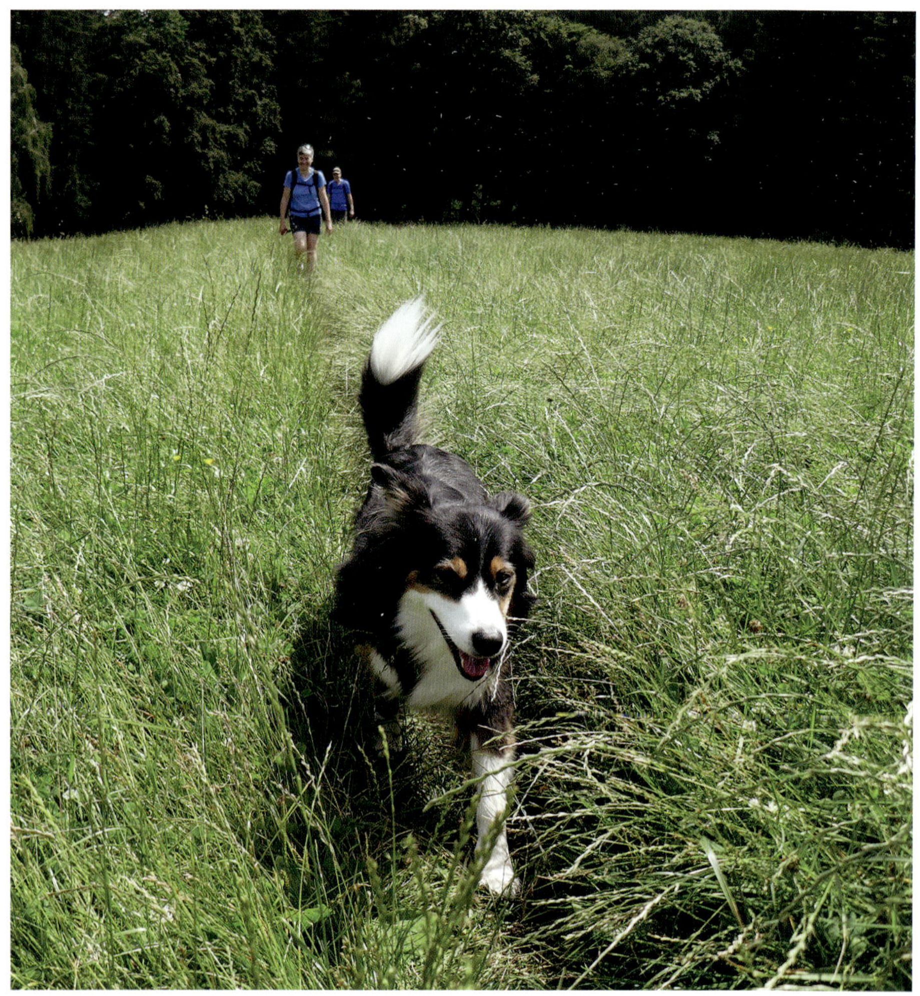

Zwischen Fentberg und Neustadl führt ein schöner Wiesenpfad dem Taubenberg entgegen.

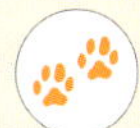   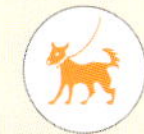

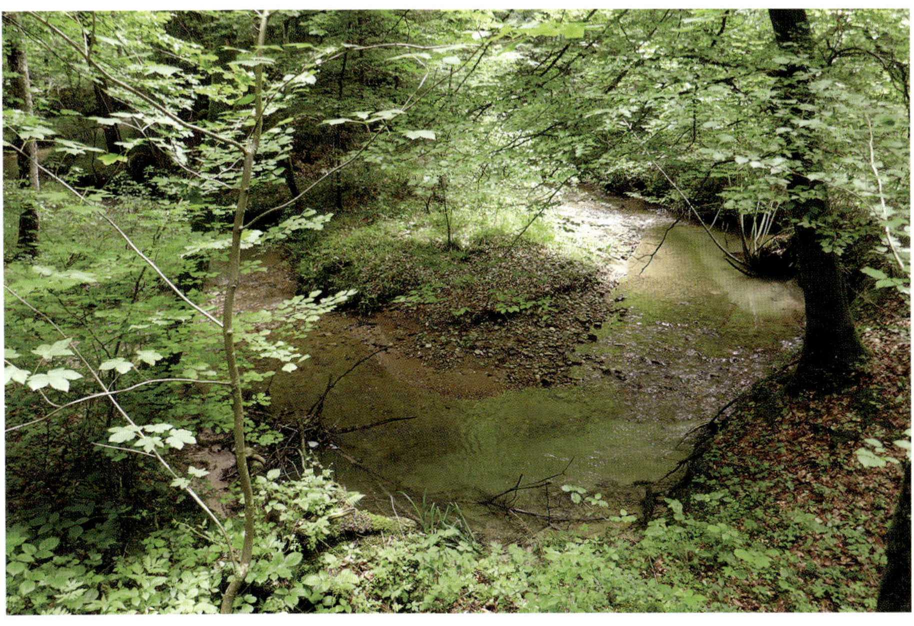

Der Farnbach mäandert durch das gleichnamige Tal.

Wiedersehen am Parkplatz im Manfgalltal: Kein Vierbeiner der Welt begrüßt mich dermaßen stürmisch und herzlich wie Fiebi. Als sie im Jugendalter ihre ersten Bergtouren unternahm, war ich ihr Guide; vielleicht erinnert sie sich den Rest ihres Lebens daran.

Über Wald und Wiesen zur Wallfahrtskapelle Nüchternbrunn

Ein leichter Bergwandercharakter kommt auch beim Anstieg zum Fentberg, der nordöstliche Ausläufer des Taubenbergs, auf. Unsere Wanderroute führt nordwärts in einer S-Kurve durch den gleichnamigen Weiler. Im unteren Gehöft weiß ein aufmerksamer Hofhund sein Revier trotz seines gutmütigen Wesens laut bellend zu verteidigen. Fiebi scheint anfangs etwas eingeschüchtert, doch nach einem kurzen Scharmützel ziehen sich die Konkurrenten wieder zurück.

Oberhalb einer Pferdekoppel passieren wir die runde Fentberg-Kapelle, von der wir über Wiesen einen herrlichen Panoramablick in das Mangfallgebirge mit Brecherspitz und Rotwand genießen. Zurück im Wald, springt Fiebi auf das Kommando „Tisch" auf den nächstbesten Baumstumpf in Position – sie liebt Geschicklichkeits- und Gehorsamkeitsübungen und nimmt die Belohnung von Elfi dankend an. Ob es schon Blaubeeren oder Schwammerl gibt? Während unserer Mini-Abstecher in den Wald sucht sich Fiebi einen Stock, betrachtet ihn knurrend bis bellend als Spielgefährten und kaut anschließend geduldig auf ihm herum. Gerne würde sie ihn uns auch apportieren, aber wir beschäftigen uns gerade, leicht enttäuscht, mit dem Gemeinen Stinkmorchel.

„Achtung Weidetiere – Hunde unbedingt an der Leine führen und Leine bei Gefahr loslassen", warnt uns ein Schild an den Neustadl-Wiesen. Es ist Anfang Juli, aber von Weidetieren weit und breit nichts zu sehen. Somit können wir den herrlichen Wiesenpfad vollkommen entspannt zurücklegen. Als Australian Shepherd offenbart Fiebi abermals ihre Hütehund-Instinkte und hält die Gruppe behutsam zusammen.

Wasser im Überfluss

An der Nüchternbrunner Kapelle stoßen wir auf die Quelle des Farnbachs. Eigentlich ist der ganze Taubenberg eine einzige Quelle -allein bei der schattigen Querung Richtung Taubenberg überqueren wir vier ganzjährig Wasser führende Quellbäche. An der beschilderten Weggabelung haben wir die Möglichkeit, einen Abstecher zum Berggasthof Taubenberg zu unternehmen (Gehzeit 20 Minuten). Rund um den Hof genießen Schweine, Ponys, Gänse, Hennen, Kälber und Jungrinder freien Auslauf, was beim einen oder anderen Hund Jagdtriebe auslösen könnte. Die freilich angeleinte Fiebi lässt sich vom Getier nicht stressen und ist somit einkehrtauglich. Im Bio-Gasthof gibt es unter anderem hausgemachte Spezialitäten aus Früchten, Kräutern, Obst und Gemüse.

Alternativ erfolgt der sofortige Abstieg in das Farnbachtal. Im Talboden passieren wir eine Feuchtwiese, auf der Mitte Mai massenhaft der seltene und geschützte Fieberklee blüht; dank der durch Wurzel und Stängel führenden Luftröhre kann er quasi auf dem Wasser schwimmen. Durch das Tal verläuft ein Teil des Meditationswegs, der im Landkreis Miesbach angelegt wurde. Die 12. Station animiert den Wanderer, den Wald zu riechen, zu hören und zu ertasten. Zwischen den sieben Bachbrücken, die wir auf dem Rückweg passieren, bietet der Farnbach versteckte Nischen für ein entspanntes Fußbad. Besonders einladend zeigt sich der Fluss zwischen der Imberg- und Westinerbrücke: Fiebi hat nun mehrfach Gelegenheit, ihren Sommerdurst zu stillen.

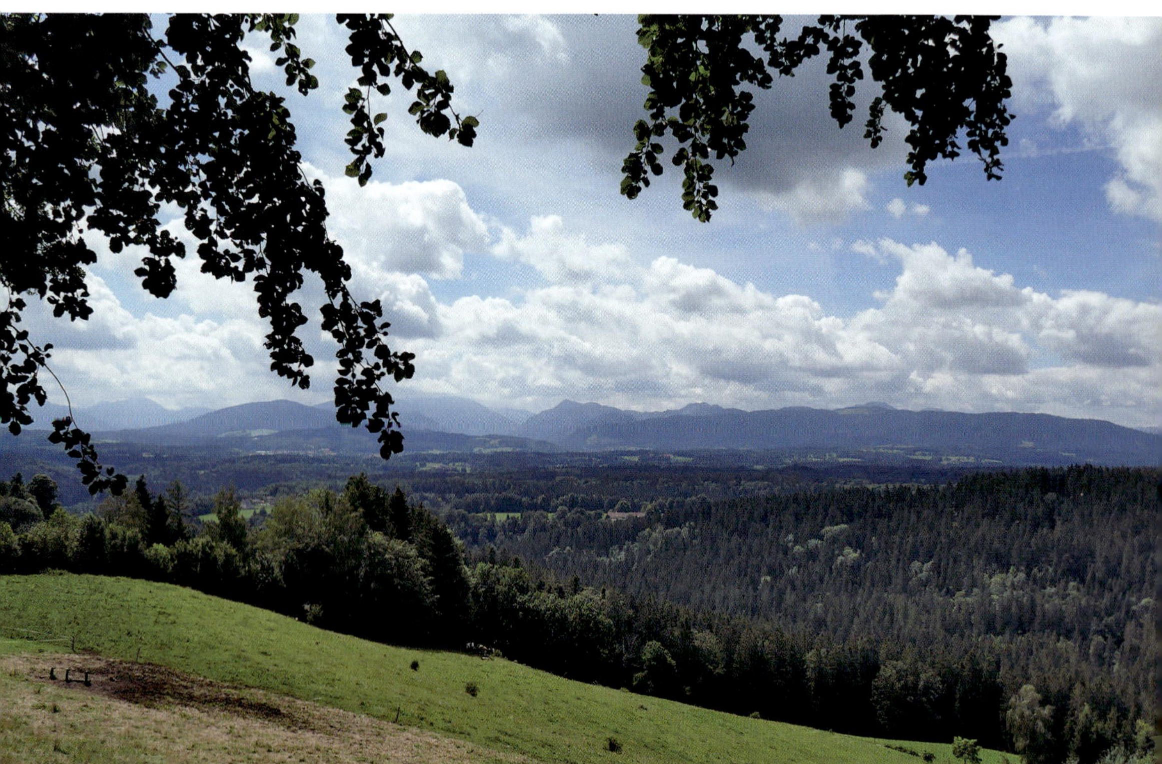

Gehzeit 3 ½ Std. • **Strecke** 11 km • **Höhenmeter** 230 **28**

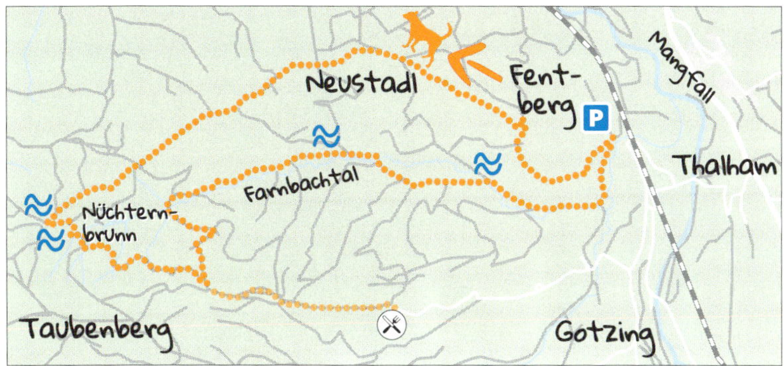

Start Parkplatz im Mangfalltal, N 47.839623°, E 11.804603° (Anfahrt über A 8 Ausfahrt Weyarn)

Charakter Der Anstieg zum Taubenberg erfolgt wechselweise auf aussichtsreichen Wiesenpfaden und schönen Waldwegen entlang des Höhenrückens, zurück geht es auf dem Forstweg in Begleitung des Farnbachs.

Orientierung Gute Beschilderung entlang der Strecke: Ww. Fentberg / Neustadl / Nüchternbrunn auf dem Hinweg, der Rückweg verläuft im Farnbachtal (Ww. Thalham / Gotzing)

Wasser am Wegesrand Quelle in Nüchternbrunn, Hangquellen am Taubenberg, Farnbach

Hunde an die Leine An den Gehöften in Fentberg und Neustadl; ggf. am Berggasthof Taubenberg

Einkehr
Berggasthof Taubenberg, Tel. 08020 / 17 05, Öffnungszeiten siehe www.taubenberg.de

Mangfalltal › Fentberg › Neustadl › Wallfahrtskapelle Nüchternbrunn › (Berggasthof Taubenberg) › Farnbachtal › Mangfalltal

An der Weggabelung am Parkplatz rechts (Ww. Fentberg) und an der kurz darauffolgenden Y-Kreuzung links › durch das Gehöft am Fentberg und am folgenden Abzweig links › an der Fentberger Kapelle vorbei leicht ansteigend in den Wald › an der Y-Kreuzung vor der auftauchenden Lichtung links und auf schönem Wiesenpfad zum Bergbauernhof Neustadl › geradeaus entlang des Höhenrückens nach SW (an den Wegkreuzungen Weiße und Grüne Marter geradeaus) › an der Weggabelung bei Nüchternbrunn links zur Kapelle absteigen (Taferlweg) › unterhalb der Kapelle absteigend in den Waldsteig (Ww. Taubenberg) › nach Querung der Hangquellen an der Weggabelung links (Ww. Farnbachtal; rechts Abstecher zum Berggasthof Taubenberg = + 20 Min.) › Abstieg in den Talboden und an 8 Brücken vorbei auf dem Hauptweg talaus zum Parkplatz (an der Weggabelung Westiner Brücke links halten)

Blick auf das Mangfallgebirge
oberhalb von Fentberg

Akila im „Zoomies-Rausch"

Spritz- und Badevergnügen an Moosbach und Mangfall

„Oh, diesen wunderschönen Hund möchte ich unbedingt im neuen Hundewanderführer verewigt sehen", schwärme ich bei einem Zufallstreffen im Hirschgarten. Wenige Tage später verabrede ich mich mit Tierpfleger Niklas und seinem Alaskan-Malamente an der Maxlmühle im Mangfalltal. „Danke für Dein Kommen. Dafür verspreche ich Dir eine der schönsten Wassertouren, die das Alpenvorland zu bieten hat!"

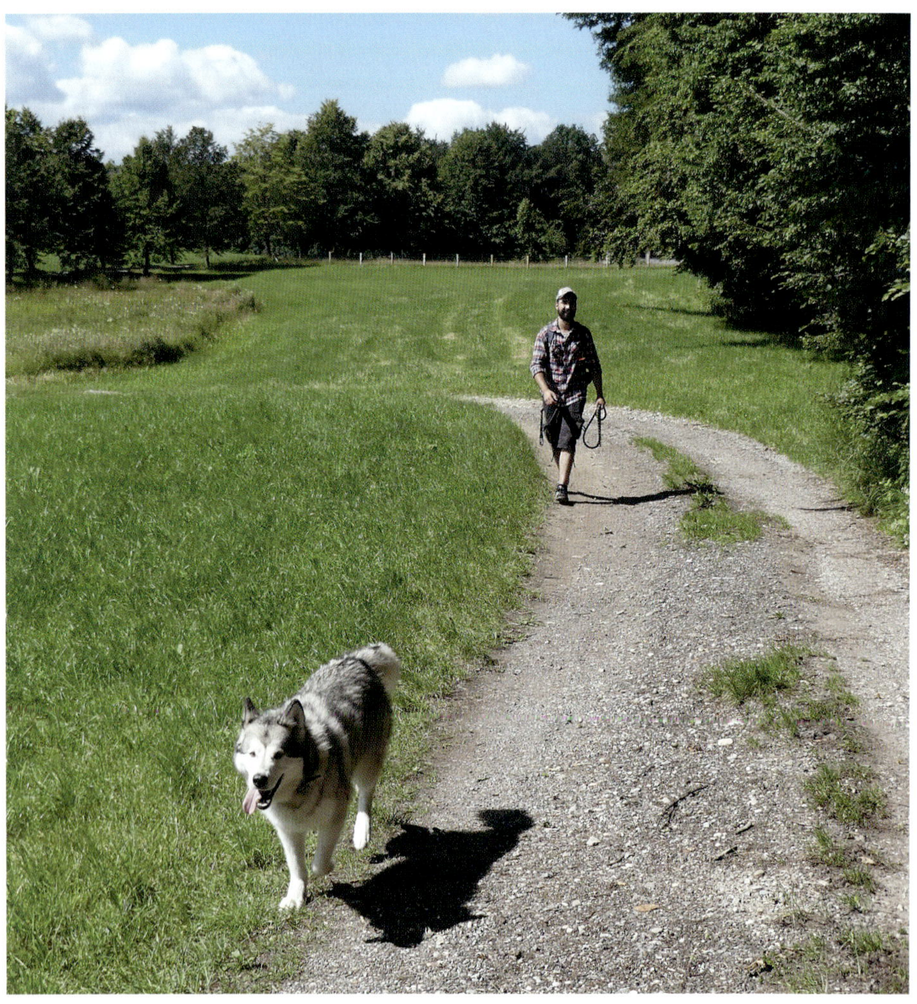

Akala und Niklas an der Keltenschanze bei Lindl

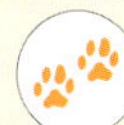  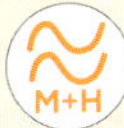 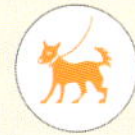

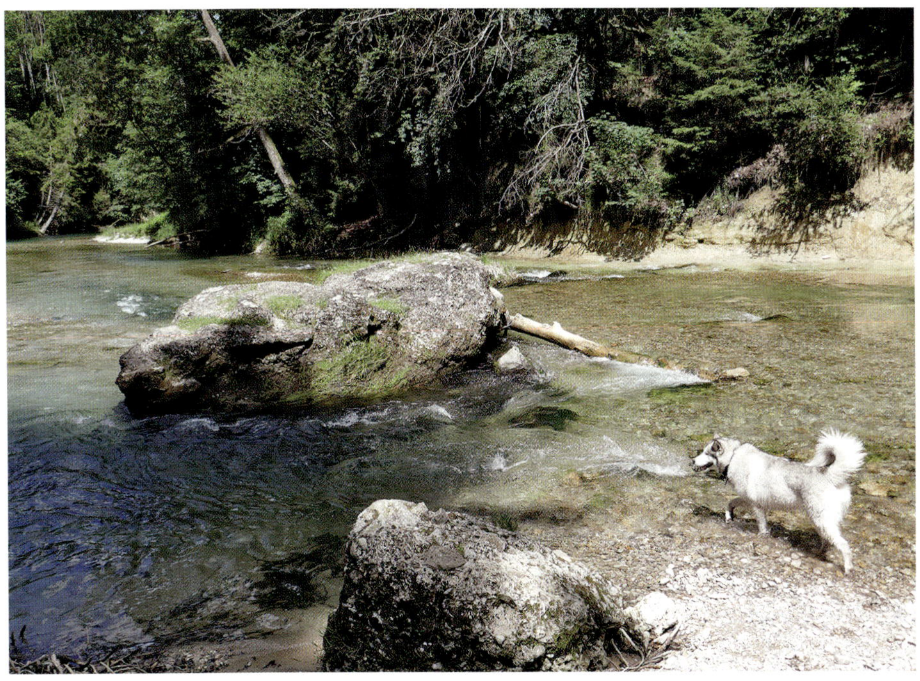

Ein herrlicher Badeplatz im Mangfalltal

Ein nordischer Hund muss einen entsprechenden Namen tragen. Deshalb hat Niklas – inspiriert durch das „Dschungelbuch", in dem Akela, Oberhaupt jenes Wolfsrudels, das Mogli aufnimmt – seine Hündin in weiblicher Abwandlung Akila genannt.

Über Fentbach in das Moosbachtal

Führungsqualitäten beweist Akila während der Zwei-Flüsse-Tour an Moosbach und Mangfall allemal, indem sie an Weggabelungen instinktiv den richtigen Abzweig wählt. Zielsicher leitet sie uns über den Hohlweg nach Fentbach. An den weidenden Ponys und Kühen zeigt sie wenig Interesse, bedächtig trabt sie auf dem kleinen Teerweg zu den Wohnhäusern des Weilers hinab. Nach einem kurzen Abstecher zur Keltenschanze sie liegt oberhalb eines Baum-Durchschlupfes am höchsten Punkt der Wanderung –

Alaskan-Malamente

Der Alaskan-Malamente ist ein klassischer nordischer Schlittenhund, der es gewohnt ist, Lasten zu ziehen. An Ausdauer und Kraft ist er kaum zu überbieten, dafür hält sich die Schnelligkeit im Antritt anders als beim Husky sehr in Grenzen. Auch als Jagdhund eignet sich die Rasse bestens. Der Alaskan-Malamente hinterfragt jedes Kommando, weshalb er sich nicht für Ball- oder Stöckchenspiele eignet. Er möchte einfach erklärt bekommen und einsehen, warum er bestimmte Dinge tun soll. Wichtig ist die artgerechte Betreuung – ohne Bewegung und Sport bringt man den Hund zur Verzweiflung. Zudem gilt er als sehr familien- und kinderfreundlich, er liebt die Gesellschaft.

folgt der Abstieg in das Tal des Moosbachs, der mit braunem klaren Wasser leise vor sich hinplätschert.

„Mit den Hufen scharren" ist für einen Hund zwar nicht ganz passend, aber kaum hat Akila den Fluss wahrgenommen, sprintet sie voller Energie in das erfrischende Nass. Das Geräusch des spritzenden Wassers, das Einholen nasser Pfoten versetzt sie fortan in pure Extase: Ausgelöst durch plötzliche Energieausbrüche sprintet sie steile Böschungen aufwärts, um wieder kehrt zu machen und sich in vollem Tempo zurück in das Wasser zu stürzen. Dieses explosive Verhalten, zuweilen von wildem Lochscharren begleitet, wird auch „Zoomies-Rausch" genannt. Kein Wunder, dass sich eine Power-Hündin, deren Vorfahren Schlitten durch die Arktis gezogen haben und die sich auch hierzulande bereits mehrfach im „Dogscooting" bewährt hat, auf diese Weise ausleben mag. Jedenfalls ist dieses keinesfalls schädliche Verhalten ein Beleg der puren Freude, die sie bei diesem Flussspaziergang verspürt. Es legt sich dann auch wieder.

Verwunschene Pfade an der Mangfall

Der Moosbach mündet direkt in die Mangfall, deren Ufer wir sogleich auf einem schönen Wurzelpfad erkunden. Wendepunkt ist die Manfgallbrücke, über die ein Sträßchen Richtung Valley hochführt. Fortan geht es erst auf einem breiten Wanderweg, später abermals über Wurzel, Stock und Stein zum Ausgangsort zurück. Unterwegs führen mehrere Stichpfade zu traumhaft schönen Uferabschnitten

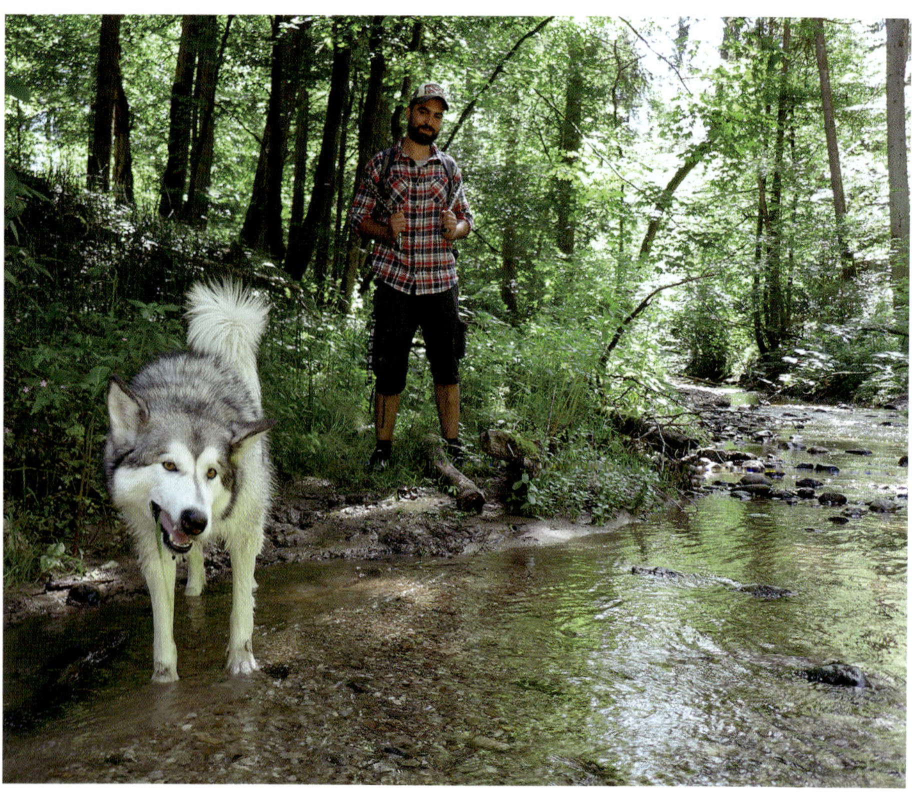

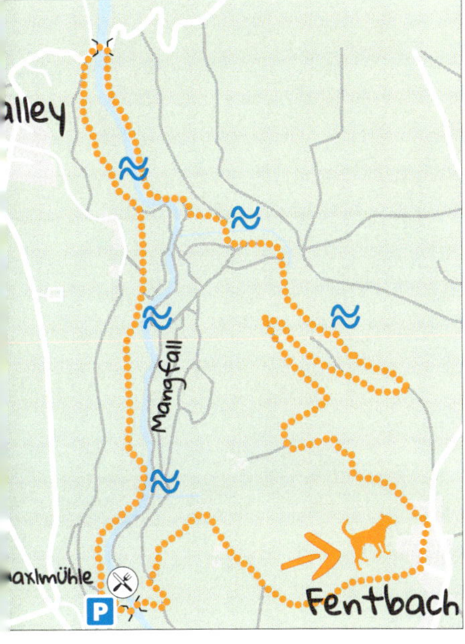

der Mangfall, und jedes Mal, wenn wir dem Wasser nahekommen, gönnt sich Akila ein neues Erfrischungsbad.

Niklas ist mit Akila zwar nicht in der Hundeschule, hat ihr aber dennoch einiges beigebracht. Kommandos wie „Zweifach-Rolle", „Drehbewegung", „Wuff" oder „Eisbär" führt sie anstandslos aus, wohlwissend, dass im Anschluss die Belohnung eines Leckerlis erfolgt.

Auch der versteckte Moosbach bietet ausreichend Erfrischungspotential.

Start Parkplatz Maxlmühle, N 47.877971°, E 11.784565° (Anfahrt über A 8 Ausfahrt Weyarn)

Charakter Äußerst kurzweilige und wasserreiche Wanderung an zwei malerischen Wildflüssen. Zwischendurch Sonne tanken an den Fentbacher Wiesen mit Bergpanoramablick!

Orientierung Taleinschnitte von Moosbachtal und Mangfalltal

Wasser am Wegesrand Reichlich Wasser im Mangfalltal und am Moosbach

Hunde an die Leine Am Parkplatz Maxlmühle (freilaufende Hühner), je nach Abstand der Weidetiere (Kühe, Pferde) evtl. an den Wiesen von Fentbach, an der Mangfallbrücke (Autoverkehr)

Einkehr Waldrestaurant Maxlmühle, Tel. 08020/1772, Mi./Do. Ruhetag, www.maxlmuehle.de

Maxlmühle › Fentbach › Keltenschanze › Moosbachtal › Mangfallbrücke › Maxlmühle

Südlich der Maxlmühle auf dem Holzsteg über die Mangfall › links halten und an der Y-Kreuzung rechts auf dem Hohlweg zu einer Anhöhe mit Gehöft › der Teerweg mündet in Fentbach in den Rudolf-Gröschel-Weg › links in Straße Keltenschanze › nach 700 m Anstieg rechts in den Kiesweg abzweigen, der im Bogen um eine ehemalige Befestigungsanlage (spätkeltisches Oppidum) herumführt › nach ca. 500 m scharf rechts in den Wald abzweigen (Abstieg) und an der Y-Kreuzung links › an der T-Kreuzung scharf nach links und idyllisch am Moosbach entlang › an der Weggabelung rechts halten und nach 50 m vor einer kleiner Waldsenke rechts in den Pfad abzweigen › steil über die Böschung hinab, Bach etwas mühevoll überqueren und auf der anderen Seite wieder steil hinauf › an der Y-Kreuzung links halten: Der Pfad führt an das Mangfallufer und nordwärts zur Mangfallbrücke › die Straßenbrücke überqueren und nach 100 m links (Ww. Mühltal) › an der Y-Kreuzung links (Ww. Mühltal über Ufersteig) › an den folgenden Weggabelungen erst links, dann rechts (links Abstecher zu schöner Badestelle) abzweigen › kurz darauf halblinks in den einladenden Pfad, der uns, am Fahrweg links haltend, zur Maxlmühle zurückleitet

Wasser, Wald und Weitblick

Rundtour zwischen Leitzach- und Mangfalltal

Ursprüngliche Auenlandschaften sind durch den Eingriff des Menschen selten geworden. Wenige Kilometer vor der Mündung in die Mangfall durchfließt die Leitzach eine solche Idylle. Das freut den Eisvogel, der klares Bachwasser und abgelegene, steile Uferböschungen liebt; den Flussuferläufer, der zum Brüten einsame Kiesbänke aufsucht; den Bergmolch, der in kleinen Tümpeln laichen kann; und den Wasser liebenden Vierbeiner, der sich in den kühlen Bachfluten immer wieder erfrischen kann.

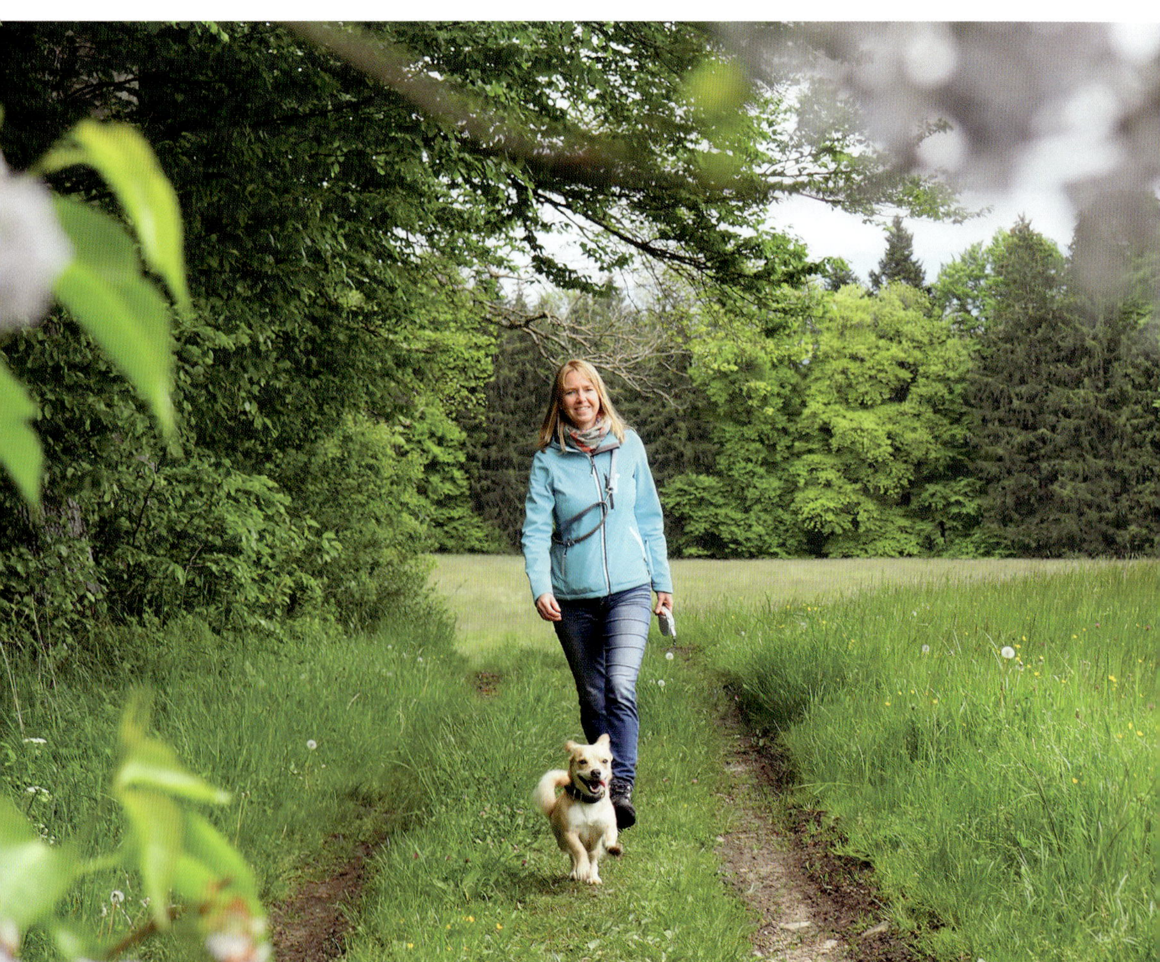

Kasia und Pepino unterwegs in der einladenden Wiesenlandschaft Richtung Gutshaus Sterneck …

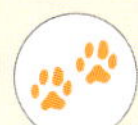  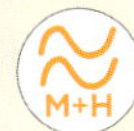 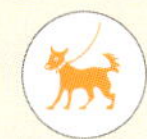

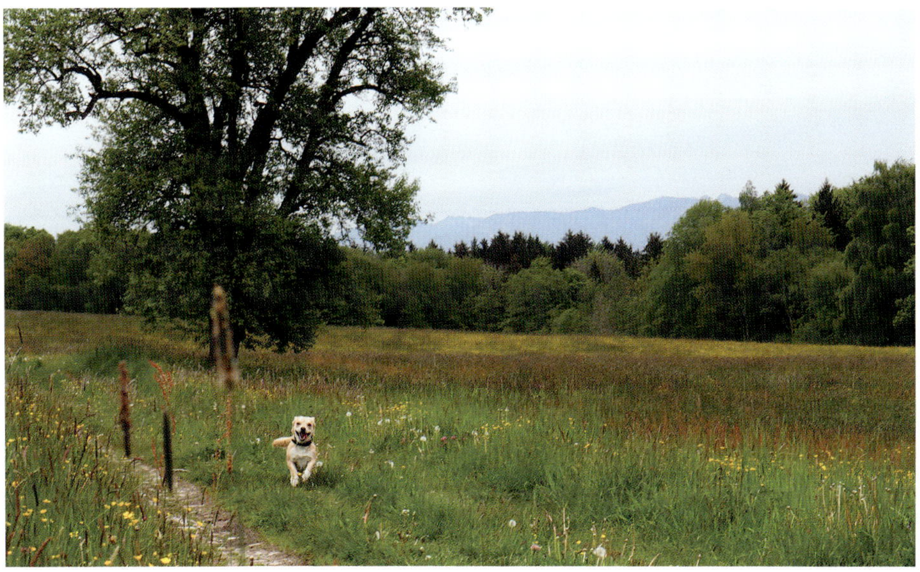

... Pepino springt hier mit sichtlicher Freude über die Blumenwiesen.

Die Wanderung bietet eine grandiose Vielfalt auf engstem Raum: Nach dem Flussabschnitt an der malerischen Leitzach folgt die Überquerung eines waldreichen Höhenrückens in Richtung des weitläufigen Mangfalltals bei Vagen. Hier und bei der Rückkehr über den Gutshof Sterneck genießen wir herrliche Weitblicke zu den Tälern, Wäldern und Bergen der Umgebung. Und wer von einem wasseraffinen Hund begleitet wird, der kann die Runde mit der zweifachen Durchquerung der Leitzachfurt noch um ein kleines Abenteuer erweitern – eine reizvolle Pointe an warmen Sommertagen (siehe Variante).

Im Landschaftsschutzgebiet „Untere Leitzach"

Wenige Minuten nach Beginn unserer Wanderung tauchen wir in das Landschaftsschutzgebiet „Untere Leitzach" ein. Erst sind wir etwas abseits des Flusses auf einem schönen Wiesenweg unterwegs. Dann führt ein wurzelreicher Pfad durch die dichte Ufervegetation mit Zugang zu einladenden Badegumpen. Die Flusslandschaft ist so schön, dass man sich quasi auf Zehenspitzen ruhig und bedächtig durch die Botanik bewegt. Die Leitzach windet sich in mehreren Schleifen durch das malerische Tal. Nach Passieren der Leitzachfurt gelangen wir kurz darauf noch einmal direkt an das Flussufer. Dann steigt der Weg an, sodass wir wenig später vom Steilufer aus einen eindrucksvollen Tiefblick auf die Leitzach genießen.

„Zweck des Schutzgebietes ist es, die einmalige, weitgehend unverbaute Wildflusslandschaft mit ihren natürlichen Umlagerungsstrecken, Steilufern sowie den angrenzenden Weiden-, Erlenau- und Hangleitenwäldern zu sichern", ist in einer Verordnung des Miesbacher Landratsamts nachzulesen. Und, im griffigsten Behördendeutsch: „Der Erholungsverkehr ist so zu regulieren, dass die Leistungsfähigkeit des Naturhaushaltes und dessen Selbstheilungskräfte nicht überfordert werden."

Mit Pepino muss man sich keine Sorgen machen, der Natur mit ihrer schützenswerten Flora und Fauna zu schaden. Wasser liebt der aus der Slowakei stammende Mischlings-

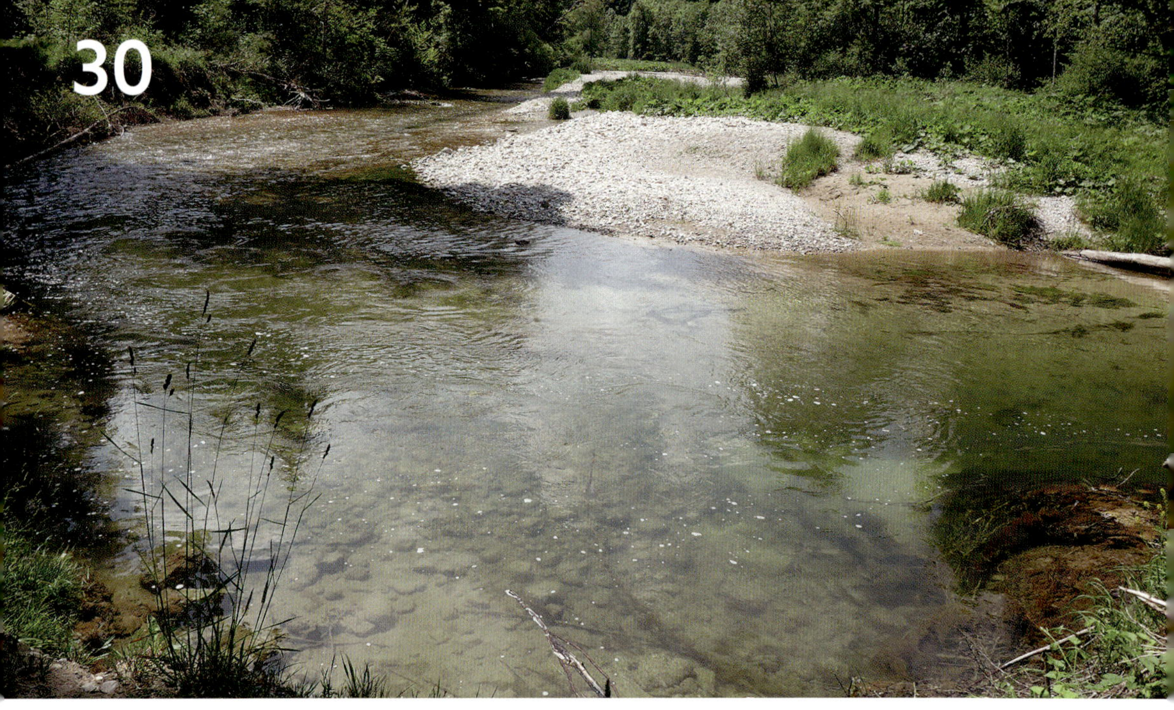

Die Leitzach zeigt ihren Wildflusscharakter.

hund zwar schon, aber er hat einen ausgeglichenen Charakter. Pepino ist so friedlich und fröhlich, dass sein Frauchen Kasia ihn als Ergotherapeutin regelmäßig mit zu ihren Hausbesuchen und ins Altersheim nimmt. Dort ist er ein gern gesehener Gast, zumal er sich während den Behandlungen absolut ruhig und unauffällig verhält. Und wenn er mal nicht mit dabei ist, wird gleich nach ihm gefragt – schließlich halten viele Patienten Leckerlis bereit. Dabei ist Pepino natürlich kein ausgebildeter Therapiehund. Doch da er bereits mit Kasia in die Welpenschule und zur Hundeflüsterin gegangen ist, folgt er fast immer aufs Wort. Kasia hat sich mit Pepino einen großen Traum erfüllt: Sie ist mit Hunden aufgewachsen und hatte sich schon seit Jahren einen treuen Vierbeiner gewünscht.

Abstecher in das Mangfalltal

Jenseits des langgezogenen Höhenrückens beginnt der Abstieg durch den Wald in das Mangfalltal, das mit seinen weitläufigen Feldern und Wiesen einen ganz anderen Charakter aufweist als das wilde Leitzachtal. Den Fluss selbst bekommen wir nicht zu sehen, dafür weitet sich unser Horizont in Richtung Mangfallgebirge. Nach der eben verlaufenden Wegpassage im Tal folgt der Gegenanstieg durch die sogenannte Breitenloh zum Gutshaus Sterneck. Die asphaltierte Privatstraße – das Benutzungsverbot gilt nur für Autos – leitet uns dann auf der Wanderroute zurück in das Untere Leitzachtal, das auch „Goldenes Tal" genannt wird. Diese in den Nachbargemeinden Neid hervorrufende Bezeichnung resultiert aus dem privilegierten Klima, das im wasserreichen Tal vorherrscht: Abgeschirmt von kalten Winden und gesegnet mit fruchtbarem Tonboden, kann hier überdurchschnittlich viel Obst angebaut werden und der Bauer freut sich über eine kräuterreiche Heuernte. Das Gasthaus Zum Goldenen Tal verarbeitet übrigens regionale Produkte in seiner schmackhaften Küche.

Und wie fällt Kasias Fazit zu dieser Runde im Leitzach- und Mangfalltal aus? „Mir hat die Tour sehr gut gefallen, auch weil Pepino einen Großteil der Strecke leinenfrei laufen konnte. In meiner Heimat am Tegernsee ist meistens sehr viel los und zahlreiche Wege müssen mit den Radfahrern geteilt werden."

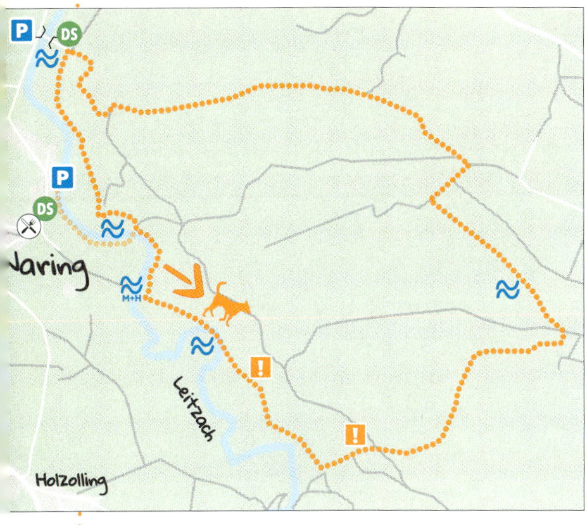

Start Parkmöglichkeit am Straßenrand bei der Einöde Erb (Leitzachbrücke), N 47.888750°, E 11.829903°; für die Variante: gebührenpflichtiger Parkplatz an der Leitzach (unterhalb des Gasthauses zum Goldenen Tal)

Charakter Der Hinweg verläuft teilweise auf schmalem Pfad durch die Leitzachauen, dann folgt eine zweifache Überquerung jenes bewaldeten Höhenrückens, der die Leitzach von der flachen Wiesenlandschaft im Mangfalltal trennt.

Orientierung Im Westteil der Route folgen wir dem Verlauf der Leitzach, im Mangfalltal guter Geländeüberblick. Hier Einmündung in die beschilderte Wanderroute „Sterneck" (grüne Wanderschilder)

Wasser am Wegesrand Leitzach, Bachgraben im Mangfalltal

Dog Station Wegbeginn im Leitzachtal, am Leitzach-Parkplatz

Hunde an die Leine Am Gutshaus Sterneck

Einkehr
Gasthaus zum Goldenen Tal, Naring,
Tel. 08063/328, Do. – So.,
www.goldenes-tal.de

Variante
Wer eine zweifache Flussdurchquerung – idealerweise mit Trekkingsandalen – nicht scheut, stellt sein Fahrzeug am Leitzach-Parkplatz ab und spaziert 1 km entlang des Flussufers zur Leitzachfurt. Am anderen Ufer Einmündung in die Hauptroute. Ideal in den Sommermonaten, wenn eine angenehme Wassertemperatur und moderate Strömung Wohlbehagen auslösen. Kleine Hunde können dann problemfrei durch das knöcheltiefe Wasser getragen werden.

Naring (Erb) › LSG „Unteres Leitzachtal" › Mangfalltal › Gutshaus Sterneck › Naring (Erb)

Bei der Einöde Erb die Leitzachbrücke überqueren (Ww. Sterneck) › an der folgenden Kreuzung rechts (Schranke vor Wegbeginn; kein Ww.) › der breite Weg geht mit Einmündung in den Wald in einen Uferpfad über › an der Leitzachfurt (nach 1,5 km) links › ! nach Passieren der Flussschleife an der Dreifach-Gabelung den linken, aufsteigenden Weg wählen › nach Tiefblick an der Abbruchkante den rechts abzweigenden Weg (Abstieg) ignorieren › ! am kleinen Lagerschuppen wieder von 3 aufwärts führenden Wegen die linke Variante wählen › am großen Wegkreuz auf der Kammhöhe rechts in den Forstweg › nach Abstieg in das Mangfalltal (stets auf dem Hauptweg bleiben) am Waldrand links und an der folgenden Y-Kreuzung rechts › an der I-Kreuzung rechts › nach 300 m an der T-Kreuzung links und an der nahen Y-Kreuzung rechts (Einmündung Wanderroute „Sterneck"; grünes Wanderschild) › über die sogenannte Breitenloh zum Gutshaus Sterneck › Abstieg auf der privaten Teerstraße zur Kreuzung im Leitzachtal › über die Leitzachbrücke zum Parkplatz bei Erb

Harmonie im Naturschutzgebiet

Vom Lauser Weiher in das Kupferbachtal

Im Naturschutzgebiet „Kupferbachtal bei Unterlaus“ liegt ein seltenes und weitgehend unbeeinträchtigtes Kalkflachmoor mit seltenen Tieren und Pflanzen, darunter das Bayerische Löffelkraut, der Kriechende Sellerie und das Torfpflanzkraut. Die Natur ist hier noch vollkommen intakt – fast ganz im Sinne der Kompetenz- und Geltungshierarchie, wonach die erfahrensten Lebewesen überleben und das ökologische Gleichgewicht somit erhalten bleibt. Die Natur organisiert sich selbst, man darf sie nur nicht dabei stören. Ähnlich verhält es sich bei unseren Vierbeinern, wenn sie etwaige Hierarchieansprüche untereinander regeln und anschließend spielend miteinander umgehen können.

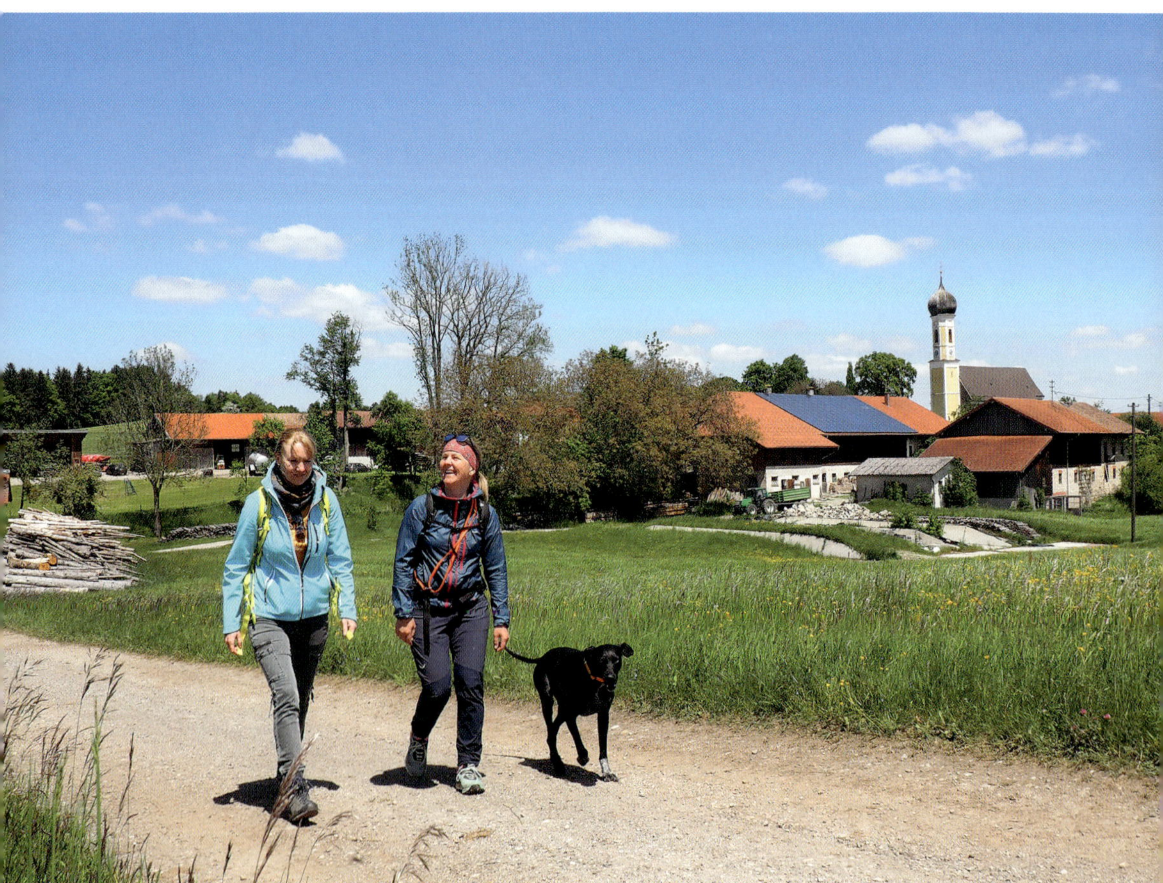

Kasia, Lisbeth und Oskar vor dem Kirchturm von Frauenreuth

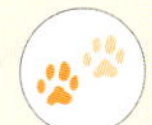  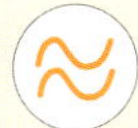 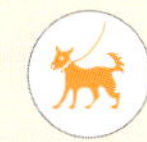

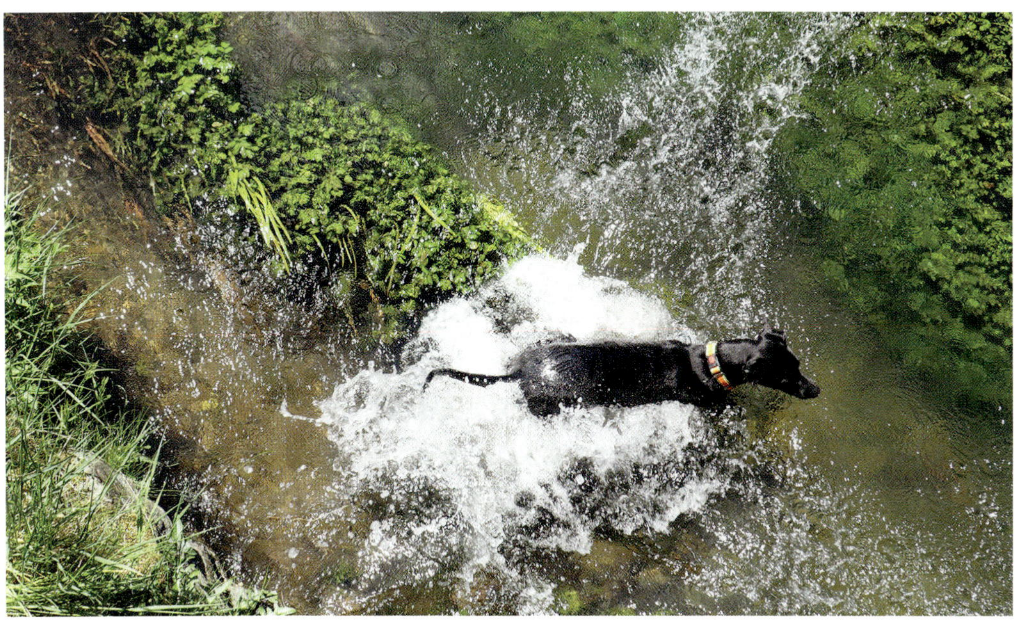

Oskar genießt ein Bad im Kupferbach.

Wir kennen Pepino ja bereits von der Wanderung im Leitzachtal (siehe Tour 30), bei der er sich überaus brav und zuvorkommend gezeigt hat. Im Kupferbachtal hingegen taucht mit Oskar plötzlich ein fremder Rivale in seiner Wandergruppe auf, gegenüber welchem er sich unabhängig von Alter, Größe und Stärke als Alphatierchen aufspielen möchte. Glücklicherweise reagiert der erfahrene Scandinavian Hound sehr gelassen auf Pepinos Attacken. Nach anfänglichem Scharmützel akzeptiert Pepino schließlich seine untergeordnete Rolle und saust seinem neuen Spielkameraden freudvoll hinterher, was bei dessen Geschwindigkeit von 35 km/h im Schnitt auf 8 km oder maximal 48 km/h kein leichtes Unterfangen ist.

Durch das Kalkflachmoor in Richtung Frauenreuth

Im Kalkflachmoor, das wir auf dem Hinweg nur einmal in wenigen Minuten überqueren, müssen Kasia und Lisbeth ihre übermütigen Vierbeiner jedoch im Zaum halten. Das fällt nicht schwer, denn beide Hundehalterinnen bilden mit ihrem Hund ein eingespieltes Team. Insbesondere Lisbeth und Oskar, die auf den Trabrennbahnen in Berlin und München bereits den ersten und zweiten Platz eingefahren haben. Inzwischen ist Lisbeth der Zughundesport zu aufwändig geworden, da die Rennen meistens in Norddeutschland stattfinden. Alternativ spannt sie ihren Vierbeiner vor ihr Mountainbike, und für Oskar ist es die pure Freude, wenn er sie auf abgelegenen Waldwegen ziehen darf. Dabei schaut er, voll im Arbeitsmodus, weder nach links noch nach rechts. Seine Aufgabe ist es, auf Lisbeth aufzupassen, welche wiederum hochkonzentriert und vorausschauend steuern muss. Auch Dogwalken, das im Einklang mit dem Hund durch das Erleben eines gemeinsamen Abenteuers den Zusammenhalt stärkt, machen Lisbeth und Oskar gerne. Mensch und Hund werden mit Hüftgeschirr und Druckdämpfer verbunden, und es erweist sich als

Vorteil, dass Oskar die Kommandos „Gee" für rechts und „Haw" für Links versteht.

Nach Austritt aus dem Hochholz rückt die Frauenreuther Kirche Mariä Himmelfahrt in unser Blickfeld. Im Inneren der Kirche dokumentieren Votivbilder die ursprüngliche Wallfahrt zur Gottesmutter nach Frauenreuth; noch heute ist die Wallfahrt am „Frauentag" (15.8.) ein Großereignis. Mit Beginn der Corona-Pandemie schließen musste hingegen das Hofcafé „Die Reystalerin" im nahen Reisenthal, einst eine der urtümlichsten Einkehrtipps der Region. Immerhin bleibt die Möglichkeit der Anmeldung zu Kaffee und Kuchen bzw. Brotzeiten ab Gruppen von zwölf Personen und der Mitnahme von Rotwildfleisch aus dem eigenen Wildgehege.

Malerische Flusslandschaft am Kupferbach

Der Hof markiert den Wendepunkt unserer Wanderung, fortan geht es entlang des Kupferbachs nach Süden. Der Fluss ist von seiner Quelle bei Percha bis zur Mündung in die Glonn nur sieben Kilometer lang, aber diese kurze Strecke reicht aus, um ihn als einen der schönsten Wildgewässer des Oberlandes wahrzunehmen. Alternativ zum etwas oberhalb am Hang entlangführenden Kiesweg tauchen wir auf dem flussnahen Pfad in die dichte Röhricht-, Hochstauden- und Schwarzerlen-Botanik ein und erleben den leise vor sich hinplätschernden Kupferbach in seiner naturnahen Urform. Er ist nach seinen rötlichen Sedimenten

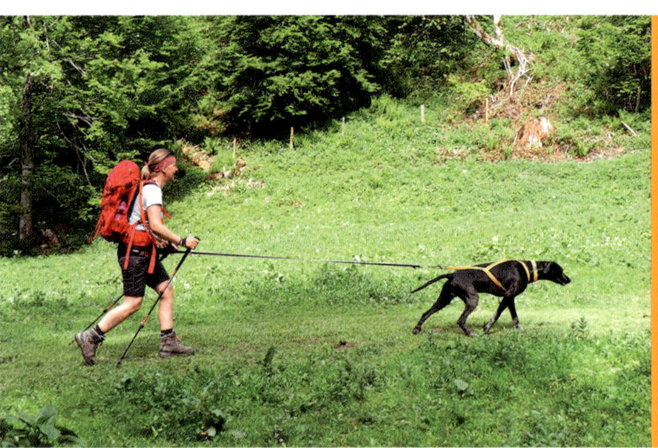

Individueller Gassi-Service
Lisbeth Grünig bietet am Irschenberg individuellen Gassiservice und Hundebetreuung für maximal 4 Hunde an. Die Hunde werden wahlweise zu ihr gebracht oder bei den Besitzern abgeholt. In ihrem eingezäunten Garten hat sie Agility-Geräte aufgebaut. Eine optimale Auslastung der zu betreuenden Hunde ist für sie selbstverständlich. Kontakt: 0176/62271401

Scandinavian Hound

Beim Scandinavian Hound handelt es sich um keine eingetragene Rasse, sondern um eine Mischung aus Jagd- und Windhund, der auch für den Zughundesport gezüchtet wird. Dabei wird der Hund mit einem speziellen Geschirr vor das Rad gespannt. Mensch und Tier bilden ein echtes Team, bei dem höchste Konzentration gefragt ist – das Wettkampffieber überträgt sich auch auf den Hund. Der Scandinavian Hound liebt es, mit dem Menschen eine enge Bindung einzugehen und setzt dessen Kommandos pflichtbewusst um. Sein Sozialverhalten ist überdurchschnittlich ausgeprägt, auch mit anderen Hunden hat er überhaupt keine Probleme. Seine Vorliebe für die Gemeinschaft sowie seine Ausdauer und Sprintfähigkeit machen aus ihm auch einen hervorragenden Schlittenhund, der dank seines dichten Fells inklusive Unterwolle eiskalte Temperaturen verträgt. Auffallend sind sein gepflegtes und athletisches Erscheinungsbild sowie seine eingeknickten Ohren.

Gehzeit 2 ¾ Std. • **Strecke** 7,5 km • **Höhenmeter** 100

31

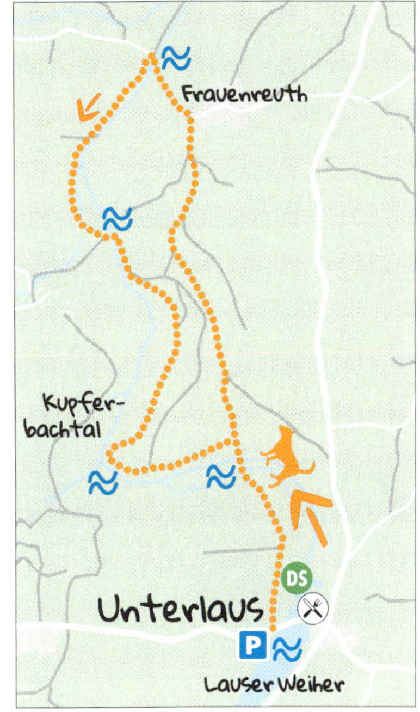

benannt und mündet über die Flüsse Glonn, Mangfall, Inn und Donau in das Schwarze Meer. Wenn man es quaken hört, könnte es sich um die Gelbbauchunke handeln, eine der schützenswerten tierischen Bewohner des 46 Hektar großen Naturschutzgebiets. Die größte Besonderheit ist jedoch das Bayerische Löffelkraut, eine endemische Pflanze, die in ihrem Bestand als extrem gefährdet eingestuft wird.

Pepino und Oskar haben ihre privaten Laufduelle längst eingestellt. Wir queren das Moos – hier verschwindet der Kupferbach fast hinter dem mannshohen Schilf – und kehren über Oberstetten zum Ausgangspunkt zurück. Direkt am Parkplatz finden wir einen Durchschlupf zum Lauser Weiher. Das Strandbad ist während der Badesaison für Hunde tabu.

Hier sthet eine Bildunterschrift

Start Parkplatz am Lauser Weiher (Freibad), N 47.940489°, E 11.859007°

Charakter Abgesehen vom engen Pfad am Kupferbach verläuft die relativ kurze Route ausschließlich auf bequemen Kies- und Teerwegen.

Orientierung Im S-förmig verlaufenden Kupferbachtal wird man den Überblick nicht verlieren.

Wasser am Wegesrand Lauser Weiher (abseits des Freibads), Kupferbach

Dog Station Am Teerweg nach Oberstetten, in Reisenthal (an der Infotafel des Marktes Glonn etwas nördlich der Route)

Hunde an die Leine An der Großhelfendorfer Straße (Parkplatz), am Gehöft Oberstetten, Teerweg zwischen Frauenreuth und Reisenthal

Einkehr
Wirt vo Laus, Unterlaus, Tel. 08063/295, Sa./So. auch tagsüber geöffnet, www.wirt-vo-laus.de

Unterlaus › Frauenreuth › Reisenthal › Kupferbach › Unterlaus

Vom Parkplatz auf dem beschilderten Teerweg zum Gehöft Oberstetten › rechts vom Anwesen führt ein Wiesenweg in das Kupferbachtal hinab › nach Überqueren des Kupferbachs am Waldrand geradeaus auf dem Kiesweg ansteigen › stets auf dem Hauptweg Richtung N bleiben und über eine freie Wiese nach Frauenreuth › am Teersträßchen links und Abstieg nach Reisenthal › an der Kreuzung im Kupferbachtal links (Ww. Spielberg) › an der Y-Kreuzung links über die Bachbrücke › an der T-Kreuzung links und den Kupferbach überqueren › der Weg wendet sich nach S und mündet in einen Kiesweg › auf dem rechts abzweigenden Pfad zum Bach absteigen und stets in Bachnähe nach O › am Waldrand Einmündung in die Route des Hinwegs › über Oberstetten nach Unterlaus zurück

Rücksichtnahme statt Leinenzwang

Von Markt Schwaben in das Schwabener Moos

Das Schwabener Moos ist ein Vorzeigebeispiel dafür, dass sich Interessenskonflikte auch ohne strikte Verbote regeln lassen. Vor einigen Jahren haben in Markt Schwaben Vertreter des Landratsamts, Landwirte, Reiter, Jäger, Vogelschützer und Hundehalter einen größtmöglichen Konsens erarbeitet, der die Bedürfnisse von Mensch und Natur erfüllt. Konstruktives Miteinander statt Konfrontation - mit gutem Willen aller Beteiligten sollte der Ausflug in das vielseitige Schwabener Moos dauerhaft Freude bereiten.

Wie der Konsens im Schwabener Moos im Einzelnen geregelt ist, erfahren wir vor Betreten des wasserreichen Areals an der Übersichtstafel „Unser Schwabener Moos - Gemeinsam geht es besser". Ein Modellprojekt für ein Miteinander von Mensch und Natur. Wichtigste Botschaft: In den beschilderten Bereichen müssen wir unsere Vierbeiner an die Leine nehmen, außerhalb davon dürfen sie, sofern nicht jagdgesteuert, frei herumlaufen. Und wir werden aufgefordert, den Hundekot in den auf der Tafel markierten Müllbehältern zu entsorgen.

Reichlich Wasser im Schwabener Moos

Wie viele andere Hunde auch, hat Lucky viel Freude daran, neue Landschaften, Reviere zu erkunden. Deshalb läuft er im Gegensatz zu den Gewohnheits-Gassirunden im heimischen Aschheim in Vorfreude neuer Entdeckungen im Schwabener Moos stets ein paar Meter voraus. Vor allem der Schwarzgraben hat es ihm angetan - als Wasser liebender Golden-Retriever springt er den kalten Temperaturen zum Trotz mehrfach ins kühle Nass, ohne gänzlich abzutauchen. Später wird sich das Ritual an anderen Gewässern wiederholen. Ein perfekter Ausflug, zumal sein Herrchen Paul auch noch Schneebälle formt und in die Höhe wirft, die Lucky - eine seiner Lieblingsbeschäftigungen im Winter - im Idealfall dann direkt aus der Luft mit der Schnauze abfängt.

Nach Passieren des meist geschlossenen Restaurants Balkangrill, das über einen schönen Gastgarten verfügt, wird Luckys Euphorie jedoch ein wenig gebremst. Die asphaltierte Walkstraße führt unmittelbar in die Ruhe- und Wildzone des Schwabener Mooses, und dort sollen wir unsere Vierbeiner an die Leine nehmen. Um die Hundehalter*innen dezent darauf aufmerksam zu machen, wurden auf einer Strecke von rund 800 Metern Schilder wie „Gib mir eine Chance, groß zu werden. Bitte weiche vom 1.4. bis 30.6. auf andere Wege aus" (betrifft jedoch nur einen Seitenweg) oder „Ruhezone Wildschutzfläche. Vielen Dank für Ihre Rücksichtnahme" aufgestellt. Das abgebildete Rehkitz im Gras soll unser Verantwortungsbewusstsein schärfen. Gegen eine Entschädigung von der Gemeinde verzichten die ansässigen Landwirte übrigens darauf, ihre Ackerflächen intensiv zu bewirtschaften und zu düngen, um Rücksicht auf die Bodenbrüter zu nehmen.

Abstecher zum Quellsee der Forstinninger Sempt

Jenseits der Bachbrücke der Anzinger Sempt verlassen wir vorübergehend das Schwabener

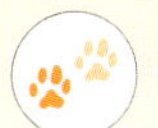   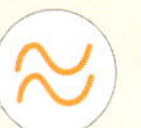 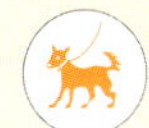

Moos. Hinter dem Waldstück passieren wir die Wagmühle, die bis 1914 als Sägemühle und bis in die 1960er Jahre als reine Mehlmühle betrieben wurde; für den Antrieb des Wasserrads sorgte die Forstinninger Sempt. Insgesamt gab es im Einzugsbereich der Sempt früher ein Dutzend Mühlen. Eine davon, die Wolfmühle, ist heute noch in Betrieb und mahlt auf ökologische Weise Getreide; das Wasserrad wurde bereits 1930 durch eine Turbine ersetzt. Wir werden im Verlauf der Wanderung an ihr vorbeiwandern.

Auf dem Weg nach Berg, wo sich vor rund 1800 Jahren ein römischer Gutshof befunden haben soll, und vor allem in den südlich angrenzenden Feldern zeigt sich das Alpenpanorama mit dem Wendelstein von seiner schönsten Seite. Hier stehen keine Schilder mehr, dennoch soll es vorkommen, dass ein aufkreuzender Ranger die Besitzer*innen von Hunden mit offensichtlichem Jagdfieber immerhin freundlich auf das Anleinen hinweist. „Selbst gut erzogene, auf Kommandos reagierende Hunde vergessen sich, wenn sie

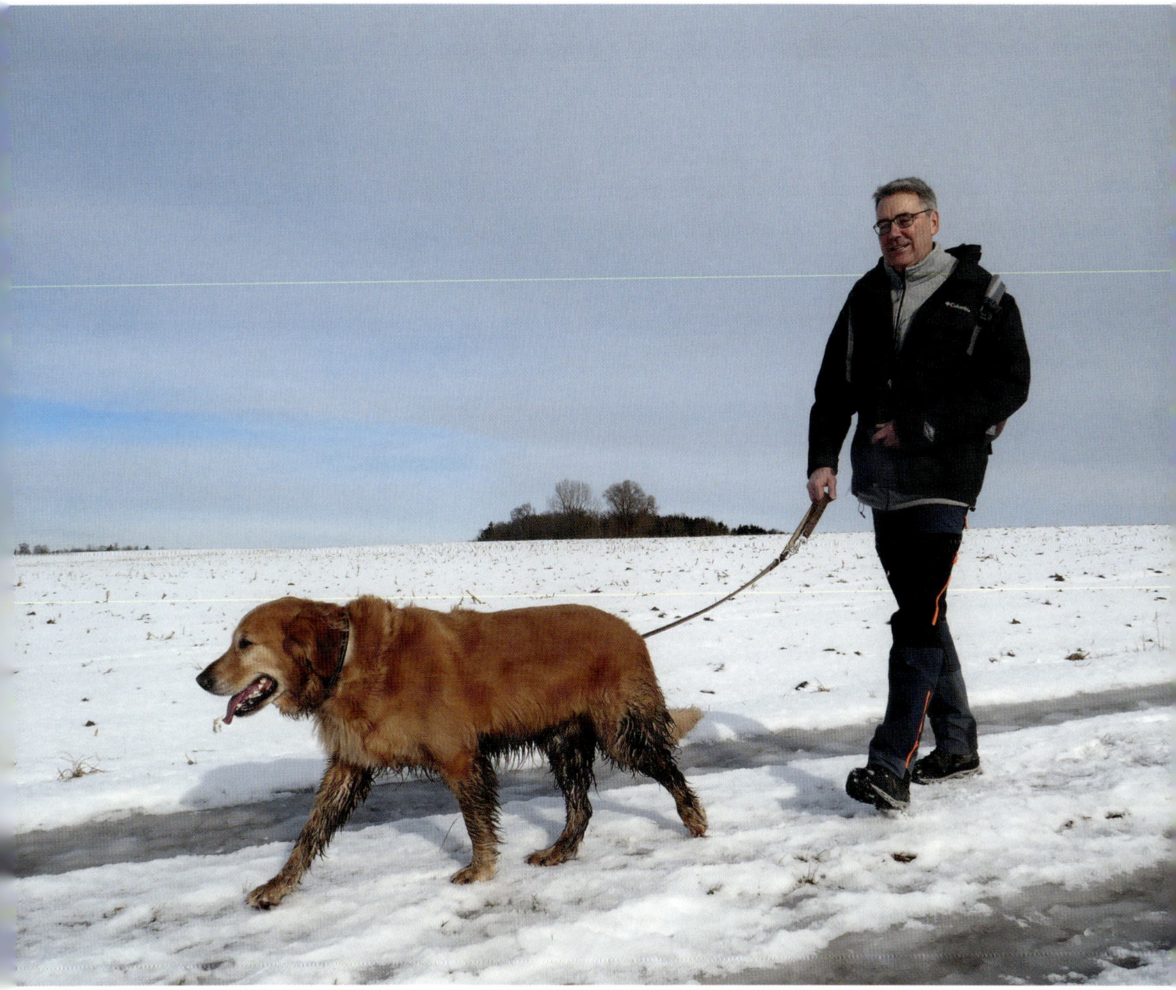

Lucky und Paul auf dem Panoramaweg östlich von Sempt

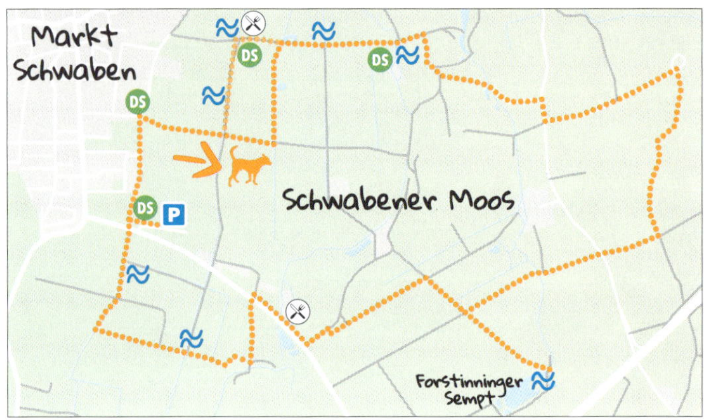

eine Jagdfährte aufgenommen haben. Glauben Sie mir." Im Weiler Sempt, den wir für die Rückkehr in das Schwabener Moos passieren müssen, müssen unsere Vierbeiner zum Schutz der Hennen und angesichts des Warnschilds vor dem Hofhund dann spätestens an die Leine.

Im Schwabener Moos lohnt der Abstecher zum kristallklaren Quellsee der Forstinninger Sempt. Hier spricht nichts gegen ein weiteres erfrischendes Bad. Lucky lässt sich nicht zweimal bitten, was Paul zwecks der einhergehenden Fellsäuberung durchaus erfreut. Wasser gibt es dann auf der finalen Schleife südlich der Wolfmühle abermals. Hier treffen wir beispielsweise auf den Schwarzgraben, der das Schwabener Moos von Süd nach Nord durchzieht. Am nahe des Parkplatzes gelegenen Weiher gilt ein Hundebetretungsverbot.

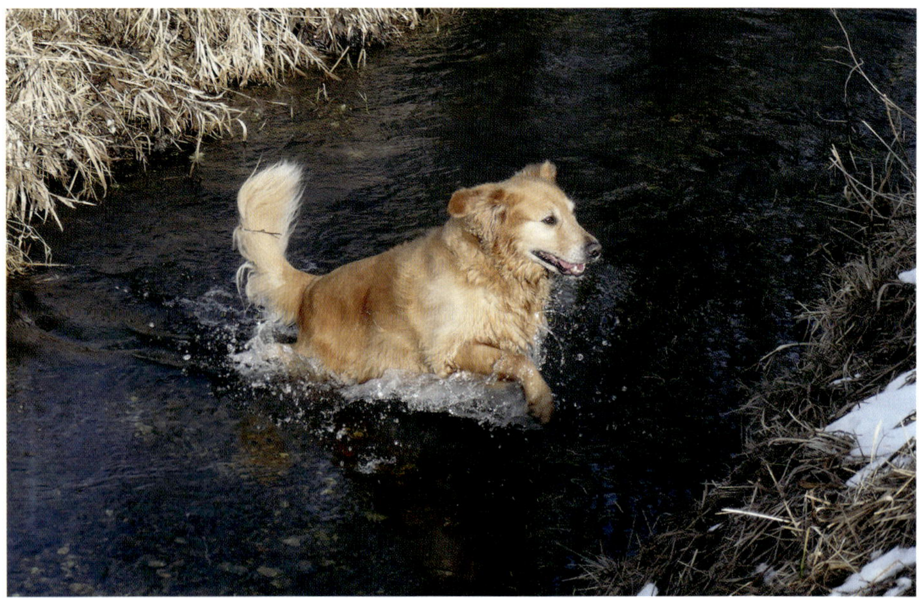

Eine von zahlreichen Badeeinheiten, die Lucky im wasserreichen Schwabener Moos genießt.

ÖVM S2 nach Markt Schwaben, vom Bahnhof ca. 1,5 km ostwärts (zuletzt auf der Grafen-von-Sempt-Straße) in das Schwabener Moos

Start Parkplatz am Schwabener Sportpark (an der St2080), Markt Schwaben, N 48.182667°, E 11.873561°

Charakter Weitgehend eben verlaufende Wanderung über Wiesen und Felder mit kurzen Waldabschnitten. Insgesamt eine sehr sonnige und aussichtsreiche Tour!

Orientierung Meist beste Geländeübersicht entlang der Strecke. Im Westen begrenzt Markt Schwaben, im Süden die A 94 unser Wandergebiet, im Osten wird die Sempt zweimal überquert.

Wasser am Wegesrand Bachläufe und Tümpel im Schwabener Moos, Anzinger und Forstinninger Sempt, Quellsee der Forstinninger Sempt, Schwarzgraben und Tümpel südlich der St2080

Dog Station Am Sportpark, am Rand des Schwabener Mooses (Grafen-von-Sempt-Straße), an der Walkstraße (Balkangrill), an der Brücke der Forstinninger Sempt

Hunde an die Leine Im beschilderten Wildzonenbereich des Schwabener Mooses, im Abschnitt zwischen Wagmühle und Berg, im Weiler Sempt, auf dem Radweg an der St2080 und bei deren zweifacher Überquerung

Einkehr

- Balkangrill, Walkstr. 29, Tel. 0176/31663100, Do./Fr. ab 17 Uhr, Sa./So. ab 12 Uhr, www.balkangrillgarten.de
- Garten-Café Die Wolfmühle, Tel. 08121/3334, Ostern bis Oktober bei schönem Wetter So./Fei 12-18 Uhr, www.wolfmuehle.de

Sportpark › Schwabener Moos › Wagmühle › Berg › Sempt › Schwabener Moos (Quellsee) › Wolfmühle › Sportpark

Vom Parkplatz nach W Richtung Markt Schwaben › Graf-Rathold-Weg nach N › nach 500 m an der Grafen-von-Sempt-Straße rechts in das Schwabener Moos (Infotafel) › nach 400 m links in den Weg, der am Schwarzgraben entlang nach N führt › an der Kreuzung rechts in den Teerweg (Walkstraße) nach O › die Brücke der Anzinger Sempt überqueren und geradewegs in den Wald › an der Weggabelung rechts und auf dem Hauptweg über die Forstinninger Sempt zur Wagmühle › an der Querstraße 100 m nach S und links auf dem Teerweg Richtung Berg › vor dem Weiler rechts in den DVV-Wanderweg (Schild) › nach 800 m rechts in den Feldweg und die Querstraße geradeaus überqueren (Firmenschild „myLovely") › die Bachbrücke überqueren und zurück in das Schwabener Moos › an der Wegkreuzung links zu den Quellen der Forstinninger Sempt (Abstecher) › zurück zur Wegkreuzung und 200 m geradeaus › an der folgenden Wegkreuzung links zur St2080 › rechts in den Radweg, der an der Wolfmühle vorbeiführt › nach 300 m die St2080 überqueren und jenseits des Gatters (Durchschlüpfen möglich) Wiesenweg nach S › an der Weggabelung im Wald rechts › den Schwarzgraben passierend, 700 m nach W › hinter dem Waldstück wendet sich der Weg nach N und führt direkt zur St2080 nebst Parkplatz zurück

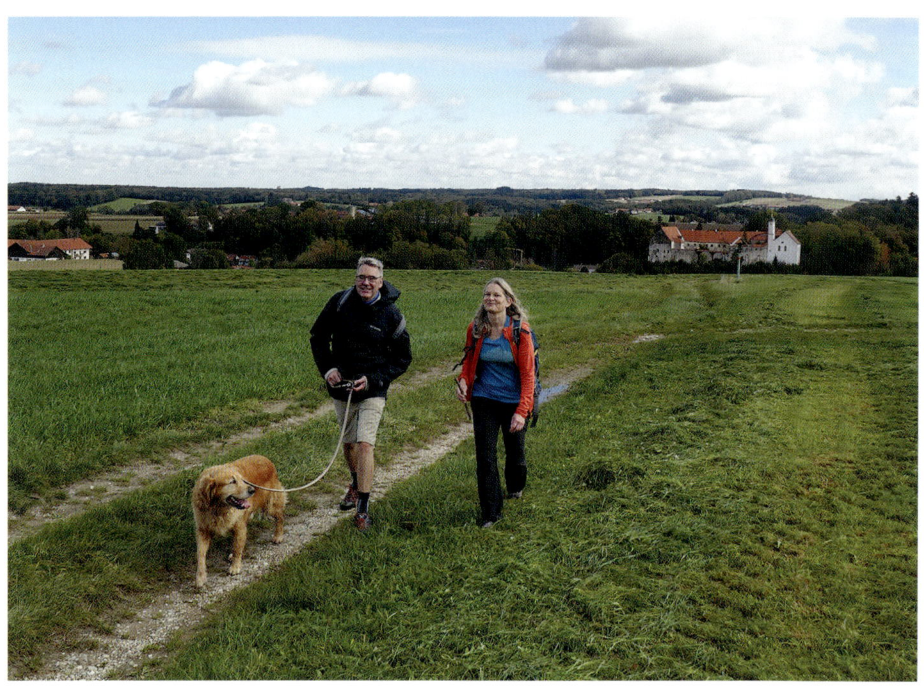

Westlich von Burgrain öffnen sich die Wiesenfluren.

Bachtal mit Waldabstecher

Rundwanderung südwestlich von Isen

Das Isental ist durch den quirligen Bach als steter Begleiter und die schönen Wiesen ein Eldorado für Hunde. Perfekt für den Golden Retriever Lucky, der gerade im Sommer Abkühlung an der Strecke liebt. Mehrere „Dogstations" entlang der Wege deuten auf eine gewisse Frequentierung der Vierbeiner hin. In Burgrain kehren wir dem Tal den Rücken zu und tauchen in moosbewachsene Wälder ein.

Unsere Wanderung beginnt am Seniorenheim im Talboden der Isen. Da man dort nicht parken darf, stellen wir unser Fahrzeug in einer der nördlich angrenzenden Seitenstraßen ab. Im Bürgerpark dauert es keine zwei Minuten, bis Lucky – kaum von der Leine gelassen – dem Bachufer zustrebt und sich erfrischt. Dabei lässt er sich von der Strömung des Wassers kühlen, die bei der Isen für einen derart kleinen Fluss recht beachtlich ist. Das indogermanische Wort für „sich heftig und schnell bewegen" heißt übrigens „eis", woraus der Name Isen abgeleitet wurde.

Durch das Isental zum Burgrainer Schloss

Bis Burgrain führt unser Wanderweg immer wieder an das Wasser der Isen und des benachbarten Mühlbachs heran. Tief sind die Bäche nicht, aber Schwimmen gehört ohnehin nicht zu Luckys Lieblingsdisziplinen. Stattdessen beäugt er die Wasseroberfläche, als würde sich dort die Meerjungfrau spiegeln, die im Wappen des Marktes Isen ihre beiden Fischschwänze emporhält. Kurz vor Westach teilt sich der Wiesenpfad: Wir wählen die unscheinbare linke Variante und bleiben somit in Flussnähe. Auf Höhe der Urtlmühle erfahren wir an einer Tafel Hintergründiges zur „Schlacht von Hohenlinden". Wir überqueren einen Steg und wandern an Forellenteichen vorbei dem Burgrainer Schloss entgegen, das fotogen auf einem Geländesporn liegt. Früher hat es im Isental viele Burgen und Schlösser gegeben, insofern ist die gut erhaltene Burgrainer Anlage ein bedeutsames historisches Relikt, auch wenn sie, da in Privatbesitz, nur von außen besichtigt werden kann.

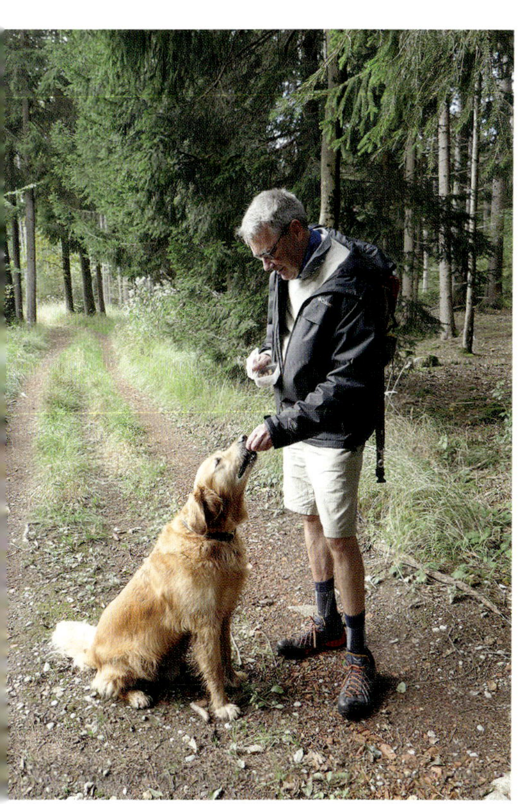

Eine kleine Stärkung kann nicht schaden.

Waldidylle mit Bächen und Moos

Ab Burgrain ändert sich der Charakter der Wanderung wesentlich. Mit der Burg im Rücken wandern wir über eine hügelige Wiese nach Westen und tauchen bald in den Wald ein. In der Folge überqueren wir mit dem Loipfinger und Neuhartinger Bach zwei weitere Bäche mit Erfrischungspotential, was sich Lucky nicht entgehen lässt. Paul freut sich, weil sich sein Vierbeiner somit einer automatischen Fellreinigung unterzieht; ganz matschfrei ist der Wald in regenreichen Zeiten nämlich nicht, und Luckys dichtes Fell nimmt den Dreck gerne auf. Lucky ist übrigens auch ein hervorragender Guide: An zahlreichen Abzweigungen wählt er, gerne vorausgehend, instinktiv die richtige Variante. Wir müssen somit nicht fürchten, uns zu verlaufen.

Der Waldboden ist an vielen Stellen von märchenhaft anmutenden Moosteppichen überzogen. Insbesondere der Abschnitt westlich des Loipfinger Bachs erweckt Assoziationen an einen Märchenwald, fehlt nur noch, dass dicke Steinpilze aus dem Moos hervorsprießen; obwohl: an diesem warmen Oktobertag entdecken wir immerhin neben fotogenen Fliegenpilzen farbenfrohe Baum- und Blätterpilze sowie essbare Rotkappen und Mönchsköpfe. Während wir uns den Schwammerln zuwenden, blickt Lucky erwartungsvoll in unsere Richtung, als wolle er fragen: „Ja, wo bleibt ihr denn?"

Bei Oberbuch müssen wir auf 600 Meter Länge eine wenig befahrene Autostraße überbrücken, wobei wir auch auf die angrenzenden Wiesen ausweichen können. Dann führt uns ein Landwirtschaftsweg durch den letzten Waldgürtel des Tages. Hier hat eine Baumschule Hunderte unterschiedlicher Bäume gepflanzt, der rechts abführende Forstweg führt in die Irre. Am Ende des Tages wird Lucky müde sein, denn eine Wanderung von dieser Länge macht er nicht gerade täglich.

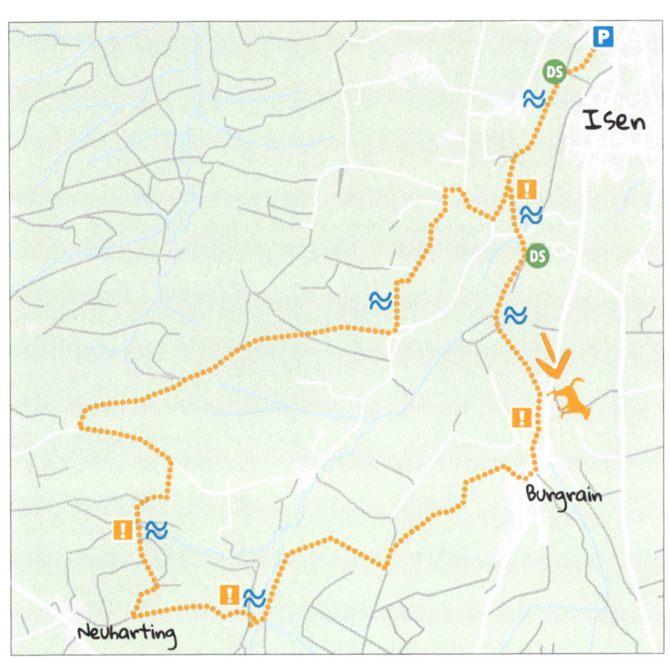
P
DS
Isen
DS
Burgrain
Neuharting

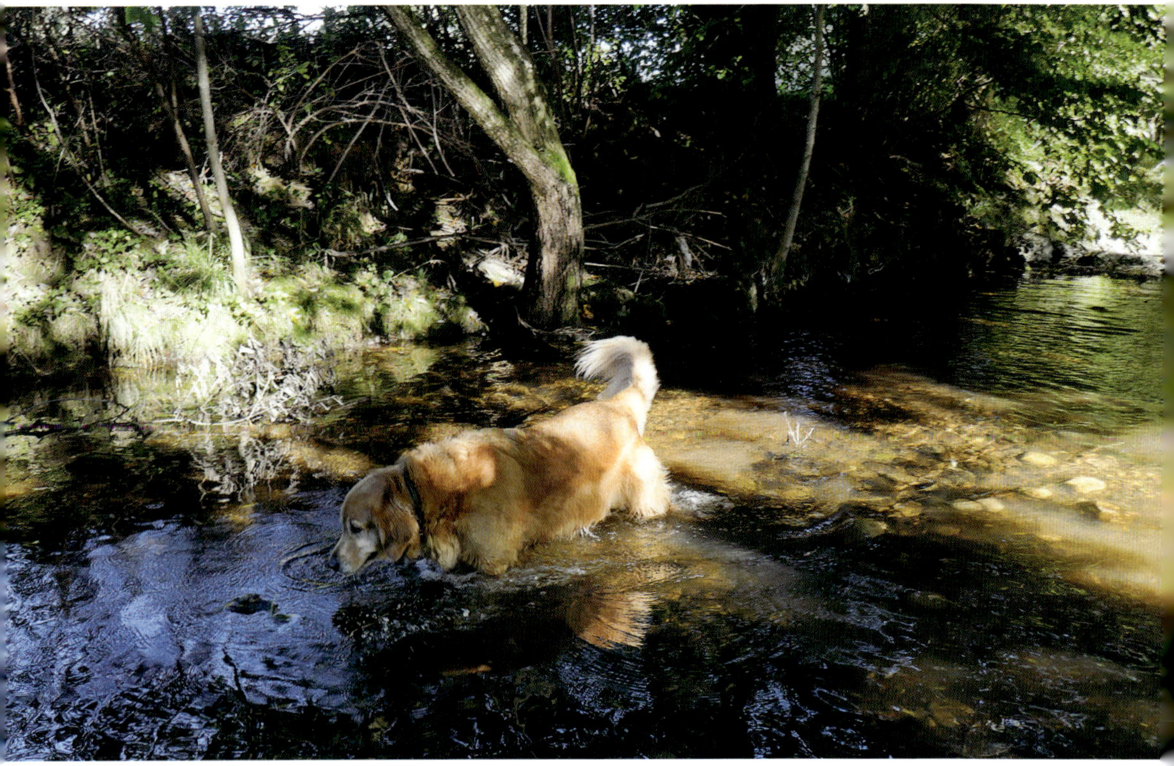

Start Parken im Ort Isen, z.B. in der Mühlbachstraße an der Isenbrücke, Beginn der Wanderung am Seniorenzentrum N 48.211274°, E 12.054344°

Charakter Während die Route im Isental flach verläuft, sind im leicht hügeligen Wald- und Wiesenterrain kleinere Steigungen zu bewältigen.

Orientierung Im Isental einfach, in den westlich angrenzenden Wäldern mangels Markierungen und Bezugspunkten schwierig

Wasser am Wegesrand Isen und Mühlbach im Isental, Loipfinger Bach, Neuhartinger Bach, Bachlauf bei Westach

Dog Station Bürgerpark in Isen, Isental

Hunde an die Leine Auf den kurzen Asphaltabschnitten in Isen, Burgrain, und bei Oberbuch

Isen › Burgrain › Oberbuch › Westach › Isen

Vom Seniorenheim in Isen durch den Bürgerpark nach S › am Parkende leicht rechts halten und nacheinander die Isen- und Mühlbachbrücke überqueren › ! an der Y-Kreuzung in der Wiese links dem unscheinbaren Wiesenpfad folgen › die nahende Brücke links überqueren und rechts in den Wanderweg › ! am Ortsrand von Burgrain den Isenweg rechts auf einem Pfad verlassen (blauer Pfeil) › nach Einmünden in den Mühlenweg an der Hauptstraße rechts und nach 100 m rechts in die Hochfeldstraße, die in einen Wiesenweg übergeht › nach Eintauchen in den Wald an der T-Kreuzung links › nach 300 m rechts abzweigen (Schild Wasserschutzgebiet) › der Weg führt in einer Schleife zum Hopfinger Bach › die Brücke überqueren und kurz darauf links abzweigen: ! dabei nicht den klareren linken, sondern den bemoosten rechten Weg wählen › an der T-Kreuzung rechts › parallel zum Waldrand nach N › ! den Neuhartinger Bach überqueren, kurz nach links, dann nach rechts und an der Y-Kreuzung links halten › an der T-Kreuzung rechts › an der Teerstraße links und nach 600 m rechts in den Landwirtschaftsweg (Schild) › im Wald auf dem Hauptweg bleiben (den Rechtsabzweig an der Baumschule ignorieren) › an der Teerstraße (Siedlung) links, nach 100 m links in den Feldweg und jenseits des Bachgrabens empor › Bachfeldstraße nach N › an den beiden T-Kreuzungen jeweils rechts nach Westach › der im Weiler links abzweigende Pfad führt an Obstbäumen vorbei zur Route im Isental

Golden Retriever

Der Golden Retriever ist dank seines freundlichen, liebenswürdigen und zutraulichen Wesens der perfekte Familienhund. An der Seite seiner Bezugsperson zeigt die Rasse einen sehr geduldigen und ausgeglichenen Charakter. Der Retriever strotzt vor Energie, weshalb er gefordert sein will: Bloßes Gassigehen um den Häuserblock reicht ihm somit nicht aus. Ursprünglich wurde er für die Vogeljagd gezüchtet, um geschossene Tiere häufig aus dem Wasser heraus zu apportieren, weshalb er sich zu einem guten Schwimmer entwickelt hat. Während er dank seines dichten Fells inklusive wasserdichtem Unterfell gegen nasskalte Witterung immun ist, leidet er im Sommer bei Hitze.

Erfrischung in der Isen südlich des gleichnamigen Ortes

Der perfekte Badeausflug

Vom Garchinger See an den Mallertshofer See

„Welchen Badestrand mit Hund kannst du mir denn noch empfehlen?“, fragt mich Mia am Mallertshofer See, nachdem sie erfahren hat, dass sie und ihr geliebter Vierbeiner in diesem Hundewanderführer auftauchen werden. „Du bist hier schon bestens aufgehoben, etwas Schöneres gibt es weit und breit nicht“, mache ich ihre Neugier auf weitere Paradies-Strände im Großraum München zunichte. Eine ähnlich gechillte und romantisch anmutende Stimmung wie an diesem lauen Hochsommerabend habe ich zuletzt vor vielen Jahren auf der Insel Formentera verspürt. Mit dem Unterschied, dass dort der Hund nicht so im Mittelpunkt stand.

Damit die paradiesischen Verhältnisse nicht bald der Vergangenheit angehören, müssen alle Frauchen und Herrchen die für ein Naturschutzgebiet üblichen Regeln beachten. Dazu zählen vor allem das Wegegebot und die Mitnahme ihrer Hinterlassenschaften. Jagdorientierte Hunde müssen an die Leine, auch in der angrenzenden Heidelandschaft. Hat man sich einmal am Kiesstrand des Mallertshofer Sees niedergelassen, fällt es einem vor allem bei sommerlichen Temperaturen schwer, an eine ausgedehnte Wanderung zu denken. Aus diesem Grund starten wir auch nicht in Nähe des beliebten Hundebadesees, sondern am benachbarten Garchinger See. Es lohnt sich, denn die Rundtour im Münchner Norden ist mit drei Seen und schönen Heidewegen äußerst kurzweilig.

Durch die Heidelandschaft zum Hundebadestrand

Am vom Grundwasser gespeisten Garchinger See werden unsere Vierbeiner während der Badesaison von Mitte Mai bis Mitte September nicht geduldet. Ob dieses Tabu auch gilt, wenn dem See seitens der EU wie mehrmals in den vergangenen Jahren eine mangelhafte Wasserqualität zugesprochen und vom Baden (für uns Menschen) deshalb abgeraten wird? Bei den regelmäßigen Prüfungen der Wasserwerte wurde zuletzt eine Überkonzentration an Kolibakterien festgestellt, die vom Kot der Gänse und Enten und von den benachbarten Güllefeldern stammen. Wer Wildvögel füttert, unterstützt die Verunreinigung des Sees.

Wir verlassen den Garchinger See an dessen Nordostende und gelangen rasch in das benachbarte Naturschutzgebiet „Mallertshofer Holz mit Heiden“. Vor uns breitet sich eine weitläufige Grasheiden-Landschaft aus, die von wenigen Wegen durchkreuzt wird. Auf den sogenannten Kalktrockenrasen blühen schützenswerte alpine Pflanzen wie der Stängellose Kalk-Enzian oder der Gekielte Lauch. Die hohe Artenvielfalt ist die Folge davon, dass das Gelände bis 2008 von der Bundeswehr als Truppenübungsplatz genutzt wurde und somit die ursprüngliche Landschaftsstruktur erhalten blieb.

Der Mallertshofer See ist an seiner Ostseite ordentlich zugewuchert, sodass wir ihn erstmal nicht erblicken. Den besten Zugang erhalten wir von der offenen Nordseite. Er ist übrigens kein ausgewiesener Badesee, weshalb die Abkühlung ausschließlich auf eigenes Risiko erfolgt. Das ist für die Fangemeinschaft der freien Hundebadekultur jedoch kein Hindernis, mit ihren Lieblingen hier anzurücken. Am Tag der Recherche zähle

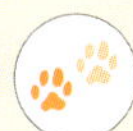

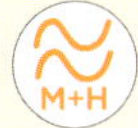

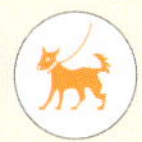

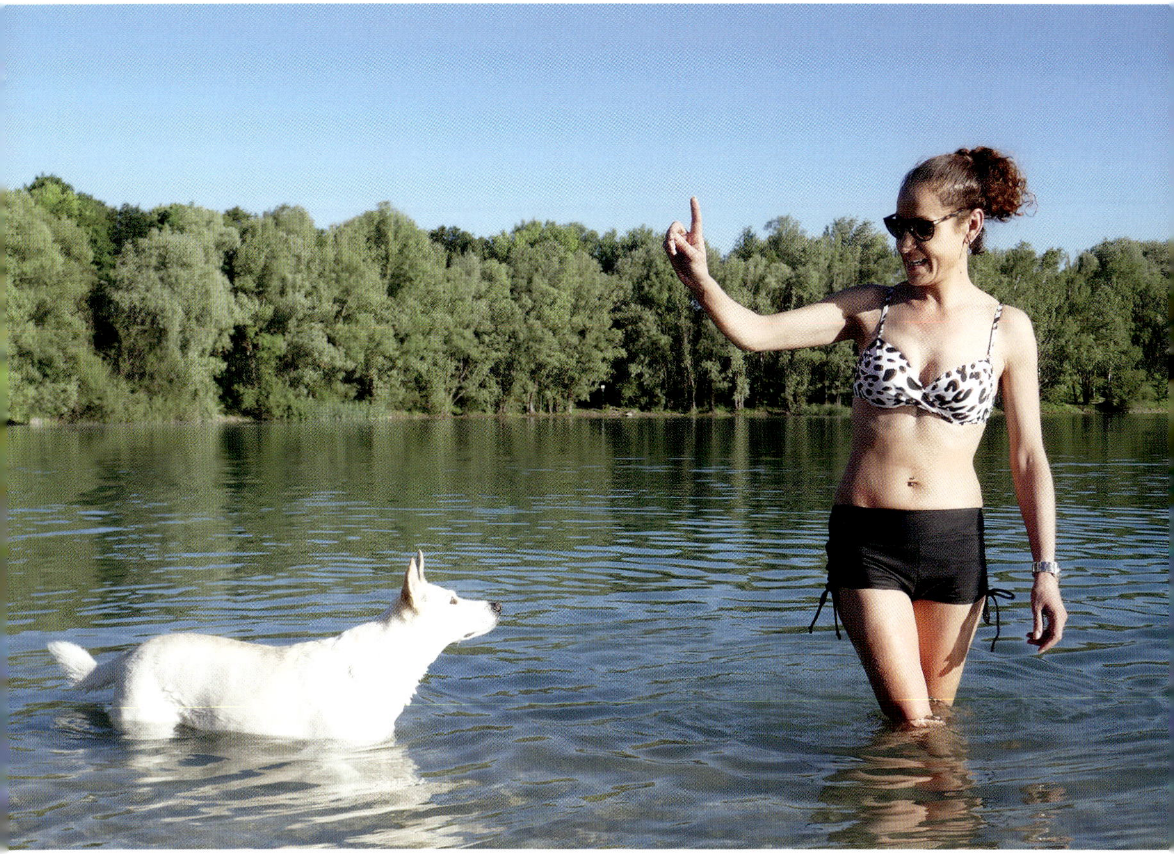

Maylo folgt seinem Frauchen Mia in den Mallertshofer See.

ich 28 Vierbeiner auf einen Schlag. Zwei davon heißen Lucy, ein Maremmano Retriever Mix, und Maylo, ein Podenco Mix. Letzterer hat bereits Erfahrung mit Fotoshootings, immerhin war er kürzlich in der Printausgabe des Münchner Tierschutzvereins. Er stellt sich malerisch in Pose, als ob er den Starkult rund um sein Hundedasein in vollen Zügen genießen würde. Seine Badegelüste halten sich jedoch in Grenzen, schließlich war er an diesem Tag schon im Wasser. Lobenswert ist die insgesamt sehr entspannte Atmosphäre, die rund um den See herrscht. Auch wenn sich einige Vierbeiner sprichwörtlich in die Haare bekommen, lassen sich die Frauchen und Herrchen hier keinesfalls aus der Ruhe bringen.

Rückweg über das Erholungsgebiet Hollerner See

Am Hollerner See gelten in etwa die gleichen (Hunde-)Gesetze wie am Garchinger See. Dabei lässt das überaus steile, fast unzugängliche Südufer ohnehin keine Badegelüste aufkommen. Abweichend vom Rad- und Wanderweg folgen wir dem Graspfad entlang des Hochufers. Vereinzelt führen Trittsicherheit erfordernde Pfade die steile Böschung hinab. Am Südostende des Sees ist das Gelände flacher, hier geht es nicht ganz so tief in das Wasser hinein; wasseraffine Vierbeiner könnten hier durchaus eine kleine Schwimmeinheit einlegen. Den offiziellen

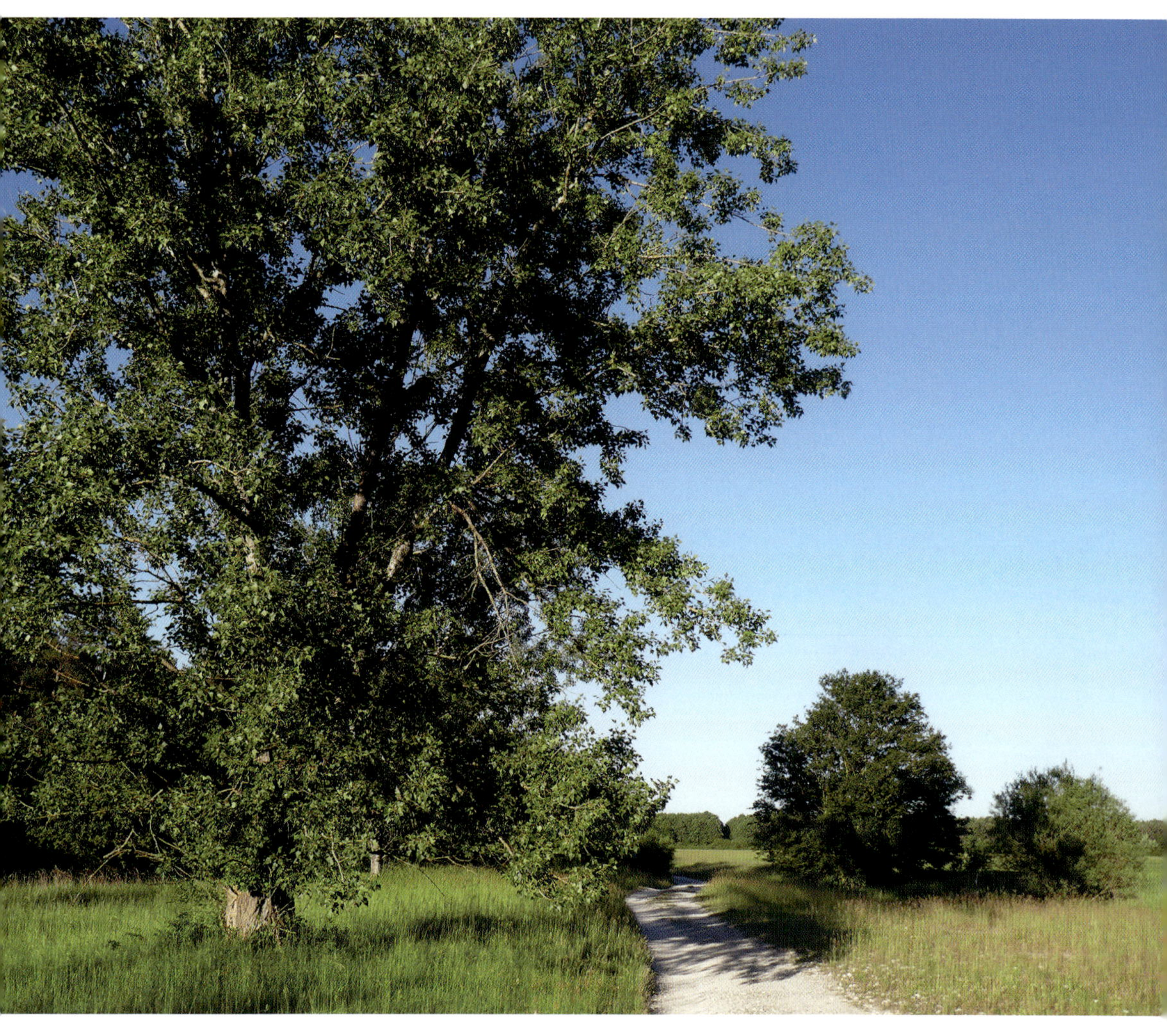

Übergang vom Mallertshofer Holz in die weitläufige Heidelandschaft

Badestrand, an dem Hunde während der Badesaison nicht erwünscht sind, erreichen wir ohnehin nicht, da wir das Seegelände am Parkplatz Richtung Mallertshofer Holz verlassen. Er ist auch von dem Aussichtspunkt, der einen herrlichen Rundblick gewährt, nicht auszumachen.

Abermals tauchen wir in das NSG „Mallertshofer Holz mit Heiden" ein. Anfangs wandern wir durch einen lichten Schneeheide-Kiefernwald. Eine Besonderheit ist der partiell anzutreffende Eichen-Hainbuchen-Wald, der sommertrockenes Klima bevorzugt und in unseren Breitengraden somit selten ist. Jenseits des Laubmischwaldes öffnet sich die weitläufige Heide. Hier treffen wir auf Weideflächen von heimischen Schafen, die das Gras niedrig halten und somit zur Erhaltung des Schutzgebietes beitragen. Mit Blickrichtung Süden taucht bei klarer Sicht jenseits der Allianz Arena die Alpenkette auf, bevor wir die Wegkreuzung des Hinwegs erreichen.

Gehzeit 3 ½ Std. • Strecke 12,5 km • Höhenmeter 20 **34**

An schönen Sommertagen füllt sich der Badestrand am Mallertshofer See.

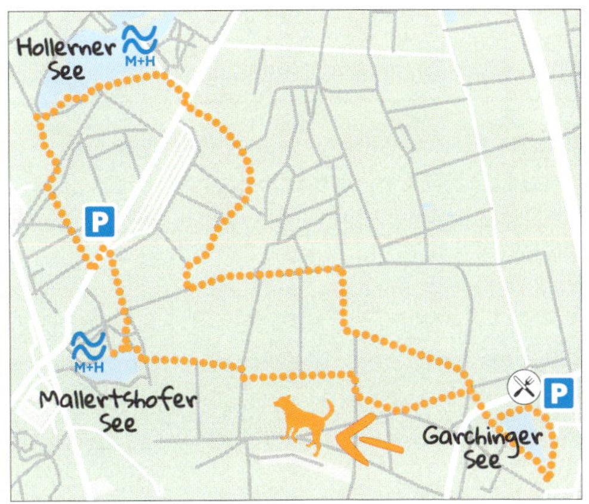

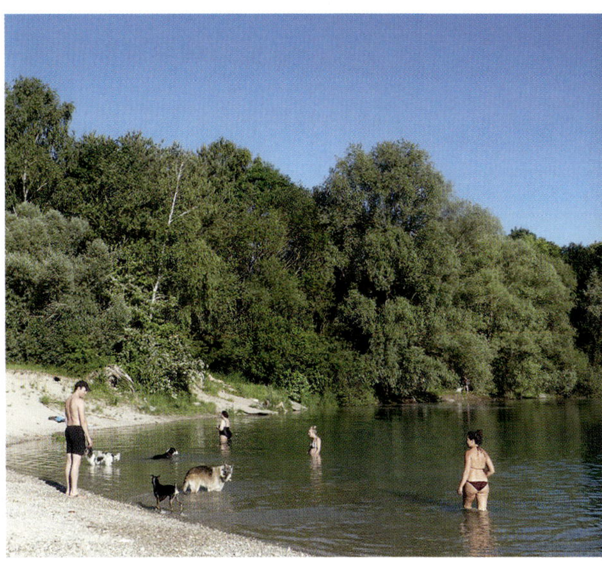

Start Parkplatz P1 am Garchinger See (Ostufer), N 48.260884°, E 11.640989°

Charakter Zwischen Garchinger See und Mallertshofer See wandern wir durch weitläufiges Heidegebiet (hier kein Schatten!), südlich des Hollerner Sees breitet sich das NSG Mallertshofer Holz aus.

Orientierung Weitblicke in der Heidelandschaft erleichtern das Orientierungsvermögen. Die drei Seen liegen allesamt sehr versteckt.

Wasser am Wegesrand Garchinger See (mit Hunden nur zwischen 15. Oktober und 15. März), Mallertshofer See, Hollerner See

Hunde an die Leine Garchinger See während der Badesaison, zweifache Überquerung der St2053

Einkehr
Kiosk am Nordostufer des Garchinger Sees

Garchinger See › Mallertshofer Heide › Mallertshofer See › Hollerner See › Mallertshofer Heide › Garchinger See

Vom Parkplatz am Kiosk vorbei das Nordostufer abwandern › am Nordostende des Sees rechts, die Straße überqueren und geradeaus in die Mallertshofer Heide › an der Kreuzung 300 m nach links › an der Y-Kreuzung rechts › an der T-Kreuzung rechts und links in den Feldweg › an der T-Kreuzung rechts (nach 700 m) und abermals links in den Feldweg › am (noch verborgenen) Ufer des Mallertshofer Sees rechts und bei nächster Gelegenheit links zum See absteigen › vom Kiesstrand den See auf dem breiten Pfad verlassen › an der Y-Kreuzung rechts › am Querweg Waldweg nach N › an der St2053 200 m nach links und rechts in den Waldweg › an der T-Kreuzung rechts und nach 200 m links › am Schild „Hollerner Erholungsgebiet" rechts 1 km am Hochufer des Hollerner Sees entlang (anfangs Pfad, dann Rad- und Wanderweg) › am Parkplatz rechts, die St2053 überqueren und leicht versetzt dem Pfad in das NSG Mallertshofer Holz folgen › an der Y-Kreuzung rechts › nach 1 km an der T-Kreuzung (Waldrand) links › an der Weggabelung in der klar erkennbaren Geländesenke rechts › der Wiesenweg wendet sich von S nach SO (Wegabzweig nach S ignorieren) › an der Weggabelung rechts halten und geradewegs über die Kreuzung des Hinwegs zurück zum Garchinger See

Freudenbellen zwischen Amper und Isar

3-Flüsse-Wanderung rund um Moosburg

Moosburg liegt zwischen Freising und Landshut rund 45 Kilometer nördlich von München und somit eigentlich bereits etwas außerhalb unseres Zielgebiets. Aber bei dieser Premiumwanderung für Hunde lohnt sich jeder Kilometer Anfahrt: Gut zwei Drittel der Strecke verlaufen an Amper, Isar und Verbindungskanal zwischen den beiden Flüssen – ausreichend Gelegenheiten somit für Spritztouren ins Wasser! Fiebi quittiert die Traumtour jenseits einer Anleinpflicht mehrmals mit einem freudigen Bellen.

Irgendetwas stimmt mit Fiebis Verdauung an diesem Tag nicht, dennoch sind Aufregung und Freude auf den Ausflug unübertroffen. Immer wieder frisst der Australian Shepherd Gras, um gegen ein inneres Rumoren anzukämpfen. „Man kann nicht jeden Tag gleich gut drauf sein", kommentiert Elfi das Verhalten ihrer Lieblingshündin, die etwas aufgedrehter wirkt als sonst. Aber Bewegung ist die beste Therapie! Bei jeder Gelegenheit schnappt Fiebi sich einen Stock, um ihn stolz, begleitet von einem Freudenbellen, seinen Begleitern zu präsentieren.

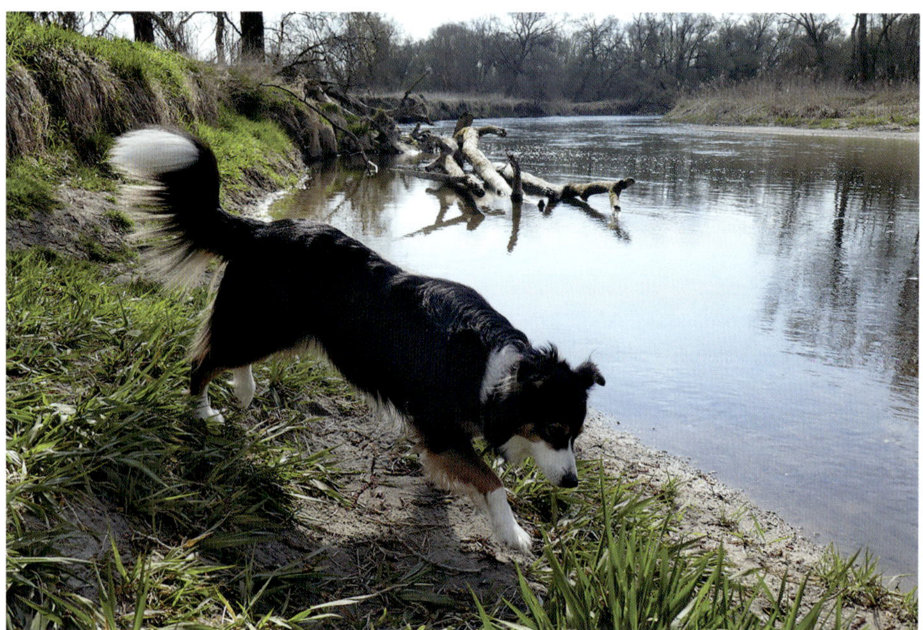

Fiebi checkt das Ufer an der Amper.

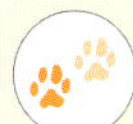
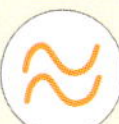
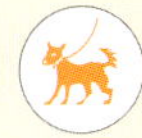

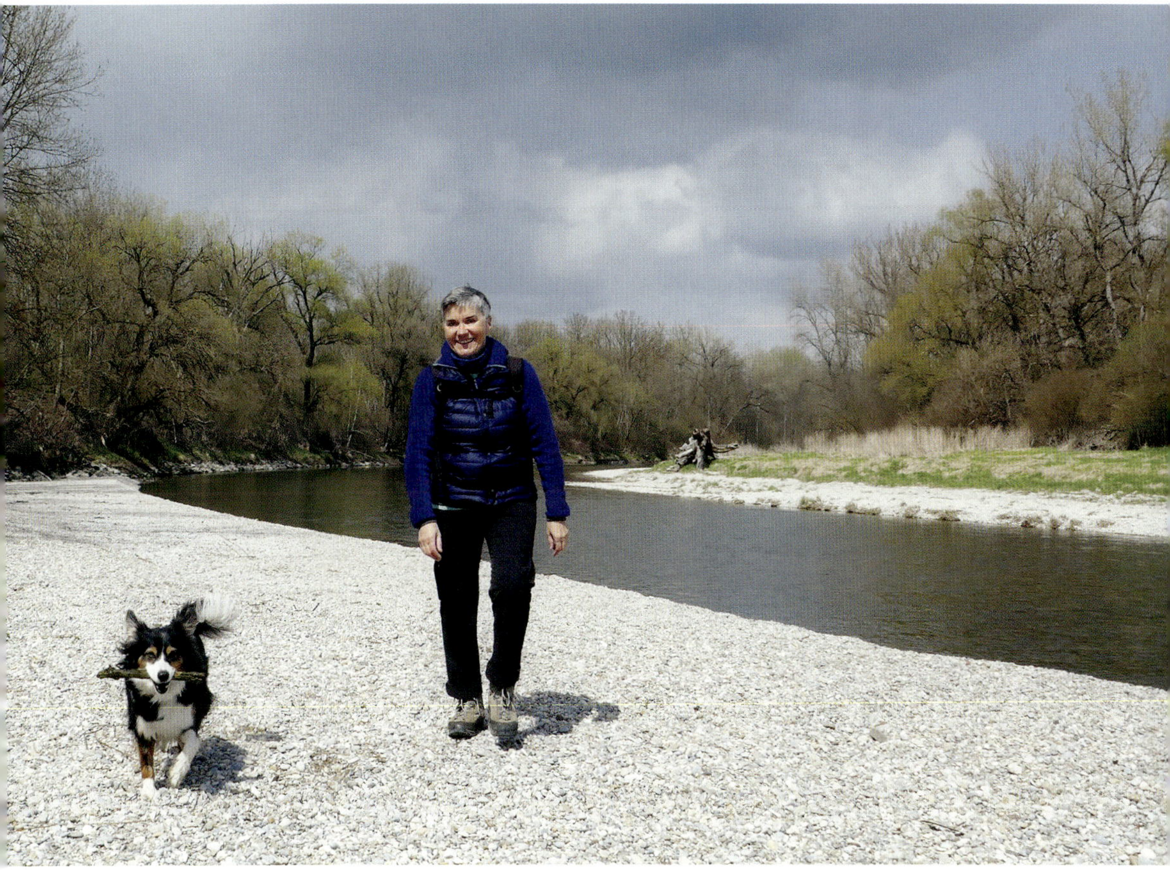

Einladender Kiesstrand im Isartal

Auftakt in den Amperauen

Herumliegende Stöcke gibt es in den naturbelassenen Amperauen zur Genüge. Vom Parkplatz an der Bahntrasse führt ein Wiesenpfad direkt in Richtung Amper, wo sich einige Altarme und Teiche gebildet haben. Aus der Vogelperspektive wird erkennbar, wie stark die Amper in diesem Abschnitt mäandert – als ob sie sich vor der Mündung in die Isar noch besonders viel Zeit nehmen wolle. Die Strömung ist in diesem Bereich geringer als beispielsweise bei Ampermoching (siehe Tour 37) oder Fürstenfeldbruck, da ein Teil des Wassers südlich von Moosburg zwecks Energieerzeugung durch einen Verbindungskanal in Richtung Isar abgeleitet wird.

Wir folgen dem Kiesweg parallel zum Fluss in Richtung Norden. Wie im weiteren Verlauf der Moosburg-Umrundung verläuft die Route abschnittweise immer wieder auf einem Damm. Die Wege sind teilweise gras- oder moosbedeckt, was die Freude am Wandern erhöht. Nach Unterqueren einer Autobrücke passieren wir die Reitanlage Gut Weiglschwaig mit ihrem Dressurgelände und das Fischereigebiet des Sportfischereivereins e.W. München e.V. mit seinen fischreichen Gewässern. Die Wolken spiegeln sich pittoresk auf der

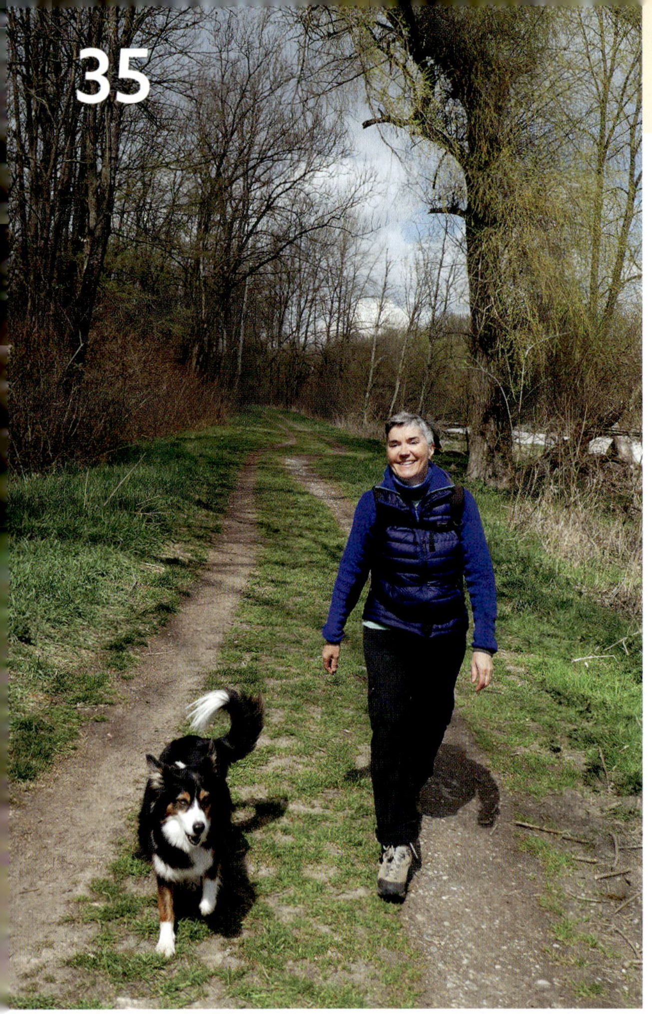

Das Isartal ist wie geschaffen für die Wanderung mit Hund.

glatten Wasseroberfläche der scheinbar ruhenden Amper.

Am Kiesbett der renaturierten Isar

Nördlich der Moosburger Neustadt gilt es, vom Ampertal in das Isartal zu wechseln. Hierfür folgen wir der Falkenstraße, die nach 400 Metern an der Bahntrasse in den Langer Weg übergeht. Jenseits der Kläranlage tauchen wir in das Landschaftsschutzgebiet ein und erreichen die Isar nach Verlassen des Dammweges rasch auf dem abzweigenden Pfad. Zwei Kilometer flussabwärts mündet die Amper an der Volkmannsdorfer Brücke in die Isar. Unterhalb des bemoosten Uferwegs breiten sich Kiesbänke aus, wo sich teilweise Schwemmholz auftürmt. Erst vor zwei Jahren wurde dieser Abschnitt renaturiert, indem die Steinverbauung – wenngleich nur an einem Ufer – auf einer Strecke von gut einem Kilometer entfernt wurde. Somit kann die Isar hier wieder eine gewisse Eigendynamik entwickeln, was einigen Fischarten einen neuen Lebensraum bietet. Auch seltene Weidearten können sich somit wieder ansiedeln und mit ihnen geschützte Insektenarten.

Nun müssen wir nur noch einen geeigneten Durchschlupf durch die anfangs steile Böschung finden, um die verlockenden Kiesbänke betreten zu können. Für den Menschen ist die Isar zum Baden zwar zu flach, aber unsere Vierbeiner können sich hier schön erfrischen, wobei kleinere Hunde vor der Strömung auf der Hut sein müssen. Einen besseren Rastplatz können wir jedenfalls nicht finden! Fiebi kaut abermals an einem Stöckchen herum und dämmert geduldig vor sich hin. Um sie bei Laune zu halten, bis wir unsere Brotzeit abgeschlossen haben, wirft Elfi das Stöckchen in das Isarwasser. Fortan können wir uns entscheiden, ob wir noch wenige hundert Meter auf dem Kiesbett bleiben oder gleich auf den von mächtigen Bäumen gesäumten Uferweg wechseln. Wir passieren das Moosburger Isarwehr, wo sich eine bemerkenswerte Kolonie an Schwänen die Zeit vertreibt, und wandern mit Blick auf die östlichen Stadtausläufer von Moosburg auf dem Dammweg nach Süden.

Bevor wir das Isartal verlassen, erklimmt Fiebi mit kühnem Sprung den letzten Baumstumpf des Tages. Unnachahmlich, dieser erwartungsvolle Blick bezüglich der anstehenden Belohnung: „Bald gehen meine Leckerlis zuneige, liebe Fiebi!" gibt Elfi ihrer Hündin schmunzelnd zu verstehen. Aber Baumstümpfe sucht man auf dem Schlussabschnitt entlang des Verbindungskanals ohnehin vergeblich. Dafür führen beidseitig des Kanals schöne Graspfade dem Ziel entgegen.

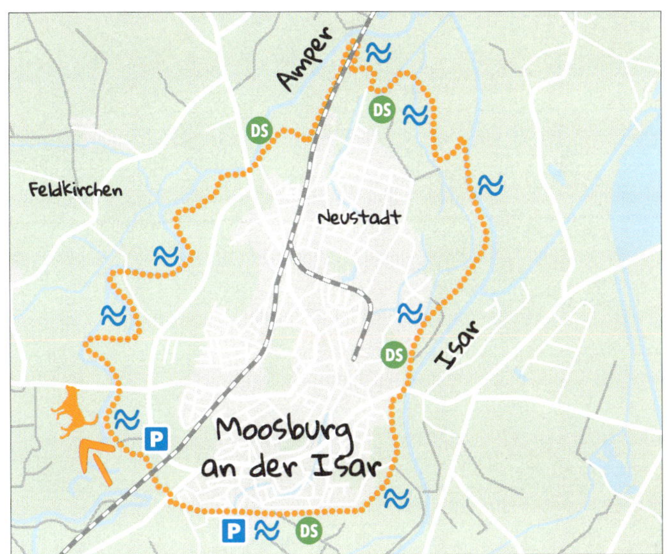

Start Parkplatz in der Reiteraustraße am Bahnübergang am SW-Rand von Moosburg, N 48.459378°, E 11.916818°

Charakter Abwechslungsreiche 3-Flüsse-Rundtour ohne Steigungen zumeist auf Gras- und Kieswegen mit reichlich Wasser entlang der Strecke

Orientierung Die Stadt Moosburg – begrenzt durch Amper, Isar und Verbindungskanal – wird komplett umrundet.

Wasser am Wegesrand Amper, Isar, diverse Bachläufe, Verbindungskanal

Dog Station Amperbrücke Falkenstraße, Nordende Nordstadtstraße, Lände am Ostrand der Stadt, Verbindungskanal

Hunde an die Leine Kurze Abschnitte (Falkenstraße sowie die letzten 500 m) verlaufen auf schwach befahrenen Teerwegen.

Amperauen › Isartal › Verbindungskanal › Amperauen

Vom Parkplatz dem von den Gleisen wegführenden Weg (kleiner Holzpfahl) in die Wiese folgen › Einmündung in einen breiteren Weg, der anfangs mit Abstand, später in unmittelbarer Nähe zum Wasser in mehreren Schleifen nach N führt › nach Überqueren einer kleinen Bachbrücke wendet sich der Weg nach NO und unterquert die befahrene Autostraße › nach der Unterführung auf der Falkenstraße zur Bahntrasse und entlang der Gleise nach N (Langer Weg) › am Ende der Straße (Steinleitner Reifenservice) rechts durch den Fußgängertunnel und in Gegenrichtung nach S › an der Neustadtstraße links halten › an der Kläranlage 200 m nach N und am folgenden Abzweig rechts in das Isartal › an der Weggabelung rechts dem Dammweg folgen › nach 600 m an der Wegkreuzung links und kurz darauf rechts an die nahe Isar › 1 km am Isarufer nach S › am Wasserkraftwerk geradeaus auf dem Dammweg an den östlichen Stadtrand › die Brücke der Landshuter Straße unterqueren und auf dem Uferpfad zuletzt im Bogen zum Verbindungskanal › an der in Marschrichtung rechten Uferseite nach SW › auf der folgenden Brücke die Kanalseite wechseln und auf schönem Wiesentrampelpfad nach W › auf Höhe des Sportplatzes (FC Moosburg) abermals die Kanalseite wechseln › an der folgenden Autobrücke geradeaus die kleine Straße überqueren, die große unterqueren und auf der Reiteraustraße zum Parkplatz an der Bahntrasse

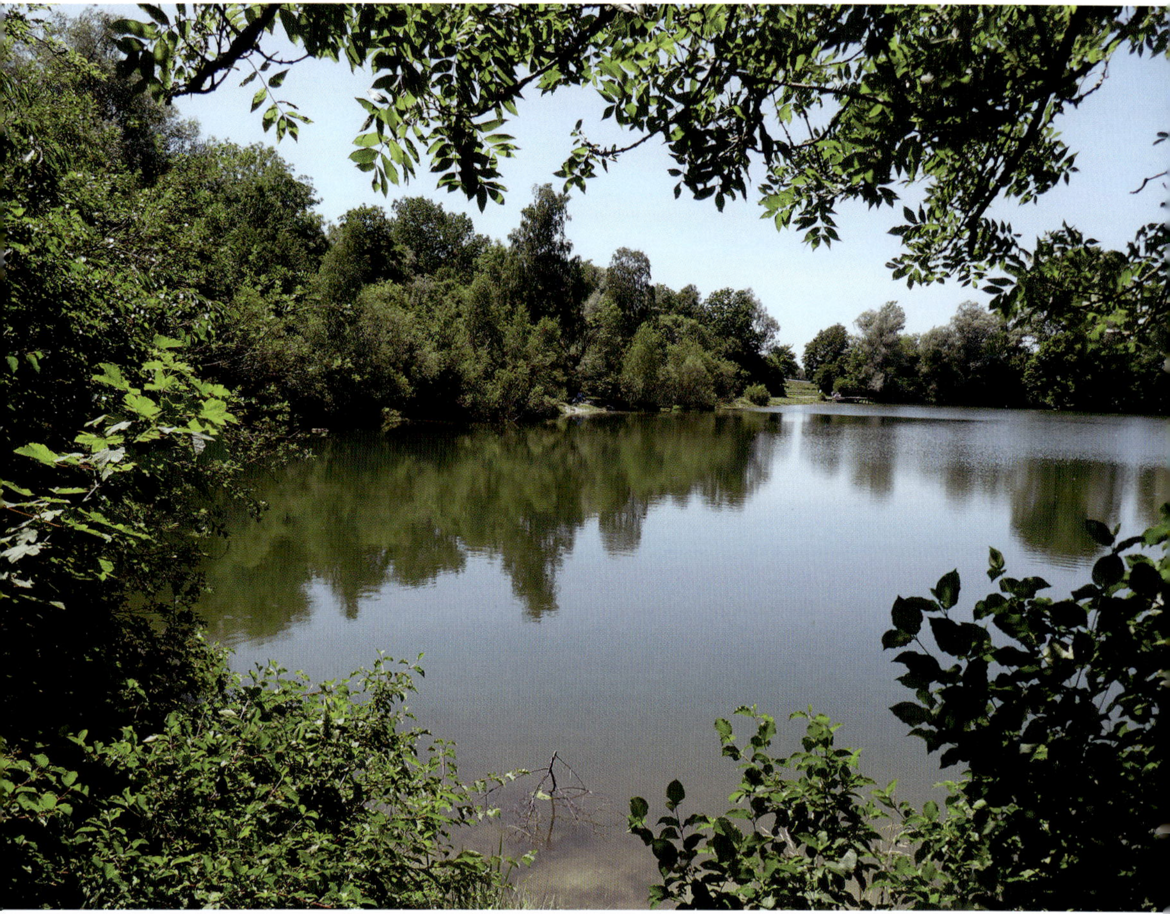

Im schön gelegenen Vöttinger Weiher herrscht Badeverbot für Hunde.

Toleranz statt Verbotskultur

Von Pulling nach Freising

Freising hat bezüglich der Hundehaltung eine wichtige Erkenntnis gewonnen: In Städten und Gemeinden, die einen Leinenzwang für Hunde ausrufen, gibt es mehr Beißvorfälle als in Gemeinden ohne Leinenzwang. Zudem stellt die Stadt ihren Hundehalter*innen ein gutes Zeugnis hinsichtlich des Verantwortungsbewusstseins aus. Grundlage hierfür ist die gute Ausbildung in Hundeschulen wie „Hunde machen Schule". Damit es bei der relativen Leinenfreiheit bleibt, ist Rücksichtnahme angesagt. Auch im Freisinger Moos mit seinen beiden Badeweihern, die wir bei unserer Streckenwanderung von Pulling in die Domstadt passieren.

Die Toleranz hinsichtlich der Anleinregel ist jedoch an die Aufforderung gekoppelt, nur mit Gassi-Beutel auf Wanderschaft zu gehen. Im Stadtgebiet von Freising wurden rund 40 Stationen mit Entsorgungsbeutel aufgestellt.

Streifzug durch das Freisinger Moos

Am verwaisten S-Bahnhof von Pulling, an dem sich Fuchs und Hase „Gute Nacht" sagen, ist von „Dog Stations" noch nichts zu sehen. Der Ort liegt nur wenige Kilometer westlich des Münchner Großflughafens und ist entsprechend vom Fluglärm betroffen. Inmitten der Einflugschneise liegt auch der südlich angrenzende Pullinger Weiher, ein potentieller Hundebadesee. Potentiell deshalb, da die Freien Wähler unter dem Slogan „Pullinger Weiher retten für Hunde und Wassersport" bereits im Jahr 2015 einen Antrag auf eine entsprechende Nutzung des Naherholungsgebietes für unsere Vierbeiner gestellt haben; eine Entscheidung darüber steht auch im Jahr 2021 noch aus.

Ohne den Anreiz des Badens gibt es keinen Grund für den Abstecher. Stattdessen wandern wir auf verkehrsberuhigten Straßen rasch aus dem Siedlungsgebiet heraus. Mit jedem Meter in Richtung der nördlich angrenzenden blumenreichen Wiesen und Felder genießen wir im Freisinger Moos mehr Ruhe. Hier wurden zum Schutz seltener Vögel wie den Kiebitz oder Brachvogel sogenannte Ausgleichsflächen geschaffen. Durch die ökologischen Maßnahmen möchte man der Natur wieder etwas zurückgeben, eine Art Gewissensberuhigung nach dem Eingriff in den Wasserhaushalt durch den Bau der Freisinger Westtangente. Noch immer zählt das Freisinger Moos zu einem der größten erhaltenen Niedermoorgebiete Bayerns. Um die wertvolle Flora und Fauna zu erhalten, führt der Bund Naturschutz hier regelmäßig Streuwiesenmahden durch. Und was unsere Vierbeiner betrifft: Leinenzwang nein, aber ein

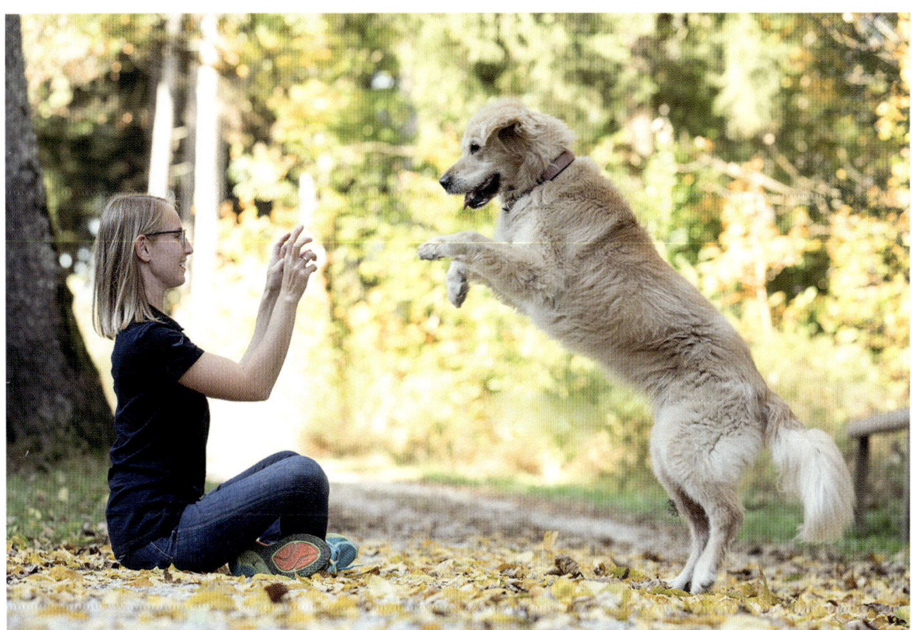

Sabine mit ihrem Retriever – Mix Ginger Herdenschutzhund

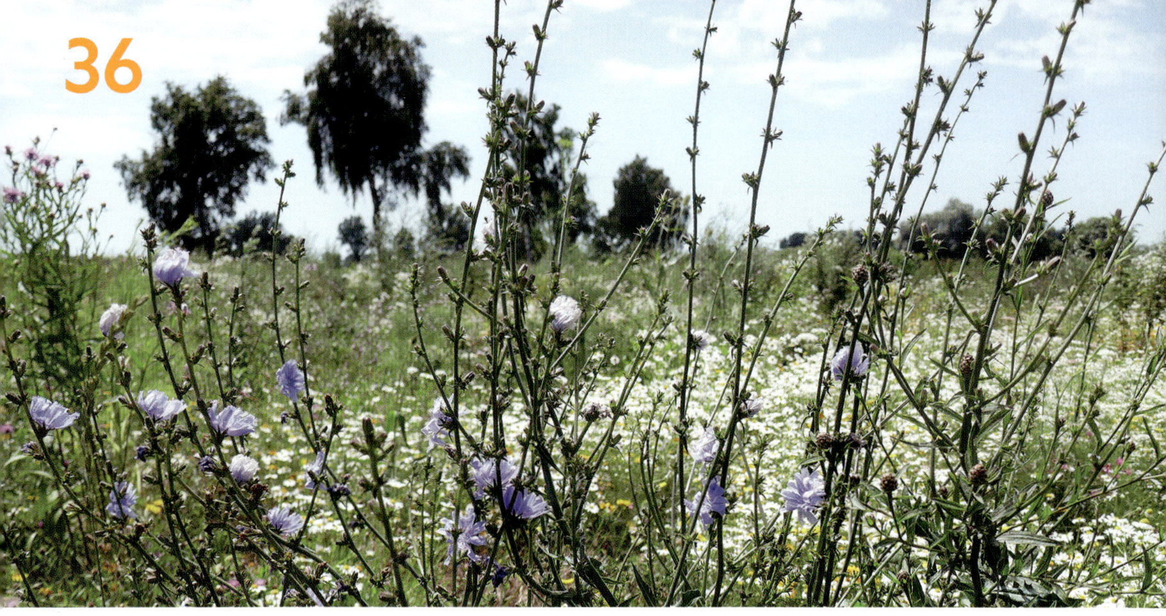

36

Bunte Blumenwiesen im Freisinger Moos

Abweichen von den Wegen ist vor allem von März bis Juli während der Wiesenbrüterzeit nicht tolerierbar.

Über den Moosach-Weiher und Vöttinger Weiher nach Freising

Inmitten des Freisinger Mooses stoßen wir auf den versteckten Moosach-Weiher. Hier endet der breite Kiesweg abrupt, sodass wir nach rechts auf den schmalen Uferpfad in Richtung des kleinen Kiesstrands ausweichen müssen. Beim auch im Sommer nur mäßig frequentierten Baggersee handelt es sich um einen inoffiziellen Badesee, an dem Nacktbader ebenso geduldet werden wie unsere Hunde. Man kann den See auf dem Uferpfad komplett umrunden, sodass jeder die Möglichkeit zur Auffindung eines individuellen Platzes nutzen kann. An einigen Stellen ist das Gewässer von Schilf bewachsen.

Nach Passieren des Wasserwerkgeländes am Nordrand des Freisinger Mooses überqueren wir die Freisinger Westtangente und erreichen den Vöttinger Weiher, der wie die benachbarten Weiher einst zum Kiesabbau errichtet wurde. In der Benutzungssatzung des Erholungsgebiets ist nachzulesen, dass es ganzjährig untersagt ist, Tiere aller Art frei laufen zu lassen; während der Badesaison (15.5. bis 15.9.) ist bereits das Mitbringen ein Tabu. Amüsant hört sich das unter Punkt i) aufgeführte Verbot, „sich, Tiere und Gegenstände aller Art im oder am See mit oder ohne Reinigungsmittel zu waschen", an. Aus Vorbeuge gegen etwaige Verstöße passieren wir den Weiher außerhalb des Badegeländes an dessen Nordseite und streben auf der asphaltierten Straße An der Mühle der Vöttinger Mühle und am Mühlenangergraben dem Zentrum zu. Am Fuß des Weihenstephaner Berges stoßen wir auf die Moosach, die bereits im 15. Jahrhundert die städtische Bevölkerung mittels Pumpwerke und Brunnhäuser mit Trinkwasser versorgt hat. Auf dem Weg zum Bahnhof bietet sich in diversen Wasserläufen Erfrischungspotential.

Lernen in der Hundeschule

„In meiner Hundeschule lernen Hund und Mensch, voneinander und miteinander. Du darfst dich auf lehrreiches und lockeres Hundetraining freuen, denn es lernt sich leichter, wenn es Spaß macht!" beschreibt Sabine ihre Trainings-Philosophie bei „Hunde machen Schule". Mögen möglichst viele Hundehalter*innen mit ihren Vierbeinern bei ihr vorbeikommen, damit die liberale

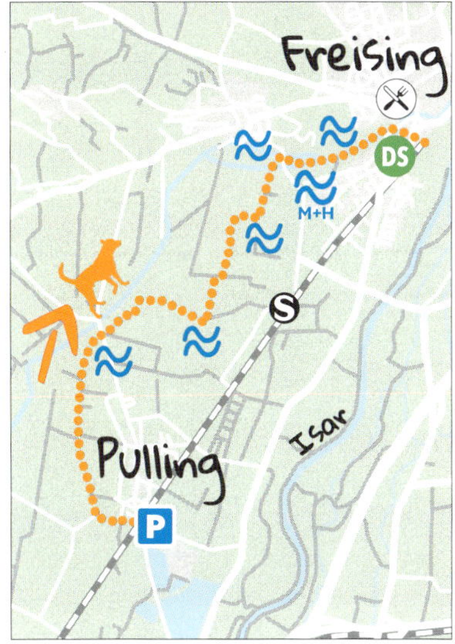

Hundeanlein-Regelung in Freising erhalten bleibt. Denn Sabine weiß aus eigener Erfahrung: „Mit meiner ersten eigenen Hündin hatte ich anfangs große Probleme im Alltag – ich konnte sie mit Leine kaum halten. Schon bald kamen Beißvorfälle gegen mich selbst und andere Hunde hinzu. Ich hatte sie dennoch unglaublich lieb und wollte sie unbedingt verstehen und ihr helfen. Wir belegten einen Kurs in der örtlichen Hundeschule, waren im Hundesportverein, fuhren schon bald viele Kilometer zu Trainern im ganzen Landkreis. Dadurch begann ich mich für professionelles Hundetraining zu interessieren. Schon nach den ersten Seminaren war mein Hund wie ausgewechselt."

Wohlerzogene Hunde können zudem vier Kilometer nördlich von Freising auf privatem Grund eine eingezäunte Hundewiese mit Obstbäumen und einem Badeteich aufsuchen, um sich in diversen Spiel gruppen auszutoben (Anmeldung www.hundewiese-freising.de).

ÖVM S1 nach Pulling, Rückfahrt mit der S1 ab Freising

Start Parkplatz am Pullinger S-Bahnhof, N 48.363072°, E 11.706436° (Rückfahrt mit der S1 von Freising)

Charakter Einfache Streckenwanderung auf zumeist breiten Kieswegen. Ergiebigen Schatten gibt es nur im Uferbereich des Moosach-Weihers und an der Moosach im Freisinger Stadtgebiet.

Orientierung Im waldfreien Freisinger Moos ist die Domstadt Freising bereits von Weitem zu sehen.

Wasser am Wegesrand Moosach-Weiher, Schleiferbach, Vöttinger Weiher, Mühlenangergraben, Moosach

Dog Station An der Moosach im Freisinger Stadtgebiet (2)

Hunde an die Leine In Pulling, St.-Ulrich-Straße, Erholungsgebiet Vöttinger Weiher, Mühlenweg, Bahnhofstraße in Freising

Einkehr
ParkCafé Freising, Tel. 08161/5585,
www.parkcafe-freising.de

Pulling › Moosach-Weiher › Vöttinger Weiher › Freising

Den Bahnsteig Richtung München (Westseite) bis zu seinem S-Ende und dort rechts in den Wiesenweg abzweigen › die Pullinger Hauptstraße überqueren und die Siedlung auf der Brunnwiesenstraße und Theodor-Scherg-Straße Richtung W verlassen › an der Abzweigung rechts in den Feldweg › ! am verschlossenen Gatter den Hauptweg verlassen und dem Uferpfad entlang des Moosach-Weihers folgen › entlang der St.-Ulrich-Straße (Grünstreifen) 200 m nach N und vor Erreichen der Moosachbrücke rechts in den Feldweg abzweigen › an der folgenden Y-Kreuzung links › an der kleinen Brücke (T-Kreuzung am Schleiferbach) links › an der T-Kreuzung rechts und am Wasserwerkgelände links abzweigen › die Westtangente auf der Brücke überqueren › den Vöttinger Weiher an seiner N-Seite passieren und am See-Ende links (Straße An der Mühle) › an der Moosach-Bachbrücke rechts in den Mühlenweg › die Brücke am Mühlenangergraben überqueren und links in den Kiesweg › auf dem Veitsmüllerweg die Moosach überqueren › am folgenden Abzweig rechts und links in den Fürstendamm (Rad-Ww. Stadtmitte) › die Johannisstraße überqueren › an der Bahnhofstraße (Blick Richtung Domberg) rechts 250 m zum Bahnhof

Wasser im Überfluss

Von Ampermoching in die Amperauen

Wasserliebende Hunde und ihre menschlichen Begleiter werden diese Wanderung lieben, denn zwei Drittel der Strecke verlaufen unmittelbar an der Amper. Der Fluss weist in Abschnitten eine bemerkenswerte Fließgeschwindigkeit auf – ängstliche und kleinere Hunde wie Rocky werden sich somit eher nicht in die Fluten wagen. In den benachbarten Auen haben sich jedoch zahlreiche Altarme, Tümpel und Gräben gebildet, die von den „Fischerfreunden Haimhausen e. V." zum Teil als Anglergewässer genutzt werden.

Der Lutzweiher nahe Ampermoching gehört noch zu den Fischgewässern des Anglerclubs „Petri Heil Dachau e. V.". Er wurde in Folge der Amper-Flussbegradigung vom Hauptfluss abgetrennt und sammelt sogenanntes Altwasser, in dem acht verschiedene Fischarten, darunter der Karpfen, der Zander, der Hecht, das Rotauge und der Flussbarsch beheimatet sind. Im Sommer blühen hier Dutzende von Teichrosen.

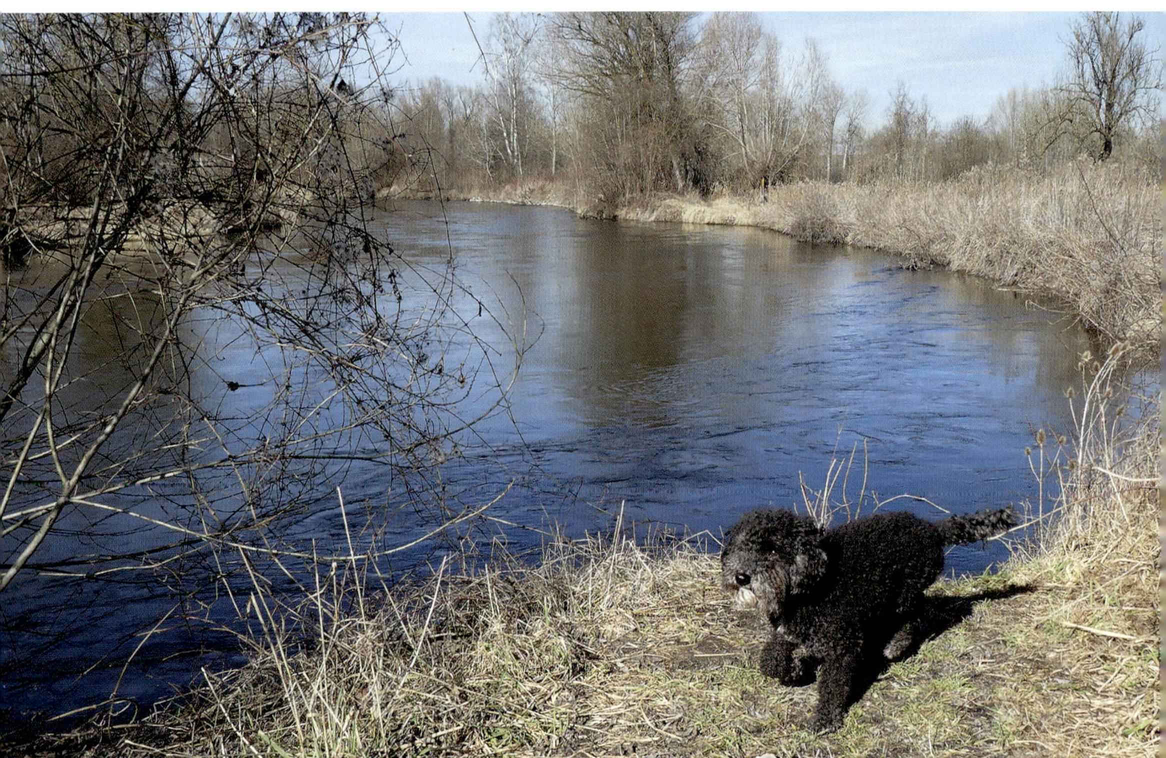

Rocky am Amperufer in der Nähe von Ottershausen

Flussauenlandschaft an der Amper

Wenige Meter vom Lutzweiher entfernt gelangen wir an die Amper. Anfangs sind die Wege am Flussufer relativ schmal, was die Wahrnehmung für das Landschaftsidyll noch verstärkt. Wasser, soweit das Auge reicht: Rechterhand der quirlige, teils schäumende Fluss, linkerhand die Seitenarme der Amper, die nur bei etwaigen Überschwemmungen noch mit Wassernachschub versorgt werden. Letztere tragen Namen wie Eisvogelaltern, Laufende Schäffleraltern, Grenzaltern, Ungarnaltern oder Straßenaltern und bilden zahlreichen seltenen Tieren und Pflanzen wertvolle Biotope.

An manchen Flussabschnitten der Amper gibt es Minibuchten, in denen das Wasser sanft an das Ufer schwappt und die somit für unsere Vierbeiner gefahrlos zugänglich sind. Rocky überlegt: Soll ich mich nun von der kleinen Böschung in das kühle Nass hinabgleiten lassen oder nicht? Nach zaghaften Versuchen entscheidet er sich gegen ein Bad und wendet sich lieber wieder seinen menschlichen Begleitern zu. Der Weg wird in der Folge breiter, und um den Richtung Ottershausen auftauchenden Radfahrern nicht in die Quere zu kommen, weichen wir auf den aussichtsreichen Dammweg aus. Jenseits der Flussbrücke münden wir wieder, die einzige Dog-Station der Wanderung passierend, in schöne bewaldete Uferwege ein.

Rückweg über den Heiglweiher

Am Gittersteg, an dessen Rand hundefreundlich ein Holzbrett angebracht wurde, wendet sich unsere Route von der Amper ab. Unser neuer Flussbegleiter in Richtung Heiglweiher ist der Lotzbach, im Volksmund „Amperl" genannt. Der Bach dient als eine Art Umgehungsstraße für jene Fische, die für den Austausch zweier Populationen auf das Flussaufwärtswandern angewiesen sind; im Gegensatz zum Amper-Wehr ist die Alternativroute, die etwas oberhalb wieder in den Hauptfluss mündet, barrierefrei. Am Bach noch schnell erfrischen, denn am Heiglweiher müssen sich unsere Vierbeiner ein Bad verkneifen. Wir Menschen dürfen hingegen abseits der Anglerzonen in den Weiher springen. Warum das Verbot „Tiere zu baden und frei laufen zu lassen" seitens der Fischerfreunde auch für das Winterhalbjahr ausgerufen wurde, muss man – sofern keine Angler anwesend sind – nicht wirklich verstehen.

Rocky ist das egal, er ist mit Schwimmen ohnehin sehr zurückhaltend. Viel lieber ist ihm das Apportier-Spiel mit seinem Herrchen Joe, weil er sich dadurch gefordert fühlt. Also nicht die gängige Variante: Stöckchen werfen und wieder bringen lassen, sondern eher diszipliniert. Rockys Startpunkt markiert Joe mit der Hundeleine, doch der Pudel darf sich nach dem Wegwerfen des Apportels erst auf die Suche machen, wenn sein Herrchen ihm ein Startsignal gibt. Manchmal versteckt Joe das Apportel auch im hohen Gras oder in einem Gebüsch. Für diese schwierige Aufgabe benötigt der Hund seinen Geruchssinn, weshalb das Suchobjekt stets in der Windrichtung liegen muss. Und nach dem Apportieren erfolgt die Leckerli-Belohnung erst, wenn Rocky seinem Herrchen das Objekt nach einer Aufforderung in die Hände gelegt hat.

Vom Heiglweiher geht es auf dem Ammer-Amperweg weiter. Doch das Gelände ist weitsichtig, und der Weg ist breit, sodass die Kollisionsgefahr mit den Radfahrern gering bleibt. Bei regem Betrieb leinen wir unsere Vierbeiner dennoch besser an. Nach 600 Metern tauchen wir ohnehin wieder in den naturbelassenen Auwald ein und wandern entlang der Amper zum Ausgangsort zurück.

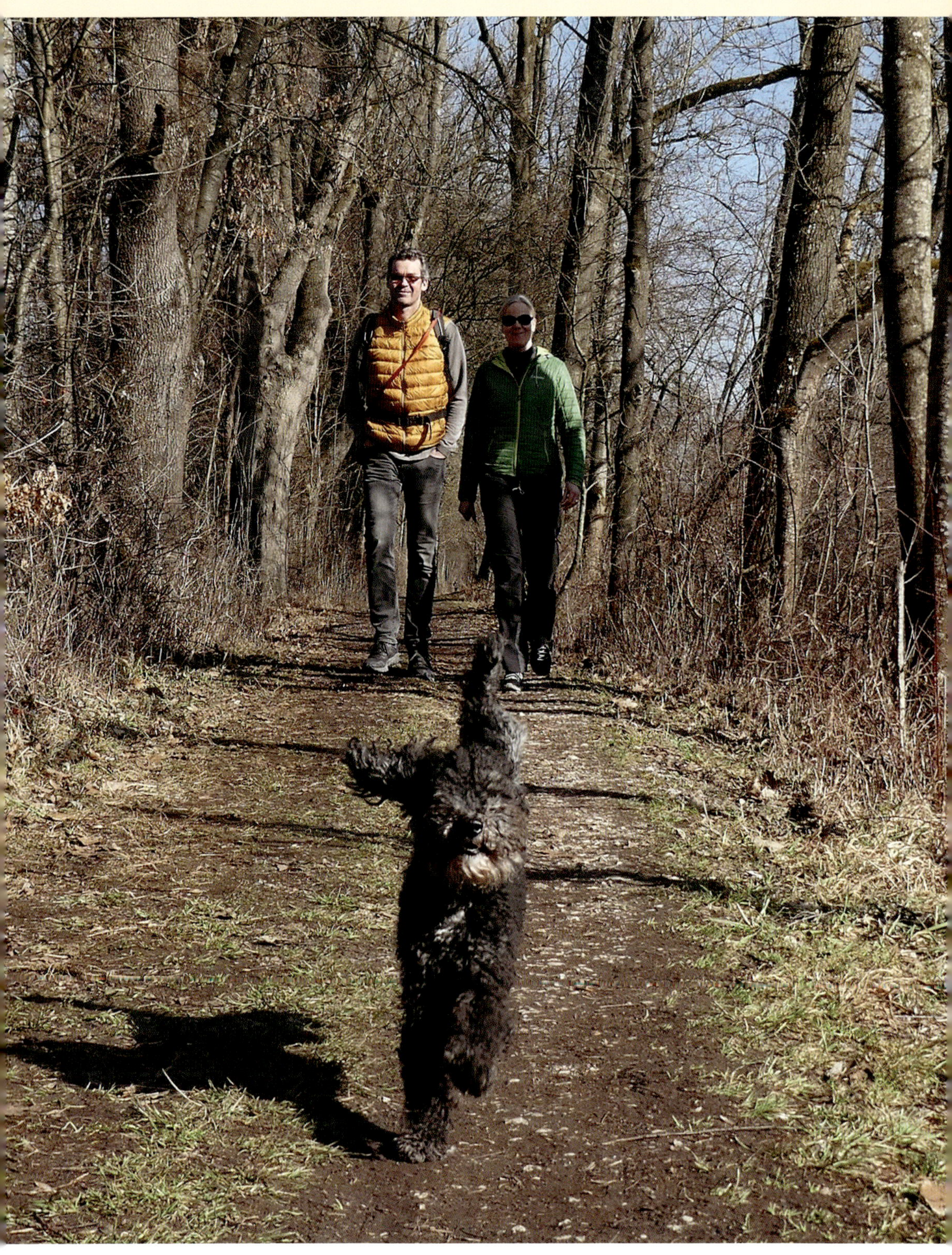

Gehzeit 2 ¾ Std. • **Strecke** 9,5 km • **Höhenmeter** 30 **37**

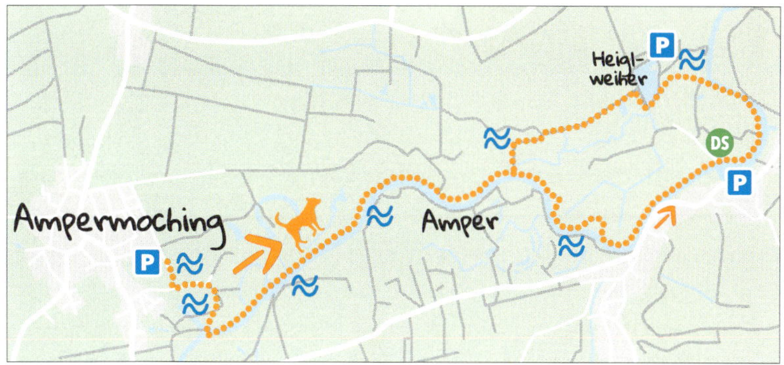

Start Parkplatz am Sportplatz des SV Ampermoching, N 48.303084°, E 11.494929°

Charakter Genusswandern mit Wasser im Überfluss! Wechsel aus malerischen Pfaden und breiteren Wanderwegen, die keinerlei Steigungen aufweisen.

Orientierung Das Gros der Route verläuft unmittelbar an oder in Nähe der Amper, auf dem Rückweg 600 m Wegstrecke auf dem Ammer-Amper-Radweg

Wasser am Wegesrand Bachgraben am Sportplatz, Lutzweiher, Sietenbach, Amper mit Altarmen und Tümpeln, Lotzbach

Dog Station Nördlich der Amperbrücke bei Ottershausen

Hunde an die Leine In Nähe der Amperbrücke bei Ottershausen, am Heiglweiher, auf dem Ammer-Amper-Radweg

Ampermoching › Ottershausen › Heiglweiher › Ampermoching

Vom Parkplatz 100 m auf der Alternstraße nach S und links in die Grießlstraße (Schild Klärwerk) › am Lutzweiher entlang im Bogen zur Amper › 4 km flussabwärts stets in Ufernähe der Amper bis zur Brücke bei Ottershausen (die letzten 500 m auf den Damm ausweichen) › jenseits der Straßenkreuzung (Hirschgangweg) weitere 600 m am westlichen Amperufer bleiben › den Lotzbach überqueren (Gittersteg mit befestigtem Brett) und links in wenigen Minuten zum Heiglweiher › den Weiher im Uhrzeigersinn zur Hälfte umwandern und links in den Ammer-Amper-Radweg › nach 600 m den Radweg links verlassen › an einem Altarm erreichen wir wieder das Amperufer und folgen diesem flussaufwärts bis zum vom Hinweg bekannten Wegabzweig Richtung Lutzweiher, Klärwerk und Parkplatz

Ein Schmatzgeräusch genügt – dann fliegt Rocky mit wehenden Ohren dem Fotografen entgegen!

Ausflug in den Altowald

Rundwanderung nordwestlich von Altomünster

Der Markt Altomünster liegt am äußersten nordwestlichen Rand unseres Tourengebietes, doch die liebliche und abwechslungsreiche Landschaft entschädigt für die relativ lange Anfahrt. Auch ist hier im Vergleich zu anderen Ausflugszielen relativ wenig los, sodass die Dichte an Hunden entlang der Strecke niedriger ist als anderswo. Insofern ein ideales Gelände für den Labrador Retriever Timo, der an anderen Vierbeinern deutlich weniger Interesse zeigt als an uns Menschen.

Die Wanderung ist prädestiniert für die Anreise mit der S-Bahn, da sie vom Bahnhof aus bequem durchführbar ist: Nach Überqueren der Aichacher Straße lassen wir in wenigen Minuten das Siedlungsgebiet hinter uns und blicken vom Karrenweg vis-à-vis der Tafel des Biotopverbundes („Lebenswertes für Mensch und Natur") über die sich öffnenden Fluren.

Rücksichtnahme auf das Wild

Für Timo bedeutet „lebenswert" die Erkundung eines für ihn neuen Reviers. Voller Aufregung, begleitet von einem gelegentlichen Bellen, strebt er dem Wanderabenteuer entgegen. Wobei die Erkundung eingeschränkt ist: Der neunjährige Labrador Retriever wird von seinem Herrchen Klaus während der gesamten Rundtour an der langen Leine geführt. Hintergrund ist der ausgiebige Jagdtrieb des Rüden – ob Maus oder Rehkitz, kein Tier ist vor seiner Spürnase sicher! Der einheimische Jäger wird die Um- und Vorsicht des Hundehalters mit Freude begrüßen: „Mensch (Anmerkung: und somit auch Hund), Du bist Gast in der Natur: Das Reh, der Bock und auch die Hasen: Wir möchten gern in Ruhe grasen. Lass uns den Tann, bleib auf den Wegen, so kommst du unsrer Bitt entgegen." Dieses Verslein ist auf der Tafel am Eingang des Altowaldes nachzulesen; das Gedicht schließt mit den Worten: „Für dein Verständnis danken wir. Das Wild vom grünen Jagdrevier".

Mit Eintauchen in den schönen Altowald ändert sich der Charakter der Tour: Moose statt Felder, Detailansichten statt Fernsicht. Der in Corona-Pandemiezeiten auf Initiative der Kabarettistin Martina Schwarzmann ins Leben gerufene Kunstweg – Motto: „Zeige dein Talent" –, der mit über 200 hauptsächlich von Kindern und Jugendlichen gefertigten Bildern, Collagen, Zeichnungen, Installationen und Sinnsprüchen für viel Anklang gesorgt hat, wird ab Sommer 2021 wieder abgebaut. Ob das vorwiegend die Bereiche Natur, Wald und Nachhaltigkeit thematisierende Projekt in irgendeiner Form überlebt? Highlight für die Kinder war der „Ausritt" mit den holzgeschnitzten Ponys Lotte, Hanna und Max.

Auf den Spuren des irischen Wandermönchs

Der mystischste Ort im Wald ist die in einer Senke gelegene Alto-Quelle. Bevor der Heilige Alto im Jahr 750 das Kloster und somit die heutige Rokkokokirche gründete, hatte er als Einsiedler im Wald gelebt. Beim Bau des Klosters soll ein Wassermangel aufgetreten sein. Also rammte der Mönch seinen Stab in den Boden, und es sprudelte eine Quelle hervor. Neben dem Brunnenwunder ist der Heilige Alto auch für das Rodungs- und das Kelchwunder bekannt. Er soll jedoch erst im hohen Alter Priester geworden sein. Sowohl die Brunnen im Kirchenhof als auch am

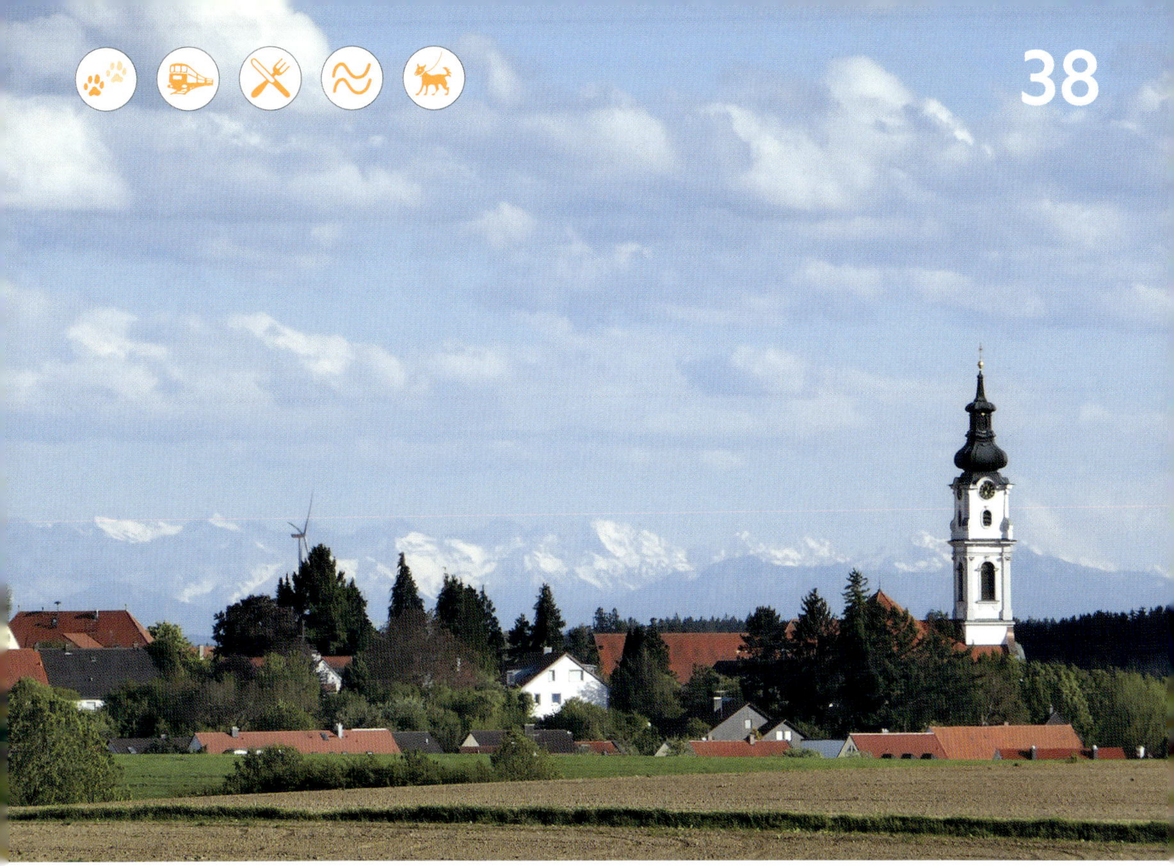

Zwei Wahrzeichen von Altomünster: der weithin sichtbare Kirchturm und die markante Spitzlinde am oberen Ortsrand

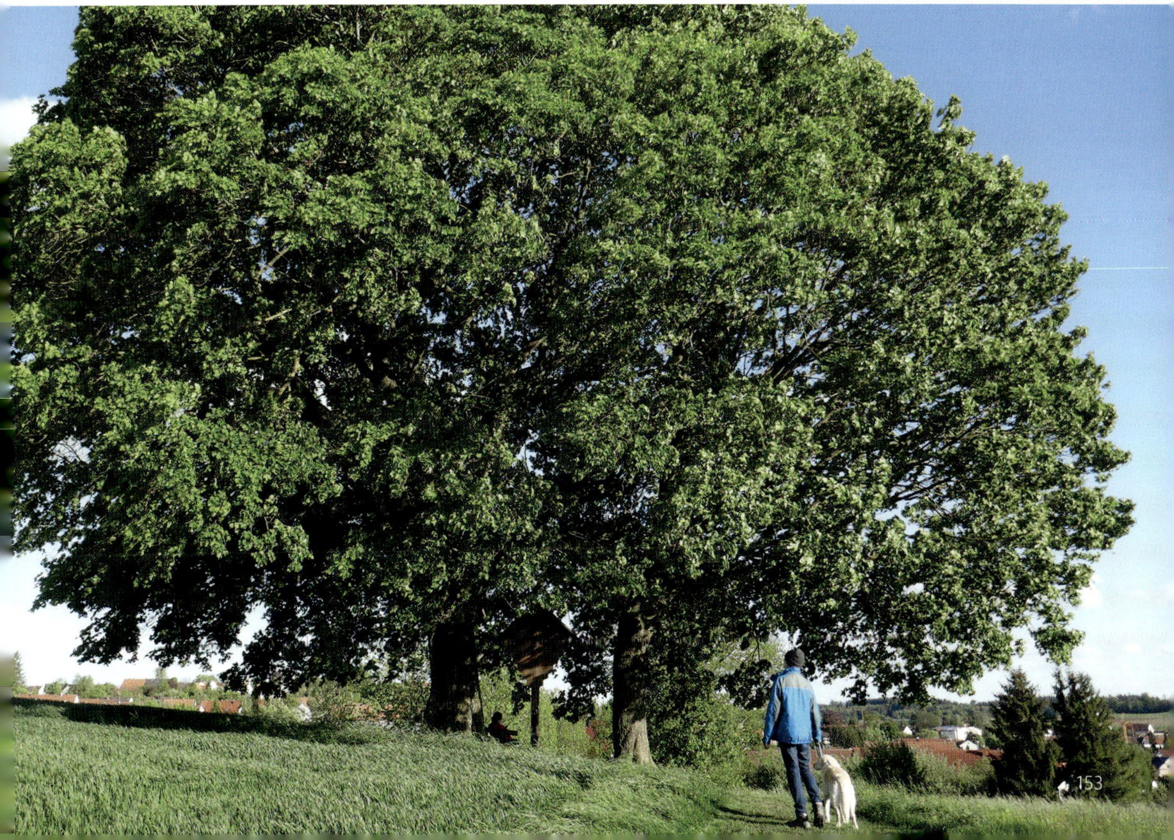

Marktplatz werden vom Wasser der Alto-Quelle gespeist – die sich in Wahrheit jedoch nicht im Wald, sondern unter dem rechten Seitenaltar der weithin sichtbaren Klosterkirche befindet. Dennoch schmeckt das aus dem Hahn herauslaufende Quellwasser an der offiziellen Quelle gut.

Beim Rückweg nach Altomünster können wir, sofern Zeit und Muße vorhanden sind, noch einen Abstecher in den abzweigenden Gehölzlehrpfad unternehmen. Letzter Höhepunkt ist die Überschreitung des von einer markanten Spitzlinde markierten Schmelchenbergs. Am Marktplatz von Altomünster müssen dann zwar alle Hunde an die Leine, aber die Umgebung rund um den Brunnen hat durchaus Flair.

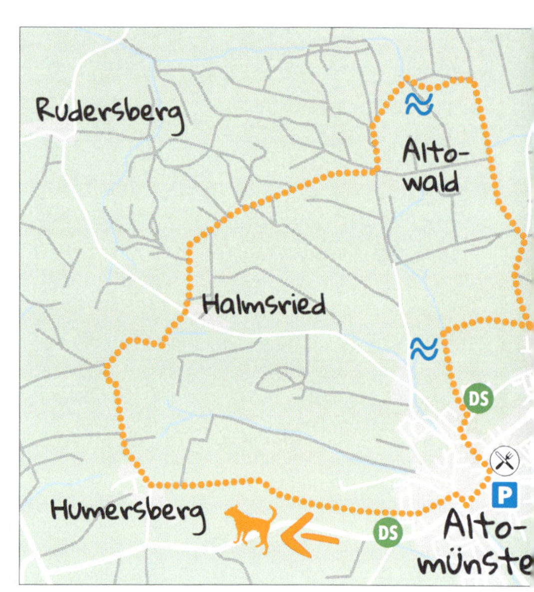

Timo im Altowald

Labrador Retriever

Den beliebten Familienhund gibt es in vielen Farben, vorrangig in Schwarz, Gelb und Braun – wobei das Fell meistens einfarbig bleibt. Ursprünglich wurde die Rasse als Arbeitshund eingesetzt, weshalb eine gewisse Herausforderung und Aufgabenstellung beim Hund positive Anreize setzt. Noch immer ist er beispielsweise bei der Lawinenbergung im Einsatz. Durch seinen muskulären Körperbau wirkt der Labrador sehr dynamisch und sportlich, viel Auslauf ist somit ein Muss. Einen eigenen Garten weiß der viel Platz benötigende Hund sehr zu schätzen, mit gelegentlichen Gassi-Gängen gibt er sich nicht zufrieden. Ihn bei Ausflügen gar allein daheim zu lassen, erträgt er trotz seines sehr ausgeglichenen und geduldigen Charakters nur mit Schwermut. Seine Vorliebe für Wasser ist überaus stark ausgeprägt. Labradore gelten als sensibel und sollten deshalb liebevoll aufgezogen werden.

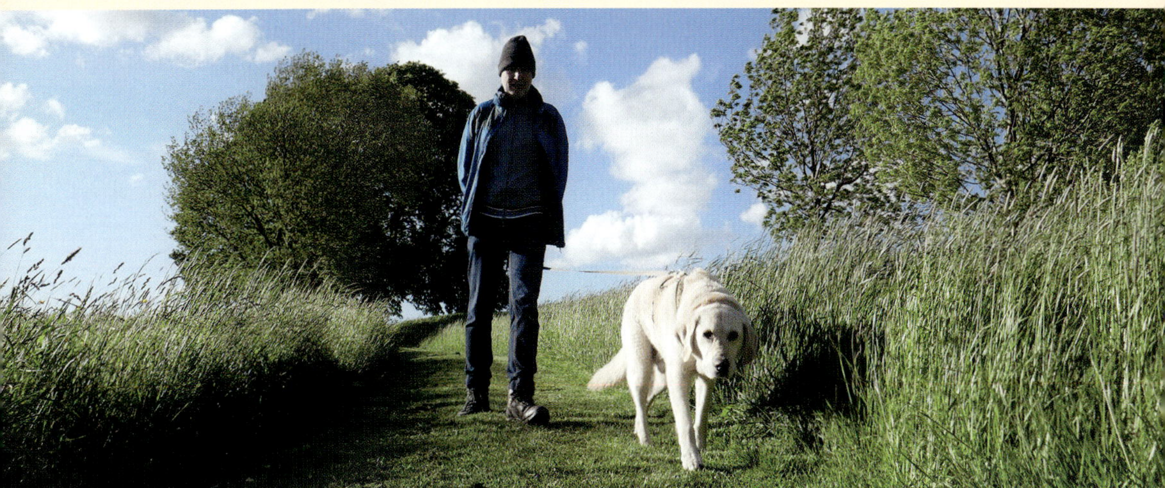

Abstieg von der Spitzlinde nach Altomünster

ÖVM S 2 nach Altomünster

Start Parkplatz am S-Bahnhof Altomünster, N 48.385972°, E 11.254083°

Charakter Im Südteil (hier relativ hoher Asphaltanteil) geht es mit freiem Alpenblick über Felder und Fluren, im Nordteil tauchen wir in den schönen Altowald ein. Hügeliges Terrain, daher immer wieder kleinere Anstiege

Orientierung Sehr einfach! Altomünster ist mit seinem weithin sichtbaren Klosterkirchturm während der gesamten Rundwanderung immer wieder zu sehen. Im Altowald münden wir zudem in die Wanderroute „St. Alto-Weg" (grüne Wanderwegschilder).

Wasser am Wegesrand Alto-Quelle, Bachlauf im Angergraben

Dog Station Hochweg, am Schmelchenberg

Hunde an die Leine Im Marktgebiet von Altomünster, Straße zwischen Humersberg und Halnsried schwach befahren, in der Asbacher Straße

Einkehr Brauereigasthof Maierbräu, Tel. 08254/1279, Marktplatz 2, Altotting, www.brauereigasthof-maierbraeu.de

Altomünster › Humersberg › Halnsried › Altowald (Quelle) › Altomünster

Vom Bahnhof nach N Richtung Markt Altmünster › links in die Aichacher Straße, rechts in die Halmsrieder Straße und links in den Bürgermeister-Sedlmair-Weg, der in den Hochweg übergeht › geradewegs auf dem Karrenweg nach Humersberg › auf dem Teerweg (wenig Autoverkehr) nach Halnsried › im Weiler kurz links und rechts auf dem Wanderweg nach N › nach Eintritt in den Wald wendet sich der Weg nach NO › an der kleinen Waldgrotte vorbei und dem Wanderweg (grünes Dreieck am Baum) folgen › an der Y-Kreuzung links › an der Weg kreuzung Einmündung in die Wanderroute St.-Alto-Weg › gut beschildert zur Alto-Quelle, die in einer Waldsenke liegt › wenige Treppenstufen empor und rechts in den Forstweg › über ein Feld und rechts in die Asbacher Straße (Abstecher Gehölzlehrpfad möglich) › nach 500 m rechts und links über den Schmelchenberg nach Altötting › im Ort auf Brunnenwiesenweg und Dr.-Lang-Straße zum Markt und auf der Aichinger Straße absteigend zum S-Bahnhof

Impressum

frischluft | edition
Verlag GbR

E-Mail	info@frischluftedition.de
Internet	www.frischluftedition.de
Autor	Michael Reimer
Grafik-Design	Katrin Baur grafik-design-oberland.de
Druck / Repro	Lanadruck GmbH

Bildnachweis

Sämtliche Fotos auf dem Umschlag und im Innenteil stammen von Michael Reimer.
Ausnahmen:
Jasmin Lehner: 145
Katrin Baur: U1(1),2,6/7(11),8,120,121,124,125,126

ISBN 978-3-945419-08-3

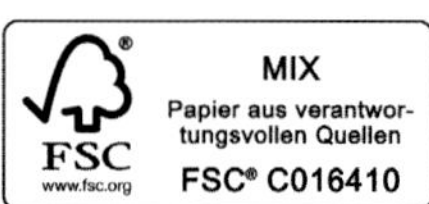

Diese Produkt besteht aus vorbildlich bewirtschafteten, FSC®-zertifizierten Wäldern und wiedergewonnenem Material.

Index

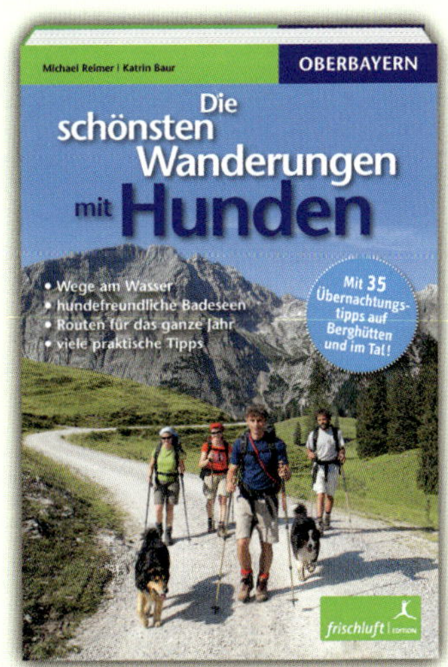

Michael Reimer | Katrin Baur
OBERBAYERN
Die schönsten Wanderungen mit Hunden
• Wege am Wasser
• hundefreundliche Badeseen
• Routen für das ganze Jahr
• viele praktische Tipps
Mit 35 Übernachtungs-tipps auf Berghütten und im Tal!
frischluft EDITION

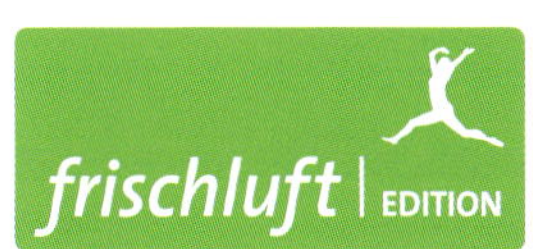

frischluft EDITION

Zum Schluss ein herzliches Dankeschön!

Von ganzem Herzen möchten wir uns bei all unseren zweibeinigen und vierbeinigen Begleitern bedanken, die für das Entstehen und Gelingen dieses Buches einen erheblichen Teil beigetragen haben.

Danke für eure Begleitung auf unseren Touren – in der von uns allen geschätzten Natur. Danke für eure Geduld beim Fotoshooting. Danke für eure Anregungen und eure netten Geschichten.

Merci vielmals und Euch allen entspannte Wandertouren wünschen
Michael Reimer und Katrin Baur